인생은
구름, 바람,
흐르는 물과
같은 것

인생은 구름, 바람, 흐르는 물과 같은 것

초판인쇄 | 2024년 7월 1일
저자 | 김화영 **펴낸이 |** 김영태 **펴낸 곳 |** 도서출판 한비CO
출판등록 | 2007년 1월 16일 제 25100-2006-1호
주소 | 41967 대구시 중구 남산2동 938-8번지 미래빌딩 3층 301호
전화 | 053)252-0155 **팩스 |** 053)252-0156
홈페이지 | http://hanbimh.co.kr **이메일 |** kyt4038@hanmail.net
ISBN 9791164871377   03810
값 15,000원

*잘못된 책은 교환해 드립니다.
*저자와의 협의로 인지는 생략합니다.

인생은
구름, 바람,
흐르는
물과
같은 것

김화영 산문집

작/가/의/ 말

    세상을 사는 동안 모든 욕구를 채우고 싶은 미련 속에서, 나에게 장애가 되는 모든 것들을 정복하기 위하여 정면 도전을 불사했던 그토록 치열한 자신과의 싸움 속에서 늘어가는 나이와 세월에 할퀸 상흔투성이인 몰골로 산수(傘壽)를 지나 망구(望九)에 이르면서 포기할 줄도, 체념할 줄도, 욕심도 없어지고 궁핍하면 궁핍 그대로 만족하면서 살게 되었고 자연의 아름다움을 관조하며 신비스러움의 감동에 눈이 떠지고 한가한 시간과 공간 틈새에서도 혼자서 즐길 수 있는 여유로운 생활 속에서 지나온 세월 동안 한 편 한 편 모아둔 글들을 정리하여 한 권의 책으로 옮긴다.

인제 와서 젊음을 원해도 되돌릴 수 없지만 나에겐 그 시절이 다시 온다고 하더라도 두 손 들어 사양할 것이며, 나이 먹은 지금이 더없이 좋은 생의 여유를 즐기며 살고 있다. 이래서 늙는 게 좋다 했을까 바쁨이 없는 일상 서두름이 없는 넉넉한 여유의 공간, 땅속에서 움트는 새싹들이 자라서 아름다운 꽃과 잎을 피우는 경이로움도 보고 낙엽이 지는 이유에 골똘히 생각에 잠겨보는 시간도 나에겐 기쁨과 행복한 시간의 연속이고 불쌍한 사람들을 보면서 진정한 아픈 눈물의 훔침도 늙음과 함께 찾아온 보석이 아니겠나! 젊었을 때 그토록 아름답고 예뻤던 아내와 같이 늙어서 해로하며 평생 친구로 손잡고 가는 소복한 사랑의 여정! 그래서 인생은 구름 같은 것, 바람 같은 것, 흐르는 물과 같은 것을….

목차

1부/

남은 여백의 퍼즐

자기들만의 색깔을 고이 간직하고 있으면서도 다툼이나 시새움 없는 무질서 속에 정연한 질서가 그들에겐 너무나 익숙한 자연스러움 속에, 탄생의 신비로움이 보석처럼 박혀있고 감미로운 사랑의 밀어가 넘치고 있었다.

큰 딸네 이사 가던 날…12
친구야 미안해!…14
조약돌…19
여자의 마음 갈대라 했던가…22
신의 섭리…25
인생은 퍼즐 게임…28
제자 훈련 졸업 간증문…31
지나가는 한 해를 돌아보며…34
제야의 밤을 보내고…36
정영기 집사님 직장 탐방기…38
인생은 파도…41
유칼립투스 교목(喬木) 숲에서…44
우리 집 아가…46
오해(誤解)…49
아가에게 전하는 나의 고백…51
어디로 가고 있나…54

2부/

가던 걸음 멈추고

그래! 우리 인간은 무엇 하나 우리 마음대로 되는 것이 하나도 없음을 우리의 삶을 통해서 항상 경험하고 느끼고 깨닫게 되지! 자신의 뜻대로라면 부자 못될 사람 하나도 없고 자식들 출세 못 시킬 사람 아무도 없겠고, 행복하지 않은 사람 어디 있을까!

애국심…62
애국 교향악단…65
아범에게…68
아물지 않은 상처들…71
아내…79
술 예찬…82
선택의 어려움…87
선입견이 불러온 생각의 차이…90
사역 반 졸업 간증문…94
사랑하는 조카에게…96
사랑하는 손녀 소람에게…100
사랑의 매를 맞으며…103
믿음의 실체(實體)…105
명품과 명품 인간…107
떼어서 붙이면…110

3부/

나무 한 그루 풀 한 포기

　내 고향은 송정이다. 청량리에서 출발하는 중앙선 열차를 타고 시간 반가량 원주 쪽으로 가다 보면 양동(楊東)역이 나오는데, 그곳에서 내려서 꼬불꼬불 신작로 8.5km를 가야 송정 마을이 나온다. 그 흔한 버스조차 다니지 않던 두메산골 촌락이다.

땅끝까지 복음을 전파하라…116
되풀이되는 역사의 꼬리 끊을 수는 없는가…119
대의 정치와 시민의식…125
농익은 인생의 즐거움…128
노년의 소회(所懷)…132
내 고향 송정(松亭)…138
나는 위선자…142
길치…145
기도…150
고희(古稀)를 맞으며…154
거울…157
거목…162

4부 /

행과 불행의 틈

멈춤 없이 흐르는 물은 한가한 여유를 주지 않고 계속해서 새로운 물들이 밀고 내려와 밀려가고 있음을 보고 있자니 인생의 시간도 저렇게 새로운 시간에 밀려 멈출 사이 없이 흘러가고 있어 현재라는 이 시점은 세상에 다시 있을 수 없는 시간임에 너무나 소중함을 느꼈다.

거목…162

행동경제학으로 본 사랑의 변천···164

나는 오늘도 버릴 것을 주우러 간다…169

점령과 해방…174

서라벌을 다녀오다…180

선택…186

사랑하는 가족들에게…192

못 지켜진 약속…199

내 그리운 벗…202

지도자는 성자를 뽑는 것이 아니다…207

행복…213

유년의 회억…216

생의 반추…225

*단편소설_외람된 자와 외람되지 않은 자…230
*오피니언_긍정의 세계…254

1부/

남은 여백의 퍼즐

　자기들만의 색깔을 고이 간직하고 있으면서도 다툼이나 시새움 없는 무질서 속에 정연한 질서가 그들에겐 너무나 익숙한 자연스러움 속에, 탄생의 신비로움이 보석처럼 박혀있고 감미로운 사랑의 밀어가 넘치고 있었다.

큰 딸네 이사 가던 날

　이사 가는 날 새벽부터 일터로 나가야 하기 때문에 큰딸의 이삿짐도 챙겨주지 못 해 온 종일 섭섭한 마음으로 작업을 하면서 같이 살아왔던 지난 세월의 추억들이 줄기찬 소낙비처럼 몸과 마음을 흠뻑 적시고 있었다.

　딸이 있어 외롭지 않음에 좋았고 때로는 친구처럼 말벗이 되어 아비의 마음을 포근히 이해해 주고 따스한 위로의 말 한마디에 하루의 피곤이 풀리고 사랑스러운 미소와 웃음만 보아도 마냥 좋기만 했었지!

　그리 멀리 가는 것도 아닌데 그렇게나 아쉽고 서운한 마음은 내가 늙어서일까 어린 손자 손녀의 사랑스러운 재롱과 귀여움을 보지 못하는 아쉬움 때문일까?

　아비로서 제대로 해준 것도 없었지만 어렸을 적부터 큰 속 한번 썩히지 않고 얌전히 자라준 우리 딸에게 그 고마움을 어떻게 표현해야 마음 전부를 보여줄 수 있을까!

가난한 가정에서 태어났지만, 투정 한 번 부리지 않고 결혼이란 새로운 인생의 길을 출발할 때도 보탬 한번 주지 못한 아비에게 지극한 사랑으로만 묵묵히 보여준 딸에게 사랑한단 말 밖엔 표현할 줄 모르는 미련한 아비를 이해해 주기를 바라는 마음이 나의 지나친 욕심은 아닐는지! 어느덧 자식 둘을 거느리게 된 엄마로서 현모(賢母)는 될지 몰라도 양처(良妻)를 져버리는 미련한 지혜를 선택하지 않기를 염원할 뿐이다.

일을 마치고 집에 오자마자 딸의 흔적을 찾으러 살던 방을 둘러보니 구석구석이 썰렁한 분위기만 감돌 뿐 텅 빈 공간이 그렇게나 넓게 보이고 착잡한 회한의 분위기만 방안 가득히 나를 맞이하고 있었다. 없을 줄 알면서도 다시 한번 확인해 보는 사랑의 미련은, 항상 나를 기쁘게 했던 손자 손녀의 밝은 미소와 티 없는 사랑스러움이 못내 아쉽고 보고 싶은 그리움으로 변절된 나의 소망 때문은 아니었을까!

오직 할 수 있는 일이라곤 딸네 가족에게 무궁한 건강과 행복이 넘치도록 그분께 두 손 모아 기도하는 일뿐임에 안타깝고 쓰린 서러움이, 밤하늘에 흐르는 별똥별처럼 아픈 가슴속을 헤집고 지나간다.

친구야 미안해!

새벽 5시 어김없는 일상의 시작이 열리면 하루가 어떻게 지나가는지도 모르게 별을 바라봐야 집으로 돌아오곤 하는 기계처럼 이어지는 생활의 반복을 거듭하는 사이, 벌서 올해의 마지막 날 새벽을 맞으며 작업화 끈을 조이는 손에는 왠지 힘이 빠져 있었고 지나온 일들이 머리를 스치며 많은 생각에 잠기게 했지.

저녁을 먹으면 내일 일을 위하여 잠자기 바빴고 눈뜨면 일터에 나가서 시간에 쫓기는 반복에 반복된 생활의 쳇바퀴 안에서 점심 먹는 시간의 절약을 위하여 한 손으로 운전을 하면서 한 손으로 빵 조각을 떼어 먹으며 다음 작업장으로 이동하는 생활의 고달픔은, 일해야 식구들이랑 먹고 살 수가 있다는 일념 하나로 살아온 비장한 세월이 자신을 그렇게 외면하고 살게 만들어 버렸고 인생을 논하고 건강을 논하는 여유로운 생각들은 나에겐 사치스러운 일로만 생각되었다고 소회를 들려줬다.

내일 죽더라도 오늘까지는 나의 목적을 달성해야 식구들의 양식을 준비할 수 있다는 강박관념의 노예가 되어 미친 사람처럼 살아온 나날들이 경제적 여유로움은 고사하고 항상 달달거리며 은행 계좌 마이너스 메우기에 정신없는 생활의 연속에서 짜증과 괴로움이 생의 마감을 유혹하고 삶에 의욕을 갉아먹고 있다는 그의 서글픈 넋두리는 메아리 되어 구름 위를 나르고 있었다.

해를 거듭할수록 몸의 힘이 없어짐을 느끼면서도 돈을 벌자, 이만한 힘도 들이지 않고 어떻게 돈을 벌 수 있냐고 자위하면서 지나오는 동안 병마도 찾아오고, 팔다리 허리 아픔은 일상의 일처럼 언제나 함께 붙어있어 나를 괴롭히고 식구라고는 이혼한 아들 하나와 손주 넷, 그들에게까지도 짜증과 불만을 뱉곤 하는 이상한 성격의 변모를 느끼면서 짧은 시간이나마 혼자만의 골방 기도 실에서 조용히 눈물로 하나님께 원망을 고하는 횟수가 잦아지고 감사보다는 불평을, 은혜보다는 고난을, 돕기보다는 받고 싶음을 고백하는 자기중심적인 생각의 포로가 되어 점점 더 일그러진 변모된 생을 체험하면서 이러지 말아야지 하면 할수록 세상과 가족에 대한 원망과 불만들이 짓궂게 혀를 내밀고, 왜 나만이 이러한 고생을 감내해야만 하는지 장성한 자식이랑 다 큰 손자들마저 늙은 이 몸이 부양해야 하는지 자식이 불혹을 훨씬 넘긴 나이임에도 제 식구들 호구지책 하지 못하는 그놈을 자식이라고 마음속에 담아둔 말 한마디 상처 받으면 어쩌나 하는 생각에 꾸짖지도 못하고 어쩌다 좋은 말로 충고라도 하면 제 일은 제가 알아서 한다는 대답을 들을 때마다 말문이 막혀 버리곤 했단다.

아들이 사업한다고 뒷돈으로 퇴직금도 야금야금 갉아 먹고 정년 퇴임 후 지금까지 별별 일을 가리지 않고 생활하면서 임시직으로 노동하는 동안 아들에게 너무 많은 서운함을 경험하면서도 몰라서 그렇겠지! 그럴만한 이유가 있겠지. 억지로라도 애써 이해하려고 노력도 게을리하지 않았지만, 어느 날엔 심신이 녹초가 되어 아들한테 대신 일 나갈 것을 요청했으나 자기 일이 있다는 그 말 한마디에 아무 소리 하지 못하고 일을 나가 그 일을 끝마치고 집에 왔을 때 아들은 온종일 집에서 놀고 있었다는 말을 전해 듣는 순간 아들에 대한 배신감, 그러한 일이 한두 번이 아니고 온종일 집에 있다가 내가 올 시간이면 나가 버리는 일상의 일들이 오로지 저는 놀아도 우리 식구는 아버지가 책임을 져야 한다는 아들의 생각이 맞는 것일까!

제 식구 먹여 살리지 못해서 늙은 아비가 허덕이며 손자들 밥 굶기지 않으려고 허둥대는 모습이 아들놈 눈엔 아비 혼자만의 삶으로 보이고, 아무리 힘들어도 그것은 아버지 일이지 내 일이 아니라는 사고방식으로 어쩌다 대신 일을 나가면 크게 인심 쓰는 듯한 그 얼굴에서 무진한 비애를 느끼곤 했단다.

자기의 뜻에 맞지 않더라도 아비의 생각과 뜻을 조금이라도 따라주었으면 좋으련만 자기가 알아서 한다는 모든 일이 항상 골치 아픈 사고로만 이어지고 집안 살림 보태기는커녕 축이나 내면서도, 그러면서도 제 일은 제가 알아서 한다니 이렇게 살아가는 나의 길이 과연 정도로 가고 있는지 양심의 서러움이 화산처럼 폭발하면 조용히 흐르던 눈물은 벼랑 끝에 떨어지는 폭포수처럼 요란한 울음으로 변하곤 했단다.

늙은이에게 할 수 있는 일이 있다는 것 자체가 행복이라고 했던가! 여유로운 노인들에게는 맞는 말이겠지! 무료한 시간을 메우기 위해서 오늘 하다가 못하면 내일 또 해도 되는, 일이 힘들면 쉬었다가 해도 되는, 이러한 노동은 노인들에게 소일거리임에 맞는 말이겠지! 그러나 일을 해야만 먹고 살 수 있는 절박한 환경 속에서의 노동은 행복을 생각하기에 앞서 좌절과 독백의 힘든 일임을 스스로 체험하면서 행복은 저만치 멀어만 감을 느끼고 절망 속에서 헤매곤 했단다.

혼란스러운 마음을 한곳으로 모으고 되짚어 보는 마음 한구석엔 아직도 쓰린 마음이 여전히 자리하고 있음은 치유되지 않은 상처의 아픔 때문은 아니었을까!

이렇게 독백하며 자학해 봐야 결코 나에게 돌아오는 유익은 하나도 없음을 알면서도 떨쳐 버릴 수 없는 모진 생각들을 집요하게 붙들고 있는 내가 너무 밉고 불쌍할 때가 한두 번이 아니었단다.

70킬로그램의 몸이 54킬로그램으로 왜소해진 나의 모습 속에서 이것은 지금 나의 생명을 갉아먹으며 살고 있음을 느끼면서 죄 없는 신세 한탄만 넋두리하고, 처량하고 구차한 작은 몸뚱이만 뒤척이면서 한숨만 내쉬곤 했단다. 누구한테 말할 수 없는 창피한 일들을 작은 가슴 속에 묻어두고 지내는 시간 속에서 심장이 터질 것 같은 아픔이 밀려올 때면 소리 없이 눈물만 흘리고 있었단 그의 푸념에, 막막하고 답답한 나는 애꿎은 하늘만 바라보고 있었다.

언제까지 이렇게 구차한 삶을 살아가야 하는지 모진 생명 당장이라도 데려가 달라고 하나님께 울면서 애원도 해 봤지만, 그분의 뜻은 어디에 계시기에 절규도 모른 척 외면하고 계시는지, 그분의 뜻은 나의 한 몸 보다 식구들의 안위가 급하기 때문일까 아직 그때가 아님에 싫든 좋든 식구들 호구지책을 책임져야만 하고, 식구마다 스스로 자립할 때, 섬세하신 손으로 나를 부르시지 않겠나 생각해 보지만 그때가 언제일까 기다림의 조급함을 억제할 수 없다는, 연잎 위에서 굴러떨어지는 이슬방울처럼 또록또록 그 큰 눈에서 눈물이 굴러떨어지고 있었다.

세월은 자꾸 흐르고 종착역은 눈앞에 보이는데 이제는 나만을 위한 삶도 설계해 봐야 하지 않겠나 생각해 보면 마누라도 없는 이 홀몸, 주어진 생명 버릴 수도 없어, 이렇게 살고 있다고 하소연하는 친구의 얼굴엔 온통 고민이 물들어 있었고 들이키는 소주의 쓴맛이 목줄을 타고 가슴속을 적시며 고민도 말끔히 씻겨 내리기를 소망하며 무슨 말로 위로를 해야 할지 몰라 그의 굽은 등만 쓰다듬으면서 잔이 넘치도록 술만 따라줄 수밖에 없었다.

그 친구와의 마지막 만남이 8년이 넘도록 연락이 두절되었으나, 잘 있겠지. 형편도 많이 나아졌을 거야! 막연한 생각으로 마음속에 담겨있던 그 친구가 저세상으로 갔다는 비보를 접했을 때의 허전함, 인생을 다시 한번 반추해 보면서 허무의 소용돌이는 한숨만 토해내고 쓸쓸한 마음은 삭풍처럼 온몸을 휘감고 있었다. 파산이 난 가족들은 각각 헤어져 소식 두절 되어 과로사로 죽은 그의 시신은 지켜보는 가족 없이 한 줌의 재가 되어 두 친구가 마지막 가는 슬픈 길을 배웅했다는 후일담에, 밝은 태양도 어둡게 느껴지고 산야엔 슬픔의 녹색 물결이 일렁대고 있었다. 이제 아무 걱정 없이 행복한 영혼으로 천국에 있을 친구를 생각하며 그의 영전에 힘이 되어주지 못한 미안함과 죄스러운 마음을 바친다.

조약돌

재작년 전남 완도군 완도읍 정도리에 있는 구계등 조약돌 밭을 우연한 기회에 가 본 적이 있었다.

활처럼 휘어진 해안선을 따라 너비가 200m쯤, 길이는 약 1km? 까지 헤아릴 수 없는 조약돌들이 낯선 방문객을 해맑은 웃음으로 수줍게 반기고, 맑고 푸른 바다 저편엔 하늘과 맞닿은 수평선이 자연의 신비를 간직한 창조의 의미를 은빛 너울로 토해내고 있었고, 조약 돌밭 사이 사이에는 드맑은 해수가 정성스럽게 조약돌들의 피곤한 발을 씻기고 있었다.

이 밭에는 작은 것에서부터 주먹 반만 한, 사람의 머리만 한 크기 각색의 조약돌들이 함초롬히 정리되어 박혀있다.

돌 위에 돌들이 겹쳐 있기도 하고 머리만 박히고 꼬리는 하늘로 비상할 듯 날갯짓하는 돌도 있고 둥그런 돌에, 네모, 세모난 돌, 길쭉한 돌 등등 각양각색의 돌들이 그렇게 옹기종기 모여있다.

자기들만의 색깔을 고이 간직하고 있으면서도 다툼이나 시새움 없는 무질서 속에 정연한 질서가 그들에겐 너무나 익숙한 자연스러움 속에, 탄생의 신비로움이 보석처럼 박혀있고 감미로운 사랑의 밀어가 넘치고 있었다.

　나는 맨발로 그 맑고 깨끗한 돌 위를 아주 천천히 걸었다. 발밑의 상쾌하고 투박한 감촉이 산골 촌부(村婦)의 마음처럼 정감 넘치는 순진함을 느꼈다.

　이 돌들이 여기까지 굴러와 이렇게 예쁘게 자리하기까지 강어귀에서부터 얼마나 많은 세월이 지났을까? 바위로부터 조각으로 쪼개져 물결에 몸을 맡길 적에는 둥근 돌이나 네모난 돌이나 세모난 돌 모두 날카로운 모서리를 가진 모난 돌 들이었을 터이지만, 무수한 세월 속에 이리저리 부딪히고 세상 풍랑을 겪으면서 인고한 세월이 이렇게 둥글고 예쁜 몸으로 누구에게도 상처 주지 않는 자연의 순응자가 되었겠지! 생각해 본다.

　"모난 돌이 증 맞고 송곳이 자루 뚫는다."라고 했던가! 인생을 살아오면서 그 많은 세월 속에 모질고 견디기 힘들었던 일들을 수없이 겪어 왔건만 아직도 나는 어찌하여 저 조약돌처럼 둥글지 못할까?

　세상은 혼자 사는 게 아니고 더불어 사는, 도움받고 도와주며 함께 어울려 사는 게 우리네 삶이건만 나에게 유익한 일에만 마음이 쏠리고 나누는 데 인색한 이 옹졸함, 바른말은 귀에 거슬리고, 칭찬보다는 결점만 찾아 비난하는, 아직도 내 안엔 날카로운 모서리가 여전히 남아 있으매, 얼마나 많은 사람에게 부담을 주었을까!

제 잘난 멋에 살아온 무수한 시간 속에 세월! 그 세월 속에서 한두 번만이라도 자신을 반추해 봤다면 이같이 얼굴 뜨겁고 부끄럽지는 않았을 터. 뒤늦게나마 돌아볼 기회를 주신 그분께 감사함을 드리며, 스스로 마음 다짐을 해 본다.

우선 한 푼어치의 값도 없는 알량한 나를 버리자. 삶에 버팀목처럼 믿고 의지했던 자아를 버리자. 그리고 마음속에 가득 찬 모든 것들을 비우자! 그래서 새로운 유익이 들어올 수 있는 공간부터 만들어 놓고, 순종, 기쁨의 맑은 영혼이 가득 차 넘칠 때까지 저 조약돌들처럼 순응하며 기다리자.

남은 세월만이라도 진정한 사랑과 기쁨을 주변과 함께 나누면서, 살아 있음을 눈물겹도록 감사해야 하지 않겠나!

여자의 마음 갈대라 했던가

　몇 년 전 늦가을 순천만 갈대밭을 다녀왔다. 안내판에는 30여 년의 세월을 거쳐 갈대밭을 만들었다 한다. 십오만 평보다 더 큰 면적이라 하고 세계 5대 연안 습지이며 백 사십여 종의 철새 도래지라 한다. 갈대는 짙은 갈색으로 변해 있었고 갈꽃은 보랏빛 옷을 벗은 갈색으로 홀씨가 바람에 날릴 준비가 끝났나 보다. 대나무와 유사한 풀이어서 갈대라 했다던가!

　바람에 흔들려 줄기와 잎들이 부딪치며 서걱대는 외롭고 고독한 멜로디에 발길을 멈추게 한다. 박일남 가수의 노래 '갈대의 순정'을 다시 가 본다. 갈대같이 가냘픈 여인의 흔들리는 사랑이라 했지만, 사나이 순정도 흔들리기는 매한가지라는 고백은 웃자란 갈대의 숲에서는 남녀를 불문하고 늘 바람 따라 흔들리는 갈대와 같아서였을까?

　해가 저물 무렵 용산 전망대에서 보는 저녁노을은 황홀 그 자체였다. 짙은 주황색 노을을 배경으로 알알이 수놓는 철새들의 향연과 적황색 뭉게구름 무리의 틈으로 살짝 나타났다 숨어버리는 해님의 숨바꼭질 속에서 찬란히 발하는 빛줄기들이 크나큰 부채처럼 펼쳐지는 장관은 잊을 수 없는 추억으로 가슴속에 길이 남을 것이다.

'아 아 으악새(억새) 슬피 우니 가을인가요' 고복수 씨의 노래 '짝사랑'의 첫음절이다. 단풍이 져갈 무렵이면 스산한 분위기는 짝사랑이 있건 없건 휘감기는 외로움과 가슴을 파고드는 고독 속에 나도 몰래 '짝사랑'의 가요가 목울대를 울리면 마음은 벌써 저편 노을 속에서 헤매고 뛰는 심장의 고동도 그곳으로 달음질한다.

작년 십일월 강원도 정선군에 있는 민둥산 억새 구경을 다녀왔다.
해발 일천백십구 미터 정상에 오르니 주위의 억새밭은 은빛으로 물결치고 있었고 하늘과 맞닿은 신록의 산들은 가까이 올수록 오묘한 조각품같이 함초롬한 모습에 감탄이 절로 나왔다.
얼마 지나지 않아 억새들은 금색 옷으로 갈아입어 출렁이는 황금 여울에 정신을 빼앗기다 보니 서녘 하늘 붉은 노을이 손짓하며 나를 부른다.

억새와 달뿌리풀과 갈대는 같은 종이면서도 분류 이름 따라 각각의 특징이 있고 자라는 곳도 각기 다르다. 달뿌리풀은 개울가에 번성하고 갈대는 강과 늪처럼 풍부한 물이 있는 곳에 서식하지만, 억새는 산이나 들에 척박한 곳에도 잘 자라고 있다.
언뜻 보면 그게 그것처럼 보여서 억새나 갈대나 같이 영글며 흔들리기는 매한가지겠지만 봄여름 성장기를 끝내고 가을까지 여무는 씨앗들은 바람을 매개로 하여 수분이 이루어지는 꽃잎이 없는 풍매화로 피는, 아름답지도 않고 꿀샘과 향기가 없는 대신 꽃가루 양이 많고 바람에 잘 날린다. 곤충을 유혹할 필요가 없으니 독특한 향기나 달콤한 꿀의 꽃을 피울 필요가 없겠지. 종족 번식을 위하여 마지막 순간까지 모진 바람에 떨면서 흩뿌리고 말라 죽는 억척스러움을 보면서 우리네 인생도 갈대나 억새와 같아 바람결에 이리저리 흔들리며 생명의 마지막까지 자식들의 안위를 위하여 노심초사함의 닮은꼴이 늪지서부터 강가로 저 높은 산 위까지 연이은 삶의 궤적을 밟으면서 선현들이 사셨던 험한 삶에 고개가 숙여진다.

 지나온 세월을 되돌아보면 지지리도 못살았던 그 시절 시부모 모시고 일하랴, 살림하랴 애들 키우랴 남편 비위 맞추랴, 빈곤에 묻혀 척박한 곳에서 향기롭고 아름다운 꽃 한번 피워보지 못하고 살아온 여인들의 인생, 가부장과 남존여비의 틀 속에서 숨소리조차 내지 못하고 몹시 몰아치는 바람을 견디며 살아오신 할머니 어머니의 생은 풍족함 속에서 살아온 여린 갈대가 아니고, 척박한 목마름을 참으면서 살아내신 억새 같은 인생이 아니셨나 생각에 잠긴다.
 바람 불어 흔들리는 억새밭, 할머니 영혼의 너울이 서걱이고 어머니 흐느낌처럼 날리는 홀씨는 옛날에 그러셨듯 자식 사랑의 현재진행을 보면서 먹먹한 가슴속에 숙연함이 몰려왔다.

 부모 곁을 떠나 내몰려온 삶의 현장 속에서 무수한 비바람 속에 쓰러지고 자빠지면서도 저 풀들처럼 고난과 인내의 틈새 속에서도 희망을 움켜쥐고 달려온 인생이 황혼 속 억새처럼 깡말라 백발 된 머리와 세월에 할퀸 상흔투성이가 억새와 한 몸 되어 붉은 노을 속을 서성이며 열심히 살았고 후회 없이 살았노라 미련도 외로움도 저 억새밭 소나무에 묻고서 노을 따라 하산을 재촉하는 걸음 속엔 할머니 어머니도 함께하는 애잔한 마음에 그 발길도 가볍지 않았다.

신의 섭리

며칠 전 달달거리는 물소리가 듣고 싶어 '마운틴(Mountain)*'을 찾았다. 태어나서 청년기까지 내 고향 뒷산 골짜기에서 졸졸거리며 흐르는 그 소리 속에서 그윽한 평안을 안겨 주었던 그리움이, 지금도 귓가엔 시도 때도 없이 환청으로 열리면 마음은 벌써 고향 계곡에 서성인다.

'마운틴' 골짜기를 타고 3부 능선쯤 오르면 맑은 샘물이 졸졸 흐르고 개울가 오른편엔 엄지손가락 마디보다 큰 '블랙베리'가 까맣게 무르익어 지천으로 널려 있어, 그것을 따 먹는 재미도 있으려니와 깊은 숲속의 신선하고 시원한 공기와 계곡을 타고 흐르는 청아한 음률을 귀에 담으며 맑디맑은 물에 두 발 담그고 앉아있으면 온갖 잡념이 사라지고 낙원 속의 풍요와 안식이 곰실곰실 피부 속으로 스민다.

그곳엔 엊저녁 사나운 바람이 훑고 간 자리에 아름드리나무 몇 그루가 뽑혀 옆 나무에 기대 있기도 하고 땅바닥에 누운 나무, 반이 부

---

* 캘리포니아에 있는 산 이름

러진 나무, 뿌리가 반만 뽑힌 나무가 여기저기 있었다. 허벅다리만 한 곧은뿌리 한 개는 아직도 흙 속에서 완전히 뽑히지 않고 남아 있고, 팔뚝 굵기의 곁뿌리와 무수히 많은 잔뿌리가 얽히고설켜서 손 흔들며 구원을 요청하고 있다.

바람은 같은 힘으로 지나갔겠지만, 어느 나무는 멀쩡히 서 있고 어떤 나무는 쓰러져 있음을 보면서, 식물이나 인간이 살아가는 과정은 물 샐 틈 없이 촘촘히 짜인 한 치의 오차도 허용을 불허하는 신의 섭리 속에서 탄생과 죽음, 국가의 흥망성쇠도 함께 하는 게 아닌가 생각에 잠긴다.

나무를 키워 하늘 높이 올리기 위해 곧은 뿌리는 나무를 지탱하는 버팀이 되고, 좌우로 치우치지 않게 바로잡는 곁뿌리, 영양과 물을 나르는 잔뿌리들이 서로 어울려 활기찬 합력으로 뭉쳐야 튼튼히 자라는데, 뿌리들 어느 하나 병이 들거나 나태하여 소임을 다 하지 못한다면 외부의 충격에 견디지 못하고 저 나무들처럼 쓰러지듯, 정책을 입안하고 실행하는 위정자들이 개인의 이익이나 집단의 편 가름으로 국민의 생업과 안전을 등한시하는 모습을 병들고 빈약한 뿌리로 비유한다면 지나친 비약일까?

물론 모든 위정자가 다 그런 것은 아니지만 몇몇이 물을 흐려놓아 열심히 봉사하는 다수가 흙탕물 속에 가려져 보이지 않는다.

어찌 되었든 국민이 선택한 그들임에 그들만을 탓할 일이 아니지 않겠나! 농부가 좋은 종자를 골라 씨를 뿌리듯, 목수가 좋은 재목을 구하기 위하여 산을 헤매듯, 사람다운 사람 찾아 심사숙고해야 하지 않겠나 생각해 본다.

로마의 쇠퇴와 고려의 멸망, 이조의 몰락과 일본의 국권 침탈, 동구와 소련의 무너짐, 월남 패망이 남긴 섭리 일탈의 값진 교훈을 위정자들은 한시라도 잊어서는 안 되리라 본다.

그들의 권위는 분명 국민이 내린 것 이거늘, 보존, 합력, 통치의 섭리를 도외시하고 도덕 법칙을 헌 신짝 버리듯 하면서 국민을 업신여기며 거들먹거리는 무례함을 보면서 '노블레스오블리주(Noblesse Oblige)' 정신의 실종에 안타까운 한숨이 나오지만, 묵묵히 헌신하는 다수의 일꾼과 티 없이 맑고 밝은 웃음과 초롱초롱한 눈의 어린이들을 바라보면 새로운 희망이 솟는다.

그분께서는 항상 지혜와 공의와 사랑으로 섭리하심을 믿어 의심치 않기 때문이기도 하다.

인생은 퍼즐 게임

　네 살짜리 어린 손자가 퍼즐 게임 하는 모습을 보고 있었다. 땀을 뻘뻘 흘리면서 이것저것 맞추느라고 주위의 시끄러움도 모르고 몰입하면서 맞추는 모습이 진지하기까지 하다.
　눈여겨보았더니 대여섯 번은 맞춰봐야 제대로 맞춘다.

　비슷한 조각이 하도 많으니 바탕 그림에 다가 대 보고 맞지 않으니까 또 다른 조각을 대 보고 하는 모습을 보고 있자니, 우리들의 사는 모습과 흡사함을 느꼈다.

　'백인 백색'이라 했던가! 인생 개개인의 다양함처럼 인생 퍼즐의 본바탕 그림도 사람에 따라 다양할 것이며 그 속에는 희로애락과 함께 애잔한 정서가 녹아있는 인생의 축소판이 이것이 아닐까?

　인생을 살아가면서 부모님의 보호를 떠나 거친 세상의 물결 속에 내몰리게 되면 그 순간부터 퍼즐과의 전쟁이 시작되겠지!

이게 맞을까, 저게 맞을까 무척 고민하면서 맞음 직한 조각을 뒤적이며 찾아보지만, 앞날을 볼 수 있는 선견이 우리 인간에게는 없음에 그 조각을 원판에 맞춰본 후에야 성공과 실패를 가늠할 수 있는 맹점을 가지고 있는 게 우리 인생이 아닌가!

연습 게임이 허용되지 않는 인생 여정에서 주어진 퍼즐의 원판 그대로를 인정하면서 게임을 진행해도 버거운 우리 인생살이인데 원판 자체를 개조하려는 자신의 지나친 욕심과 욕망에 몰입하여 맞지도 않는 그것을 맞추려고 쓸데없는 힘과 시간만 낭비하고 안타까움으로 세월만 보내면서도 그것들이 못내 아쉬워 포기하지 못하는 수고로움을 일상처럼 답습하고 있는 것은 아닌지!

나는 과연 어느 만치 퍼즐을 맞추고 있을까? 8분의 6 정도 맞추었을까, 아니지, 아직도 할 일, 하고 싶은 일들이 이렇게나 많은 거로 볼 때 8분의 4쯤이나 맞추었을까?

해는 서산에 기울고 마지막 시간은 겨울 속으로 쫓기고 있는데 남아 있는 빈 퍼즐 판은 언제 채울 것인가를 생각하니 늦가을 소슬바람처럼 스산한 두려움이 나를 엄습한다.

그래! 지나친 욕심과 야망을 판에 맞게 조절하자. 그림이 작으면 알맞게 키우고 크면 잘라내서 불만족의 현실을 만족으로 모으고, 꿈꾸던 모든 것도 작은 소망으로 알맞게 키워서 있는 그대로의 작은 꽃이라도 피우 리라 생각하니, 기억 속에 묻혀있던 우리 선인들이 즐겨 부르시던 노랫가락 생각이 난다.

"나물 먹고 물 마시고 팔을 베고 누웠으니 대장부 살림살이 이만하면 만족하지!"

먹을 게 없어서 산에서 뜯어온 나물만 먹고 베개도 없어서 팔베개 하고 누워있는 그 생활 속에서도 이렇도록 소탈한 노래를 부르신 걸 보면 자위인지 아니면 현실 삶에 만족을 느끼며 사신 건지는 확인할 길은 없지만, 가락에서 풍기는 순수함과 여유로움의 느낌이 우리 선인들은 그분들의 퍼즐 판을 이미 간파하시고 일상에서의 만족한 인생을 즐기신 신선이 아니셨나 생각해 본다.

앞으로 남은 시간을 선인들이 현명하게 사셨던 교훈을 본받아 부족하고 아쉬움 많은 생활이라도 기쁨으로 맞이하며 살자. 이만한 삶이라도 주신 그분에게 늘 감사함을 드리며, 남은 여백의 퍼즐 판을 아름다운 완성품으로 장식해야 하지 않겠나!

제자 훈련 졸업 간증문

제자 훈련을 자의 반 타의 반으로 입교하여 첫 수업을 마치고 돌아오는 발걸음은 가볍지만은 않았고, 피로함과 함께 여러 생각이 꼬리를 물고 마음에 갈등을 일으켰다. 고달프고 힘든 막노동으로 생계를 꾸려야 하는 나에게, 쉬지도 못하고 시간만 낭비하는 헛고생을 하는 것은 아닌지 한편으론 후회스럽기도 했다.

내키지 않는 마음으로 그렇게 몇 주가 흘렀고, 무의미한 배움의 연속이 돌아오는 발걸음을 허탈하고 무겁게만 했다.
시계의 추처럼 왔다 갔다 옳고 그름의 틈새에서 결정점을 찾지 못하고 방황하던 중 지난날의 아스라한 추억이 머리를 스쳤다.

마누라 등쌀에 억지로 끌려다니던 교회, 내가 생각한 것과 같지 않으면 목사님과 한바탕 입씨름도 불사하지 않았던 젊었을 때의 일들이며 세상 지식을 기반으로 모든 것을 알려고 노력했고 그것에 의존하여 토끼 꼬리보다 더 작은 알량한 지식을 가지고서 독사처럼 치켜든 머리로 자만에 휩쓸려 유아독존처럼 행동했던 지난날을 생각하니 부끄럽고 얼굴 뜨거워짐과 아울러, 지금도 그때와 다름없이 교만을 버리지 못하고 있는 것은 아닌지, 자아 성찰과 함께 지난 일들을 반추해 보는 숙연한 몇 분간의 부끄러움이 나를 당혹스럽게 만들었다.

"그래! 이왕 학교에 갈 거라면 아까운 시간만 낭비하지 말고 무언가 얻어 오도록 하자 말씀이 곁에 오지 않더라도 의문 없이 암기하고 믿자" 이렇게 결심한 그날부터 할 줄도 모르는 기도와 마음에 없더라도 무조건 감사로 매일매일을 보내면서 아무리 피곤해도 잠자리에 들기 전에 하루 일과의 끝냄을 무조건 감사함으로 그날그날을 마무리 지으면서 지나오는 동안, 어느새 습관처럼 되어 기도와 감사함을 아뢰지 않고는 무엇을 잃어버린 것처럼 허전함을 느꼈다. 나이에 비해 힘겨운 노동에 시달리면서 무척이나 짜증스럽고 불만스러운 나날의 연속이었던 나의 삶에, 어느 순간 생각의 변화가 오기 시작했다.

나에게 주어진 모든 일들이 내가 감당해야 할 일들이고 이 일들로 인해서 안식과 평안함이 주어진다는, 힘든 일감이라도 할 수 있는 일이 있으므로 의 감사하는 마음이 들기 시작했고, 나와 내 가족의 안위만을 늘 생각하고 있던 나에게, 우리 반원 형제님들을 위하여 기도를 드리고 하루의 일과를 시작하기 전에 항상 기도하는 변모되는 나의 모습 속에서 고난을 인내하는 방법이 부정에서 긍정으로 바뀌고 행동을 자제하는 것만으로 용서랄 수 없는 마음속에 남아 있는 앙금까지도 사랑으로 승화시키는 아름다움이 진정한 용서가 아닐까 하는 위선을 사랑으로 변모시키는 은혜를 주심에 감격했다.

수시로 시드는 믿음이지만 공중에 떠 있는 연처럼 연이 내려올 때는 줄을 감아서 연을 올리고 연을 높이 멀리 올리려면 연줄을 풀어서 연을 띄우듯 믿음은 하나님께서 덤으로 주시는 게 아니고 스스로 고된 훈련과 노력으로 얻어지는 값진 보석이 아니겠나 하는 생각도 주셨다.

광야에서 이스라엘 백성에게 하나님이 내려주신 맛나 와 메추라기가 아무리 많아도 스스로 먹지 않으면 살지 못함처럼 주시는 모든 은혜는 취하지 않으면 맺지 못하듯 더욱더 말씀에 순종하고 주님을 의지하여 남은 생에 즐거움과 행복함을 주님과 항상 함께하리라 믿으며 영원한 천국의 세상을 동경하면서 이끌어 주신 우리 반원 형제님들과 참을 안내해 주신 백 훈기 목사님께 깊은 감사를 드리면서 주님 말씀을 끝으로 맺는다.

"아무것도 염려하지 말고 오직 모든 일에 기도와 간구로 너희 구할 것을 감사함으로 하나님께 아뢰라. 그리하면 모든 지각에 뛰어난 하나님의 평강이 그리스도 예수 안에서 너희 마음과 생각을 지키시리라."
(빌: 4:6, 7)

지나가는 한 해를 돌아보며

계묘년의 가풀막 앞에서 한 해를 돌아보는 가슴속에는 가벼움보다 죄스러움이 앞섬은 연초에 결심이 작심삼일로 끝나버리고 그 결심조차 잊고 살았던 천지 만물과 길흉화복을 주관하시는 하나님의 높고 넓으신 사랑의 강물 속에서 물고기처럼 풍요롭게 세상 속을 누비며 마음대로 살아온 삶의 여정이, 주님의 은혜인 줄도 모르고 제 잘난 멋으로 착각하며 살아온 무수한 시간 속에서 아직도 하나님의 사랑을 잊은 채 주관적인 판단으로 세상을 재단하며 살아왔음을 고백합니다. 썩어 없어질 육신을 벗어나지 못하고 외출할 때면 거울 앞에서 얼굴 단장하기 바빴고 끼니때마다 배고픔은 꼭꼭 챙기면서도 영혼의 갈급함에는 며칠에 한 번이라도 점검해 보지 못한 미련함을 용서하옵소서!

하나님께서 내려주신 '자유의지'의 고마움을 누릴 권리만을 고집하고 '자율 의지'의 실행 의무를 잊고 있음에 보내주신 선물을 향유할 수 없는 지당한 법칙을 잊고 살았습니다. 계절이 바뀌며 철 따라 다른 모습으로 변모하는 자연의 모습에서 하나님이 이루시는 섭리를 까맣게 잊은 채 은혜를 모르고 살아온 지난 세월이었습니다. 살면서 겪어

오던 그 많던 고난과 슬픔 속에 주님의 깊은 사랑의 뜻을 헤아려 감사함으로 순종하지 못하고 어린아이처럼 심술과 투정으로 억지를 부린 적이 헤아릴 수 없었습니다. 하나님! 저의 이익에 눈이 멀어 입 다물고 고개 돌리며 불의를 못 본채 저지른 죄악과, 거리에서 구걸하는 예수님 같은 사람들에게 제대로 된 적선 한 번 못 한 죄스러움, 많고 많은 다툼 속에서 주제넘은 판단을 밥 먹듯 해오던 부끄러운 일들을 회개할 수 있게 인도해 주심에 감사를 올립니다. 하나님! 암 덩이처럼 커져만 가는 우리 민족의 이념 전쟁을 종식해 주셔서 남, 북의 화합으로 하나 되어 빛나는 민족으로 거듭나기를 기도합니다. 새해 첫 주일에 담임 목사님 심신으로 강건하심과 전하시는 말씀 말씀마다 모든 성도 화려한 꽃길 되어 가득한 향기가 넘쳐나도록 기도드리며 보이지 않는 모든 곳에서 예배를 위해 헌신하는 교우님 들에도 하나님의 축복 가득하시길 평안의 주 예수 그리스도 이름 받들어 기도합니다. 아멘!

제야의 밤을 보내고

12월의 30일! 해마다 오는 그날이었지만 올해의 이날은 참으로 유익하고, 주님의 사랑과 은혜가 풍성하게 넘쳐 흐름이 전율처럼 짜릿한 삶에 의미를 느끼게 한 행복한 시간이었다.

백 훈기 목사님이 주신 제목 그대로 아내를 위한 밤이라 '제아'의 밤으로 명명한 그 밤에, 우리 반원과 그의 아내들은 처음의 어색함과 서먹함이, 흐르는 시간 속에 머물면서 마음과 마음의 융합이 함박꽃웃음의 향기를 피우는 분위기 속에서 유머와 넘치는 위트로 순서를 진행하는 임 장로님의 끼 있는 솜씨는 가히 프로도 흉내 낼 수 없는 주님이 주신 그분만의 달란트 최고봉이 아닌가 할 만큼 능수능란한 진행 속에, 우리들의 마음과 마음이 하나로 연결되고 넓은 거실 안에는 뜨거운 열기와 화합의 웃음이 넘쳐흘렀고, 진행 중간중간마다 주님께 드리는 우리들의 찬송은 칠월의 푸름보다 더 짙은 색깔과 향기로 밤하늘에 정적을 깨우고 반짝이는 별들 사이사이로 숨바꼭질하고 있었다.

아내에게 바치는 진솔한 고백의 순간순간들이, 함께 어우러진 우리를 울고 웃게 하였고 지난 세월을 반추해 보는 자아 성찰의 숙연한 기회를 만들어 주기도 했다.

김 종방 형제의 해학에 넘치는 풍자적으로 읽어가는 글의 내용 속에서 사랑 깊숙한 그 속에 숨어있는 아름다움을 헤아리는 순간 내 얼굴이 뜨거워짐을 부인할 수 없었다. 부정을 긍정으로 변화시키는 숭고하고 깨끗한 마음가짐! 이것이야말로 주님이 강조하신 진정한 삶의 길이 아니겠는가! 님은 아직 젊은 나이에 삶의 참을 발견하고 사랑의 진수를 보여주는데, 아직 부정의 틀 속에서 헤어나지 못하는 나를 발견했을 때 쑥스럽지 않을 수 없었다.

아내에게 드리는 장미꽃 한 송이가 몇 백 송이의 장미보다 더 큰 사랑의 설렘이 듬뿍 담긴 남편의 진정 임을 고백하면서 아내의 실수와 게으름에 "괜찮아! 내가 하면 되지! 망가지면 다시 사들이고! 그런데 쓸려고 열심히 돈 벌고 있잖아?"

정영기 집사님 직장 탐방기

지난 2월 10일 우리 제자 3기 1반 반원들은 생활에 바쁜 중에서도 정영기 집사님의 새로운 일터를 방문했다. 60번 서쪽으로 가다가 Fullerton 출구로 나가자마자 Gale 길로 좌회전하여 Free Way와 나란히 가다가 현대자동차 간판을 따라 들어갔다.

방문을 환영이라도 해주는 듯이 넓고 커다란 전광판에는 한국어로 된 문구가 찬란히 빛을 발하고 있었고, 마당에 함초롬히 정리되어 있는 자동차들을 보는 순간 옛날 군에 있을 때 사열을 받기 위해 정리해 놓은 수송부의 연병장을 보는 것 같았다. 오색 찬란한 풍선들이 하늘을 수놓고 은은히 들리는 감미로운 음악의 멜로디는 문을 열고 들어가는 우리를 반기고, 잘생긴 우리 정 집사님의 함박꽃 미소가 우리를 기쁘게 맞이했다.

휘황찬란한 불빛 속에 각종 색깔의 자동차들이 자태를 뽐내며 윙크하고 있었고 설명하는 정 집사님의 차분하고도 힘찬 말속에는 어느 나라 자동차와 견주어도 결코 손색이 없다는 자신감이 넘치는 듯했다.

나는 설명을 들으며 여러 가지 상념에 잠겼다.

　우리나라에 자동차가 최초로 등장한 시기가 1903년 고종황제 즉위 40주년을 기념하여 '캐딜락' 승용차 한 대를 칭경식 의전용 어차로 들여왔고, 1950년 6. 25전쟁을 치르면서 연합군의 군용 트럭과 각종 탱크가 우리의 눈을 자극했고, 1953년 7월 27일 판문점에서 정전협정의 발효로 전쟁을 중단하면서, 1955년 서울에서 정비 사업을 하던 최무성 씨가 미군으로부터 불하받은 지프의 엔진과 변속기, 차축 등을 이용하여 드럼통을 펴서 만든 시발택시가 등장했고 1962년 12월, 하동환 자동차(쌍용) 설립, 1965년 7월 아시아 자동차 설립, 1967년 12월 현대자동차 설립, 현대에서 만든 '포니' 승용차가 50만 대의 생산을 돌파했고, 55년의 짧은 세월 속에 눈부신 발전을 거듭하여 오늘에 이르렀다.

　역사를 돌이켜 생각해 보면 일본의 명치(메이지) 시절 그들은 서양 문물에 관심을 기울여 1858년 7월에 일, 미 수호조약을 체결하여 발전을 거듭하고 있었으나 우리나라는 흥선 대원군 시절 통상수교 거부 정책을 고수하여 현대 문명의 물꼬를 차단하여 열강의 대열 뒤편을 배회하고 있었지 않았나 생각해 본다. "나중 난 뿔이 우뚝하다."라고 했던가!

　나의 조국 대한민국이 이처럼 눈부신 발전을 거듭하였고 지금 내 눈앞에 있는 이 고급 차들이 우리 제품이라는 현실에 가슴 뿌듯함과 감개무량함을 느꼈다.

　정 집사님의 안내로 '아제라' '쏘나타' '제네시스' '엑센트' 등 모든 차를 돌아보며 시승을 해 봤다.

모든 시스템은 전자 제어로 이루어져 있고 의자의 푹신함과 쾌적함, 아름답게 조화된 디자인은 가히 예술품이었고 어떤 유명 제품의 차들과 비교해도 전혀 손색이 없음을 보았다.

집사님의 사무실로 안내되어 문을 열고 들어가니 첫눈에 보이는 "빌립보서 4장 6, 7절" 말씀이 우리를 반겼다.
"아무것도 염려하지 말고 오직 모든 일에 기도와 간구로, 너희 구할 것을 감사함으로 하나님께 아뢰라. 그리하면 모든 지각에 뛰어난 하나님의 평강이 그리스도 예수 안에서 너희 마음과 생각을 지키시리라"

언제나 주님의 말씀 속에 살고 있는 집사님의 성실함이 그분이 주시는 평강으로부터 옴을 느낄 수 있었다. 그 회사의 사장님은 한국 분으로 현대 자동차의 미래가 어느 자동차보다 밝다는 확신으로 사업 시작을 했단다.

정 집사님은 먼저 다니든 회사에서 명철한 사업 수완과 성실함이 알려져 지금 회사로의 "스카우트" 제의가 왔을 때, 모든 것을 주님께 맡기고 주님 뜻 따라 살겠다고 매일 기도 했단다. 집사님은 찾아오는 자동차 딜러들에게 자동차를 배분해 주는 오너의 역할을 담당하고 있다고 한다.

모쪼록 사업의 번창을 간구하는 예배를 드림으로 견학의 일정을 마무리했다.

인생은 파도

 지난 팔월 어느 날 나는 집 식구들이랑 같이 '라구나비치(Laguna Beach)'에 놀러 간 적이 있었다. 처음 가 본 바닷가가 아니었건만 그 날따라 무한히 넓고 검푸르게 저쪽이나 이쪽도 하늘과 맞닿아 있었고 그리 거세지도 않은 파도가 일렁이고 있었다. 드맑은 해변에 햇살은 흩어지는 파도의 잔영들을 은빛으로 비추고 윈드서핑을 즐기는 그들을 검게 검게 태우고 있었다. 저 멀리 흰 배 몇 척이 여유롭게 유영하고 맞닿은 하늘 저 끝에선 크고 작은 파도가 수없이 밀려오고 흩어지고 있었다.

 모래사장 물가에는 어린 꿈나무들이랑 보살피는 어른들의 함빡 즐거운 괴성과 웃음이 파도가 밀려올 때마다 아름다운 하모니의 전주곡이 되어 울려 퍼지고 일광욕을 즐기는 어여쁜 여인들의 육체 안에 부러운 듯 햇살은 그렇게 머물고, 정지된 시간 위에 흰 구름만 한가롭게 떠다니고 있었다. 나는 식구들을 멀리한 채 모처럼 한가롭게 바닷가를 거닐며 밀려오고 흩어지는 파도의 오묘한 진실을 볼 수 있었다.

이것은 바다의 파도가 아니고 어쩌면 우리 인생살이에 아우성이 아닐까? 한평생 살자면 크고 작은 고통과 괴로움이 저렇게 끝이 없는 파도처럼 밀려오고 한고비 넘겼나 싶으면 어느새 또 다른 근심이 성난 파도처럼 한가롭게 쉴 여유도 주지 않고 우리를 묶어놓아 버리곤 한다.

세월을 거슬러 생각해 보면 그렇게 길지도 않은 세월 속에 불평과 불만 고집과 아집 욕구 충족의 목마름 속에 얼마나 많은 날이 나를 혹사하고 사로잡고 있었던가!

인생이 무엇인지 왜 사는지 어떻게 살아야 하는지도 덮어둔 채 무조건 앞만 보고 달려온 세월이 어느새 붉게 물 들은 석양의 노을처럼 마지막 종착지를 예고하고 안내하고 있지 않은가!

이 못생긴 얼굴에 아름다운 미소라도 지녀야 하는데 이 못된 마음 속이 자만과 죄악으로 가득 차 검붉은 흙탕물처럼 넘실대고, 진정한 사랑과 용서와 화평은 양의 가면으로 대신하니 아름다운 미소를 바라고 기대하기는 어렵지 않겠나! 아름답고 즐거운 추억들은 어느새 자취를 감추고 견디기 힘들었고 좋지 않았던 기억들만이 생생함은 이 또 무슨 놀부 심사일까?

그래! 진정한 사랑을 몰랐던 거야! 그 크고 넓은 사랑, 그분의 순결 지고하신 사랑을 좀 더 일찍 알았더라면 못생긴 얼굴에도 밝은 미소와 초록빛 마음이, 견디기 힘들었던 모든 일을 여명의 안개처럼 포근하게 감싸고, 감사의 마음으로 변화도 있었겠지! "감당할 수 있는 고통과 고난만을 주신다."라는 그분의 확실한 말씀을 믿고 의지만 했더라도 기쁨과 감사의 마음으로 회피보다는 도전으로 참스런 삶의 지혜를 얻는 영리함을 얻었으리라 생각해 본다.

이 모든 주어진 어려움의 일들이 아름다운 연금술사처럼 나를 단련시키고 훈련시켜 양배추의 껍질처럼 한 겹 한 겹 그렇게 응어리져 모여서 단단하고 알찬 인간으로 성장시키려는 지극히 높으신 분의 깊은 배려와 사랑이 아닐까 그려 본다.

 성난 파고가 흩어지면 잔잔한 잔해만이 남듯이 지난 모든 아픔과 괴로움도 마음속 깊은 곳에 아름다운 추억으로 자리매김하여 보석처럼 반짝이고 있어야겠지….

유칼립투스 교목(喬木) 숲에서

    토요일 새벽이나 일요일 새벽 틈나는 시간이 있으면 나는 집에서 그리 멀지 않은 '유칼립투스' 교목 숲을 찾는다.
    울창한 숲의 품에 안기기도 전 마중 나온, 무어라 말할 수 없는 신선하고 향긋한 냄새부터 서늘한 바람과 함께 나를 숲으로 안내한다. 그 숲은 완만한 경사지로서 숲 가운데로 구불구불 등산로가 모래와 자갈이 적당히 혼합된 비포장길을 따라가노라면 높고 낮은 야생화꽃밭이 펼쳐져 있고 가끔 나타나는 사슴을 비롯하여 토끼, 고라니 등 여러 짐승을 만날 수 있고, 사람을 무서워하지 않는 의연한 그 모습이 신기하게까지 느껴진다.

    일 년 중 6월부터 8월 중순까지 이 숲에서 일어나는 경이로운 대역사의 현장은 찾을 때마다 항상 옷깃을 여미게 하고 자아 성찰의 기회를 제공해 주곤 한다. 유칼립투스의 껍질 벗기가 시작되는 시기이다.

    이때가 도래하면 온 숲이 크고 작은 흰색의 나무껍질이 산산이 흩어져 어느 것은 나무에 매달려 있기도 하고 어떤 것은 야생화의 이불이 되어 그의 피곤을 다독이기도 하고, 또 따른 것은 숲을 찾는 방문객의 길잡이가 돼주고 있다.

 나무껍질의 큰 것은 길이가 30cm쯤 폭이 20cm쯤 넓은 것에서부터 함박눈만 한 자잘한 껍질들이 지천으로 널려 있고 밟기만 하면 금세 산산조각으로 부서져 버리고 만다.

 새로 자란 순을 제외한 모든 잔가지서부터 뿌리 윗부분까지 하나도 남김이 없이 껍질 벗기의 작업은, 시작에서부터 맺음까지 처절하고 아픈 자신과의 싸움이 매년 어김없이 일어나고, 새 옷으로 단장한 나무의 우윳빛 맑고 청아한 색깔은 도약을 위한 힘의 용트림이 보이고 생명의 환희가 무한히 넘쳐 흐름을 본다.

 자라기 위한 나무의 자연적인 현상이겠지만 나에게 많은 가르침을 주고, 날마다 반복되는 옳지 못함을 묵과하면서 지나고 나면 후회하는 나에게, 무언의 행동으로 보여주는 '유칼립투스'의 경이로움에 절로 머리가 숙어진다.

 반백이 넘어 20년이 지나도록 고집과 아집, 욕망과 편견에 찌든 더러운 껍질을 저 나무처럼 전부 벗어버리지 못하고 그 두꺼운 껍질 위에 하얀색 물감으로 채색만을 되풀이하면서 살아온 세월이 부끄럽고, 자신이 너무 가여워 교목을 끌어안고서 한없는 회한에 잠긴다.

우리 집 아가

우리 집엔 너무나 큰 아가가 있다. 큰딸이 고등학교 2학년, 둘째가 중3, 막내가 초등학교 1학년인 자녀 셋을 둔 불혹을 훨씬 넘긴 아이들의 엄마이지만 언제나 나에겐 귀엽고 사랑스러운 아가일 뿐이다.

직장을 다니는 우리 아가는 직장 내에서나 밖에서나 여러 가지 어려움과 괴로움도 많을 터이지만 언제나 명랑한 그의 표정엔 항상 사랑이 넘치고 삶의 환희와 희망을 일깨우게 해준다.

쪼들리는 집안 생활과 분분한 가족들의 의견 대립을 이리저리 마무리하면서 중간 조종자로서의 충분한 역할을 소화해 내는 모습을 볼 때마다 측은한 가여움에 마음이 아프다. 저도 인간일진대 그 좋지 않은 감정들을 가슴속 깊은 곳에다 묻어두고 웃는 그 모습 뒤안길로 영혼의 눈물 삼킴을 훔쳐보면서 저렇게 장성한 아가의 영혼에 매료되어 나 자신이 무색할 때가 한두 번이 아니었다.

남편의 변변치 못함을 손가락질 한번 하지 않고 오히려 자기 남편의 그 순진함을 세상이 알아주기는커녕 이용만 당하고 있으나 때가 오면 그도 세상 속에서 살아남는 지혜를 얻을 것이란 긍정의 기다림은, 조급함이 전혀 없고 이상할 정도로 여유 만만해 보이는 것은 어쩐 일일까! 작년인가? 이웃집 친구가 입던 옷을 얻어와서 자신이 입어보고 몸에 꼭 맞는다고 만족한 모습으로 활짝 웃던 모습은 나를 두고두고 가슴 아프게 한다.

시집와서 지금까지 옷다운 옷 한 벌 사 주지 못한 시아비가 되고 보니 아들의 못 남은 아비의 못남 때문이라는 자책과 함께 아가에 대한 미안한 마음 감출 길 없다. 15년 전 아들이 아가와 연애하던 시절, 친정 부모님의 반대로 헤어질 위기에 있을 때, 자그만 메모지에다 나의 마음을 담아서 선물과 함께 마지막이라 생각하고 아들을 통해 보낸 그 일로 인하여 아가의 마음에 결심이 굳어지고 친정 부모님께 당당히 결혼을 선포하는 용감성의 기폭제가 됐었다고 몇 년 후에 아가로부터 추억담을 들었을 때는 나도 가슴 뿌듯함과 행복함을 맛보았지! 우리 아가 시집올 때는 어느 사람보다 행복하게 해주겠다고 굳게 마음 다짐을 했으나 심한 폭풍과 거친 파도가 몰아칠 때면 풍랑 속에 휩싸여 허우적거리는 모습을 볼 때마다 내 힘으론 어찌할 수 없는 미약함의 번거로움 속에서 눈만 감고 있었지! 남편에 대한 불만들, 자식들에 대한 안타까움 들은 시아비로서 할 수 있는 게 아무것도 없음을 한탄하면서 나 혼자만으로는 아가의 행복을 지켜 준다는 것이 할 수 있는 일보다 할 수 없는 일이 더욱 많음을 알았을 때의 허탈한 가슴속은 된서리 맞은 호박잎이 되어버린다. 퇴근길이면 시아비 좋아하는 것들을 사 와서 아무도 모르게 방에다 놓고 가는 효성스럽고 그 착한 마음에 늘 고마워하고 감동했지! 자상하고 섬세한 성격은 아니지만 되도록 밝게 보이려 노력하고 억지웃음이라도 웃음을 잃지 않으려고 애쓰는 아가의 모습은 아름다움을 지나 성스럽게까지 나의 마음에 여운을 남기곤 한다.

'며느리 사랑은 시아비'라 했던가? 그래서 그런지는 몰라도 나에겐 보물처럼 귀중하고 다시없는 사람 이기에 아가 생각만 하면 항상 마음속에선 사랑의 물결이 일렁인다.
　이렇도록 착하고 아름다운 아가를 보내주신 그 분께 은혜의 감사와 아가의 행복을 염원하는 기도를 무시로 드리면서 밝은 태양 빛처럼 항상 쾌청하기를 염원해 본다.

오해(誤解)

　오늘 아침에 일어난 일이었다. 집사람은 새벽기도를 드리기 위해 새벽 4시에 교회에 가고, 나는 5시 반에 일터로 가기 위해 집사람이 준비해 준 물과 점심 상자를 확인차 열어보고, 눈이 똥그레졌다.

　네모난 하얀 메모지에 까만 매직 펜으로 '감' 자를 큼지막하게 써서 점심 상자 속 곱게 접힌 보라색 비닐봉지 위에 얌전하게 놓아둔 것을 보는 순간, 가슴속에서 솟구치는 사랑의 물결이 얼굴에 웃음을 씌우고 눈가에 이슬방울을 달아주었다.

　우리 부부는 일터로 나갈 때마다 매일 포옹하고 기도드린다. 항상 보살펴 주시고 끝없는 사랑 주심에 대한 감사로부터, 하루의 평온과 자녀들의 건강과 행복을 기원하고 우리 부부의 사랑을 다시 한번 확인하는 힘찬 포옹의 기도 시간은 항상 사랑이 넘치고 하루를 지탱하는 힘의 원천이 되곤 한다.

　오늘은 집사람이 나보다 먼저 집을 나가기 때문에 포옹 기도를 못해서 대신 '감' 자를 써서 나에게 감사한 마음을 표현한 것이겠지!

"감사하기는! 해야 할 일을 할 뿐인데 뭐! 나도 당신에게 감사한 마음은 당신 못지않을 거야! 사람도! 쓸려면 몇 자 더 써서 감사해요, 사랑해요! 이러면 더더욱 멋진 표현이었을 텐데…"

"하긴 지금껏 한 번도 해 보지 않던 짓을 늙은 지금에 와서 해 보기엔 쑥스러워 '감' 자 하나 쓰는데도 얼굴이 화끈거렸겠지?"

소나기 맞은 중처럼 혼자 중얼거리며 집을 나가 하루의 일과를 끝내고 우리 집 현관문을 여는 순간 집사람이 나오면서 "여보! '감' 따 왔어?" 말을 듣는 순간 땡감을 먹은 것처럼 입속이 떨떠름해지고, 곱게 접힌 보라색 비닐봉지의 의문이 풀렸다.

그다음 날 저녁 '감' 자가 놓여있던 비닐봉지에 주먹만큼이나 큰 '감'을 넘치도록 따다가 집사람에게 주면서 "달콤한 이 '감'보다 몇 배나 더 당신을 사랑해!"

나의 오해(誤解)를 알 리 없는 집사람은 잔잔한 얼굴에 미소만 지을 뿐이다.

아가에게 전하는 나의 고백

    온 세상은 칠흑 같은 어둠이 산을 삼키고 한 치 앞도 가리지 못하게 깊고 깊은 동굴 속 고요함처럼 가냘픈 빛을 쫓는 가엾은 영혼까지도 길을 막고 심술을 부리고 있구나!

    초시를 알리는 시계의 재깍 임만이 고요를 깨우고 응어리진 가슴속 활활 타오르는 심연에 불꽃은 어이하여 한 가닥의 빛조차 보여주지 않는 걸까? 그렇게도 사랑하고 그렇게나 아끼고 그토록 행복해지고 싶었던 우리 식구들이었는데 언제나 존경하고 항상 사랑하고 서로서로 이해하고 달빛처럼 포근하고 아름다운 용서와 화해가 집안 곳곳에 함박꽃 망울이 햇살처럼 터지는 화사한 웃음 속에 어린 나비들과 꿀벌도 은혜로운 행복을 만끽하리라 소망했던 것이 이 아비에 잘못된 바람이었을까! 꿈속에서 헤매는 보헤미안처럼 현실과 꿈은 이렇게나 동떨어져 흘러가야만 하는 걸까 그래! 인생은 바람대로 살아지는 게 아니고, 행복이라는 공동선의 목표를 설정해서 얽히고설킨 타래의 실올을 쫓아가다 보면 들판을 지나 냇물도 건너고 고즈넉한 언덕 위를 힘겨워 헐떡이며 함께 오르다 보면 흐드러지게 피어있는 아름다운 들꽃밭도 지나가겠지! 인생의 삶이란 하늘 천사와 함께 오색찬란한 가없는 꽃밭에서 사랑스러운 멧새들과 어울려 춤추며 노래 부르고 드맑은 시냇물 속에 만지기도 아까운 청순한 사랑을 풀어 정화수처럼 한 모금씩 나누어 마시는 환희의 기쁨, 초록빛 하늘처럼 끝도 없는 아름다움인 줄만 알았단다.

그래서 인생은 그렇게나 즐겁고, 행복하며 사랑하고 화합하여, 용서로 용해된 안개처럼 보드랍고 사탕처럼 달콤한 줄만 알았지. 장대비처럼 짓궂은 하늘을 쪼갤 듯이 시뻘건 번갯불, 천지를 진동할 노여움 속에 천둥이 있는지는, 마귀가 흘려버린 시커먼 먹구름조차 예전엔 생각조차 못 했단다.

그래! 봄이 가면 여름이 오고 가을 다음엔 겨울이 온다는 너무나도 정확한 자연의 이치를 일찍이 깨닫지 못하고, 우리 인생길엔 항상 봄만이 존재하는 걸로 착각했던 거야. 아가야! 현란하고 화려한 무수한 봄꽃들도, 아름다운 자태를 뽐내는 이름 있는 꽃들조차 여름과 함께 시들어 버리고 가버린 그 꽃들을 아쉬움과 가련함으로 우리 인생들은 가슴 아파했었지!

그런데 말이다, 멍들고 서글펐던 꽃잎 져버린 가련한 그 자리엔 탐스러운 열매가 맺히는 걸 몰랐던 거야! 누가 사랑은 아름답다 했던가! 사랑이란 괴로움의 덩어리 피를 말리는 기다림에 종착역이 사랑이 아닐까 생각해! 나 자신을 두들기고 다듬어서 아낌없이 던져야 하고 내 몸 가루가 되더라도 어렵게 감내하고 영혼이 마르도록 참으면서 천당과 지옥을 몇 번씩이나 왕래하며 외롭고 서러운 영혼의 울부짖음을 어울 누림 하다 보면 비로소 진정한 사랑이 보이기 시작할 거야!

그렇지! 모든 시새움과 질투와 다툼으로 얼룩져, 겹겹이 쌓인 붕어의 비늘 같은 무수한 조각들을 해맑은 영혼으로 하나하나 씻길 때 그지없는 사랑이 가슴속 깊은 곳에서 마르지 않는 샘물처럼 솟아나겠지!
 버거운 네 가슴속 아름다운 영혼 속에 해맑은 미소로, 아쉬웠고 서운했던 옛일들일랑 다시 불러 모으고 탐스러운 열매가 결실을 볼 때까지 사랑하며 살자, 용서하며 살자, 순종하며 살자, 아름다운 꽃길 속으로 무한히 승화시키면서 행복한 삶을 살자!

2005. 9. 2. 23시 아비가.

* 2005년, 미국에서 아들 부부의 불협화음을 보면서 식상한 일이지만 내가 참견할 일이 되지 못하므로 안타까움을 표현한 글. 무진한 세월이 흘러 지금은 행복하게 잘 사는 그들을 보면서, 연잎 위에 떨어진 이슬방울처럼 영롱한 사랑을 본다.

어디로 가고 있나

모처럼 고국에서 맞는 13년 만의 여름이다. 주로 봄가을에 번갈아 고국을 다녔고 여름철 습한 공기 모기와 하루살이들, 몸의 끈적이는 느낌이 싫어, 되도록 여름에 방문을 꺼렸으나 이번엔 집사람 병 치료 때문에 오게 되었다.

'가는 날이 장날'이라 했던가. 이번 더위가 110년 만에 가장 더운 여름이란 뉴스를 들으며 가만히 앉아 있어도 흐르는 땀을 주체할 수 없고 턱턱 막히는 숨은 한증막을 방불케 한다.

그 와중에 텔레비전 신문을 도배한 적폐 청산, 경제정책, 정치인들의 계파싸움, 미투 운동, 젊은 세대들의 '헬 조선' 어느 국회의원의 자살, 금세 통일이 될 것 같은 서두름이 숨 돌릴 여유도 주지 않고 여름 태양과 함께 뜨겁게 열을 더하여 과연 110년 만에 찾아온 무서운 여름을 실감케 한다. 정치가도 아니요. 학자도 아니고 역사 전공자도 아닌 무지한 소인이지만 소용돌이치며 휘덮는 혼란의 바람을 맞으며 내 힘으로 보탬이 될 수 없는 일이기에 안타깝고 갑갑한 마음은 열대야와 더불어 잠 못 이루고 뒤척이게 만든다.

나의 모국 대한민국은 청동기시대를 지나 원삼국시대에서 삼국시대를 거쳐, 남북국시대를 지나 후삼국 시대 와 통일 왕조시대의 유구한 역사를 지나면서 오늘에 이르는 동안 감내하기 힘든 역경을 수없이 겪으면서 용기와 지혜로 눈부신 발전을 거듭해 왔다. 고려 시대에 거란의 1차 침략, 2차 침략 3차 침략, 몽골의 침략, 조선 시대 청의 1차 침략 때 무방비 상태에서 당하고, 병자호란 2차 침입에서 왕이 무릎을 꿇는 모멸을 당해야 했다.

　조선 시대(1583년) 이이는 왕에게 10만 양병을 건의했으나 이루지 못했고, 일본 침략이 있으리라는 소식에 황윤길과 김성일을 보내어 정탐토록 했는데 황윤길은 침략이 확실함을 말했으나 김성일은 그런 기미가 없다고 보고하여 결국 김성일을 믿은 조선은 대비하지 못하여 1592년 4월 명나라로 가는 길을 내 달라는 구실로 1차 침략했고 2차 침입 정유재란(1597년)을 거쳐 1910년 경술국치로 일본의 식민지로 전락하고 말았다. 전락 이면엔 제국주의 강대국들이 약소국을 놓고 주고받는 거래에 제2차 영·일 동맹에서 영국은 인도를, 일본은 조선을 식민지로 승인하고 미국은 필리핀을 자신들의 식민지로 인정받고 일본의 조선 침공(侵攻)을 승인했다.

　제2차 세계대전에서 일본이 항복하고 미국에 의해 해방을 맞았으나 남에는 미군이 북에는 소련군이 주둔하여 각각 자국의 이익을 취하기 위하여 갈라진 한반도는 좌우익으로 나뉘어 이념으로 대치하며 소련을 등에 업은 이북은 공산정부를 세우고 남한엔 민주 정부를 세웠으나 북의 남침으로 6·25의 비극이 발발하여 미국의 도움으로 유엔군의 지원을 받아 치열하게 밀고 밀리며 3년이란 세월의 전쟁 속에서 당사자인 우리는 끼지도 못한 채 미 중 북한의 휴전협정으로 38도선을 경계로 굳게 막힌 철조망이 가로막아 언제 터질지 모르는 시한폭탄을 안고 있으면서도 이념대립으로 국력만 허비하고 있지는 않은가 생각해 볼 문제다.

　너무 힘이 없던 우리 민족이었기에 사사건건 강대국들에 휩싸여 무엇 하나 우리 마음대로 하지 못하고 외세가 흔드는 대로 흔들려야 했던 지난 세월 그 세월 속에서 우리의 위상은 부국강병을 갖지 못했기 때문 아니었나. 생각해 본다.
　영원한 적도, 영원한 편도 없다는 말 실감하면서 작금에 일어나는 여러 사건이 역사의 뒤편을 뒤져보게 만든다.
　구한말 주변 열강에 대한 경계의 의미로 우리 선조들이 들려주었던 뼈있는 말, "미국 믿지 말고" "소련에 속지 말고" "일본을 잊지 말고" "중국인들 족쇄 채워" "조선인들이여 단결하라." 우리 민족이 주변 열강을 미워하든 예뻐하든 눈도 깜짝일 국가들이 아님을 잘 알고 있기에 해결책은 우리 민족이 뭉쳐서 힘을 길러야 한다는 데는 의심의 여지가 없다 하겠다.

　월남 패망도 국민이 정부를 신뢰하지 않아 나라를 지키려는 국민의 의지가 없었고 월맹이 제안한 평화협정이 공산화 평화협정인 줄 모르고 속아서 1973년 1월 협정 후 연합군이 철수했고 월맹은 가면을 쓴 평화협정을 앞에 두고 뒤에선 집요한 대남공작으로 공산화의 길을 추진하여 1975년 사이공 함락으로 월남은 패망하고 말았다.
　협정을 파기하면 즉각 군을 투입 전쟁을 재개한다는 평화 회담의 약속을 지키지 않고 고개 돌린 미국이었다.

　자유민주주의 사회에서 언론의 자유, 표현의 자유, 넓게는 이념의 자유도 허락되는, 사람다운 삶의 보장도 충분히 요구할 수 있는 개개인의 권리임에는 다툼의 여지는 없겠으나 국익을 위해서는 가리고 참아야 할 일도 분명 존재한다고 믿고 싶다.

알 권리를 주장으로 국가의 손해를 감수하면서 들춰내는 일, 외교문서를 펼치는 일, 기업 비밀을 인권이란 미명하에 공개하는 일들은 국민의 권리보다 국가를 먼저 생각한다면 마음을 누르고 참아야 하지 않을까 생각해 본다.

젊은이들의 취업 문제, 최저임금 인상의 갈등, 젊은이들의 기성세대와 노인에 대한 불만, 기득권에 대한 혐오, 어찌 보면 불만 공화국이 아닌가. 착각할 때도 있다. 오죽하면 국회의원을 '국개의원'이란 용어까지 나올 정도이다 보니 국민의 불만이 폭탄처럼 위험스럽기 그지없다. 경험과 연륜을 앞세우는 노인 세대의 고집, 당과 자신을 위한 이전투구, 권력에 빌붙어 옹호하는 언론, 사법기관의 검사가 법원을 뒤지고 판사를 구속하고 상명하복을 목숨으로 하는 군의 하극상, 공공복지의 확대로 인한 정부 재정의 감소, 이러한 난제들이 등장하지만 정부는 해결의 실마리를 꼭 찾을 것이란 희망을 버리지 않는다.

석유 부국 베네수엘라 국민은 1990년 이전까진 가난을 모르고 살았으나 1998년 우고 차베스가 대통령이 되면서부터 직접 민주 체제를 추진하면서 인터넷 청원 사이트를 운영하여 일정 숫자 이상의 국민들이 요구하는 정책들을 정부는 입법부에 요구하며 압박하고 국민들의 요구에 반대하는 의원들은 국민의 뜻을 따르지 않는 적폐 세력으로 매도하여 입법부는 국민의 뜻에 따를 수밖에 없었다. 대통령은 미국과 단교까지 언급하며 배타적이었고 그의 반미 행보를 국민들은 용감하다고 평가하였으며 끝 모르는 지지율이 상승했다. '사람이 먼저다(La Gente Es low Primero)'라는 구호 아래 무상복지정책을 추진하면서 기본 소득제를 시행하기 위해서는 재벌기업이 더욱 협조해야 한다고 압박했다.

국민들은 경제민주화를 부르짖으며 석유산업을 민주화하라고 요구했고 이에 석유산업 민주화라는 핑계로 국유화하였고, 석유산업 재벌을 해체하라고 요구하며 처벌을 강요하여 정부는 사법부를 압박했고 사법부는 국민의 뜻을 따르기 위하여 어떻게든 죄명을 만들어 처벌해야 했다. 정부는 석유산업에서 발생하는 이익금까지도 무상복지로 사용했다. 이에 상류층들은 너무 높은 세금에 못 견뎌 미국 유럽 등으로 이민을 떠났다. 2010년대 들어 경제성장은 -10% 수준으로 떨어졌고 국민들은 더 많은 복지를 요구했지만, 세수 부족으로 무상복지를 확대하기 어려웠으나 국민들은 최저임금 인상을 요구했고 그로 인해 인건비가 상승했고 제품생산단가가 상승하면서 엄청난 물가 상승이 뒤따랐다. 국민들은 가격통제를 요구했고 정부는 국민의 뜻대로 가격통제를 하여 사업가들은 사업을 포기했고 생필품은 바닥이 났다. 그 나라는 2018년 현재 폭동이 일어나고 있다.

그리스, 아르헨티나도 포퓰리즘 정책의 남발과 사회주의로의 전환에 몸살 앓기는 베네수엘라나 진배없음을 보면서 남의 일 같지 않은 무거운 마음은 어인 일일까!

국민들의 욕구와 불평불만들이 집단의 규모가 크게 행동으로 옮기면 기득권들의 선심으로 해결의 실마리를 보면서, 복지 사각지대에서 울부짖지도 못하는 개개인의 국민들 애환도 두루 살펴서 힘이 되도록 도와주는 게 정부의 몫이 아닐까, 생각에 잠긴다.

인생 삶도 그러하지만, 국가경영에서도 연습게임이란 있을 수 없으매 좋은 정책으로 믿고 입안하여 시행하는 동안 부작용이 발견되면 즉시 수정 보완하는 용기도 필요하다고 생각되며 정책 검증된 이념선택도 나쁘지 않으리라 생각해 본다.

사법부의 엄중한 독립을 필두로 법관의 양심에 따라 내려진 판결이라면 그 누구라도 번복을 요구하며 부정해서는 안 되리라 보며 노동

조합의 운동은 근로자의 권익에 대한 이외의 범위를 넘어 행정부의 힘을 빼앗는 모습, 각종 시민단체의 편견적인 모습들은 국민의 표정을 우울하게 만든다.

유비무환이라 했던가! 세계적으로 군비증강을 서두르고 있는 현실 속에서 국가 존망이 걸린 첩보활동을 위축시키는 일, 남북으로 대치하고 있는 우리의 현실에서 군의 사기와 힘을 꺾는 정책들은 심사숙고 하는 현명함도 필요하지 않겠나 생각해 본다.
봇물 터지듯 쏟아지는 욕구 분출이 나쁜 징조만은 아니라고 두둔해 보지만, 국가가 없다면 어디에서 쏟아 볼 수 있을까 새삼 국가에 대한 고마움과 감사함에 눈시울을 붉힌다.

우리 국민의 단결된 힘은 국가의 위험 상태에서는 언제나 국민들이 앞장서서 나라를 구한 역사를 되짚어 보면서 주권은 국민의 것임을, 나라를 지킴도 곧 국민이고 부강한 국가로의 발전도 국민 힘으로 이룩함이 틀림없기에 국민 모두가 국가 부강을 위해 뭉쳐 힘을 모은다면 그래서 열강들이 함부로 대하지 못할 때가 오면 사람다운 삶의 길과 이념 논쟁도 맘 놓고 할 수 있지 않을까 염원해 본다. 어찌 되었든 복잡함 속에서도 명철한 두뇌를 자랑하는 우리 정부와 국민이기에 이 어려움도 발전의 한 과정이라 생각하며 더욱 우뚝 선 조국을 상상하면서 부푼 꿈속에서 행복의 꽃 담뿍 피워본다.

2부/

가던 걸음 멈추고

 그래! 우리 인간은 무엇 하나 우리 마음대로 되는 것이 하나도 없음을 우리의 삶을 통해서 항상 경험하고 느끼고 깨닫게 되지! 자신의 뜻대로라면 부자 못될 사람 하나도 없고 자식들 출세 못 시킬 사람 아무도 없겠고, 행복하지 않은 사람 어디 있을까!

애국심

고국을 떠나 타국에서 사는 이민자의 생활은 그리 호락호락한 생활이 결코 아니다. 고달픔과 외로움으로 살기 위한 몸부림 전부가 이민자의 생활이 아닌가 생각해 본다.

언어와 환경과 문화와 전통이 몸에 젖은 고국의 모든 것에서부터 전혀 새로운 모든 것들을 익히고 배우며 사는 생활이야말로 한가하고 안이한 정신으로는 살아남지 못하는 언제나 긴장의 끈을 놓지 못하고, 필사즉생(必死卽生)의 정신으로 생활 전선의 돌파구를 찾아 올인하는 그 모습 속에서 생의 즐거움과 여유는 감히 생각할 여유도 없이 자식들의 교육에 온 정열을 쏟으면서 하루하루를 외줄 타는 곡예사의 마음처럼 그렇게 살아가고 있는 게 대부분 이민자의 생활이 아니겠나 하는 생각을 해 본다.

나의 경우처럼 이민자들이 공유하는 외로움의 첫 번째가 말벗이 없음을 아쉬워하면서 기쁨과 슬픔을 함께 나눌 수 있는 대화의 상대가 몹시 그리울 뿐이다.

나는 직업상 Free Way(고속도로)를 하루에도 대여섯 곳을 번갈아

넘나들며 다니다 보면 수많은 자동차의 물결 틈새에서 '현대'나 '기아'의 자동차를 발견할 때마다 기쁘고 반가워 다시 한번 쳐다보곤 한다. 길이가 20m는 됨직한 커다란 덩치의 컨테이너 자동차의 대열 속에서도 아주 간간이 '한진'이나 '현대'의 컨테이너 자동차가 보일 때마다 뿌듯한 감격이 마음속에 용솟음치고 있음을 느낀다.

수많은 인종과 수많은 자동차의 혼재함 속에 내 조국 회사의 로고(Logo)가 세계와 어깨를 같이하고 그 복잡한 틈새를 보란 듯이 누비고 달리는 모습을 자랑스러움으로 바라보는 마음을 애국심이라고 표현해도 무리는 없을지 모르겠으나, 그 짧은 순간의 반짝이는 마음의 평안과 대견함을 타국에서나 느껴보는 순수함이라 할까!

River Side에서 Los Angeles 쪽으로 60번 Free Way를 달리다 보면 Fairway와 Nogales 사이 길가 오른쪽에 세워진 커다란 선 간판에 '독도는 우리 땅'이란 독도의 사진과 함께 영문 표기 설명이 있는 간판은 한국 인터넷에도 어느 독지가의 애국심을 칭찬했던 일이 있었고, 일본대사관의 항의와 위협에도 그 몇 년을 같은 장소에서 그곳을 지날 때마다 나를 반기곤 했다. 그런데 어느 날인가 독도의 간판이 보이지 않았다. 그 자리엔 다른 간판이 대신 들어서 있었고 그것을 보는 순간의 아쉬움이 갖가지 상념에 잠기게 했다.

그렇겠지! 광고비만 해도 적잖은 돈이 필요했겠고, 한 사람의 주머니에서 충당해야 하는 버거움도 있었으리라 짐작도 해보면서 그 몇 년을 지켜온 독지가의 애국정신에 감사할 뿐이었다.

그 후 언제인가 같이 일할 사람을 구하기 위해 다른 장소로 가다가 또다시 '독도는 우리 땅'이란 간판을 만난 것이었다. 그것을 보는 순간 그렇게 반가울 수가 없었고 도전적인 독지가의 집념에 혀를 내 둘리고 말았다. 그는 순간의 멈춤도 없이 '독도는 우리 땅'이라 주장하고 있었음을 알았고 나를 다시금 반추해 볼 수 있는 기회를 주기도 했다. 지금 있는 독도의 간판은 Fullerton을 지나 Azusa 출구로 나가서 우회전하여 Gale 길을 지나 0.3km 정도 가면 오른쪽으로 독도의 간판이 큼지막하게 시선을 끌고 있다.

 그곳은 넓은 도로도 아니고 건물도 듬성듬성 있는 먼젓번 있었던 곳에 비하면 너무 한산한 장소이건만 굳이 이곳을 선택한 배경에는 그만한 이유가 있음을 직감하면서 독지가의 두둑한 뱃심과 용기에 감탄이 저절로 튀어나왔다. 이곳에는 우리 동포가 운영했던 오리 불고깃집 그 자리에 'HONDA-YA'란 일식 요릿집이 일 년여 전에 문을 열었다. 고객 중 대부분의 손님은 일본 사람들이고, 토, 일요일은 항상 초만원을 이루는 광경을 길을 가면서도 볼 수 있는 광경이다. 독도와 관련이 없는 국가의 사람들에겐 그 간판은 아무리 많은 사람이 읽고 보았다고 해도 관심 밖의 일일 것이다. 이 집을 사이에 두고 길 건너 맞은편에 독도의 사진과 함께 '독도는 우리 땅'이란 영문 표기가 현란하게 전개돼 있고, 이것이 싫든 좋든 그들이 쳐다보게 하기 위하여 바로 그들 눈앞에 설치한 야심 차고 끈질긴 독지가의 치밀한 계산에, 이것을 보는 일본 사람들의 마음은 어떤 감정이었을까 상상해 보면서, 우리 교포가 운영하던 자리에 하필이면 일식 요리 집이 대신 들어선 것이나 그 맞은편에 큼지막한 독도 간판의 삼각관계 아이러니는 아직 일본인을 생각하는 나의 마음조차도 그렇게 너그럽지 않음을 되새겨보게 한다.

2011. 6. 10.

애국 교향악단

2019년의 가풀막에 기독교도들이 연주하는 오케스트라 공연에 초대 받아 갔었다. 음악에 대하여 별로 조예가 깊지 못했고 좋아하지도 않았던 나였기에 거절하기도 뭣하고 하여 자의 반 타의 반으로 그곳에 도착하고 보니, 규모가 상상외로 넓음에 우선 놀라웠고 개표하고 들어가니 500명 도 훨씬 넘어 보이는 청중들에 또 한 번 놀랬다. 내가 아는 지인이 지휘하고 있어 더욱 눈이 휘둥그레졌고, 그 가냘픈 여자 몸매에 짧은 두 손과 손가락으로 그 많은 악기를 컨트롤하며 그 악기를 다루는 사람들이 거의 백인 혹은 흑인들이었음에, 그 가늘고 짧은 손짓으로 화음의 하모니가 물결칠 때마다 감미롭고 숭고한 표현 못 할 감동으로 온몸에 소름이 돋았다. 그 많은 사람이 숨소리마저 들리지 않는 적막 속에서 청중들이 음악에 몰입하며 작은 체구의 한국 여성 지휘자의 뒷모습을 응시하는 진지함을 목격한 나는, 지휘의 잘 잘못은 음악의 문외한인 나로서는 알지 못하는 일이지만 가슴 속에서 솟구치는 뭉클함의 덩어리는 같은 국가에서 태어난 같은 피의 흐름이 아니었겠나 생각해 본다.

지휘자 바로 앞 왼편에 제1 바이올린 18대, 그 옆에 대형 피아노 1대, 피아노 뒤에 하프 2대, 지휘자 정면에 제2 바이올린 18대, 비올라 14대, 왼쪽 하프 뒤에 팀파니, 기타, 타악기 5대, 지휘자 정면 제2 바이올린과 비올라 뒤에 오보에 3대, 그 뒤에 플루트 3대, 오보에 옆 파고토 3대, 그 뒤에 클라리넷 3대, 그 뒤에 프렌치호른 4대, 그 뒤 왼쪽에 트럼펫 3대, 그 옆에 트롬본 3대, 그 옆에 튜바 1대, 비올라 뒤 오른편에 콘트라베이스 8대, 지휘자 바로 옆 오른쪽에 첼로 12대, 100개가 넘는 악기들이 같은 곡을 연주해도 악기마다 독특한 음들이 어우러져 아름다운 음이 흘러나옴을 들으며 지휘자의 손짓에 따라 어느 악기는 멈추고 어느 악기는 멈췄다가 시작하는 경이로움이 우리 인간 세상에 시작과 멈춤을 어떻게 해야 하는지를 말 대신 보여주는 것 같았다.

금관악기, 목관악기, 현악기, 타악기, 건반악기, 같은 악기 중에도 모양새가 다 틀린 악기로 뿜고 튕기고 두드리는 음률은 모든 악기가 한 음악을 가지고 최선의 아름다움을 탄생시키기 위하여, 개인의 욕심과 집단의식을 표출함이 전혀 없는 전체의 어울림에 누가 되는 일은 엄격히 자제 함에서 아름다운 음률이 탄생하는 체험의 장관 속에 음악회를 보는 내내 떠날 수 없는 고민스러움에 음률의 감미로움은 생각에 밀려, 내 곁을 떠났고 마지막 공연의 끝을 장식하는 박수 소리에 소스라치게 놀램을 느끼며 매우 당황했던 기억이 지금도 가슴에 또렷이 남아 있다.

세계적인 교향악단 지휘자 '레오나르도 번스타인'의 말처럼 "제1 바이올린 연주하는 사람과 같은 열정을 가진 제2 바이올린을 연주하는 사람을 구하기가 참 어려운 일이고, 프렌치호른이나 플루트의 경우도 제1 연주자는 많지만, 그와 함께 멋지고 아름다운 화음을 이어줄 제2

연주자는 너무나 적어서 구하기 힘이 든다."라고 말했다 한다. 누구나 솔로 연주자가 되려고 하고, 이것만이 진정한 음악임을 고집하고 특정한 위치에서 주목받기를 원하는 사람들뿐이라면 제2 연주자가 없는 음악은 어떤 음악회가 될까 가늠해 본다.

제1 연주자는 아무 사람이나 같이 연주할 수 없지만, 제2 연주자는 어떤 사람과도 연주할 수 있고 오히려 돋보이지 못한 제1 연주자를 훌륭한 연주자로 만들 수 있는 것처럼 우리 '애국 교향악단' 속에는 묵묵히 맡은 일에 소임을 다하는 제2 연주자들이 압도적임에도, 제1 연주자들의 고집과 아집, 불만과 욕심, 포퓰리즘, 당리당략에 매몰되어 치우친 행동과 말들이 제2 연주자들과의 연주를 거부하고 있어 음악회는 귀청을 찢는 높은음과 잡음만이 울려서 청중들의 비난을 면치 못하고 있지 않나 헤아려 본다.

국가와 민족을 위한 길, 현재 머무름보다 미래의 발전된 국가를 생각하며 자손들에게 아름답고 풍요로운 세상을 남겨주기 위한 음악회라면 '애국 교향악단' 지도자의 덕목이, 불같이 일어났던 울화와 고민과 이념의 욕심도 손가락 한 마디 까딱하면 멈추게 할 수 있는 그러한 지휘자는 없는 것인지, 아니 있지만 찾지를 못하는 것인지 올해의 마지막 밤에 고명하신 지휘자가 나오리라는 환상에 젖어 꿈과 희망을 품으면서 무릎 꿇고 소원해 본다.

아범에게

　가시밭보다도 험준한 사업 길 지뢰밭을 지나는 긴장된 너의 모습을 그리면서 이 글을 보낸다.
　네 작은 어깨에 너무나 큰 짐을 지워놓고 도와주지 못하는 아비 마음 글로서는 표현 못 할 안타까움에 밤을 지새우고 스산한 구름 사이 조각달 비추고 애처로운 귀뚜라미 목멤에 길을 여는 새벽녘, 빨간 십자가를 찾아가 내 모든 것을 바쳐 하나님께 기도드린단다.

　아들 사업이 틀림없이 잘될 것을 믿으며, 이 한목숨 바쳐서도 아들 사업 돕고 싶다고 대답 없는 깜깜한 허공에 마음만을 보낸다. 아범아! 돌이켜 보면 네 어깨에 지워진 무거운 짐도 네가 짊어지지 않으면 안 되는 짐이었고 누구와 같이 나누어질 짐이 아니란 걸 너 자신도 잘 알고 있겠지. 우리 인생은 혈연이라 하더라도 삶을 대신 살아줄 수 없는 엄격한 신의 논리에 우리 모두 수긍해야 하지 않을까?
　아범아! 사업에 대해서는 현장 속에서 활동하는 너야 누구보다도 해박한 지식과 뜨거운 열정과 불굴의 투지로 임하는 것 너무나도 잘 알고 있지만 아무것도 알지 못하는 아비의 노파심이 쓸데없는 근심으로 굳어지지는 않는지 아비도 늘 뉘우치면서 낭보가 들려오기만을 목마르게 기다리고 있단다. 사업이란 현장 조사와 사업 계획을 빈틈없이 만들고 주위 환경을 면밀히 조사 검토해서 사업 자본은 어디서 어떻게 조달할 것이며 이 사업이 지는 사업인지 뜨는 사업인지 사업의 장래성을 심혈을 기울여 고민하고 처음부터 단계별로 세밀한 계획안에서 움직여도 생각조차 하지 못했던 돌발 사태를 어떻게 처리할 것인가도 두서너 가지는 계획안에 포함해 놓아야 하지 않을까 생각해! 사업 자금의 유입도 변제 방법을 깊이깊이 생각해서 계획안에다 꼼꼼히 챙겨둬야 할 것 같은데 물론 아범은 그 모든 일들을 명확히 준비해서 사업 판단 기준으로 시작했겠지만, 이 아비는 불안한 마음 감출 길이 없구나.

이번 문제만 해도 엄마한테 이해와 납득이 가도록 충분한 사업 설명과 함께 사업 비전 부분도, 투자한 자금 회수 문제도 너의 계획대로 솔직히 말씀을 드렸다면 너의 마음고생 다소나마 작아지지 않았겠나 생각해! 그 어느 때 어떤 잘못을 저지른 후에도 부모는 항상 용서할 수 있고 반겨 맞아들일 수 있는 존재! 성서의 비유처럼 마치 신의 자비와도 같이 끝없는 용서를 베풀 수 있는 존재로서 부모가 아닐까 생각해! 부모 자식 관계는 단절되거나 철회될 수 있는 관계가 아니겠지! 비록 자식이 살인강도라 해도 그는 자기 자식일 수밖에 없고 끝없는 용서로서 핏빛 사랑으로 감싸주는 그래서 혈연은 그렇게 슬프고도 아름다운 인연으로 맺어진 게 아닐는지! 이렇게 무한한 부모 사랑을 겨자씨만큼이라도 생각하고 있다면 눈물겹게 서운한 것 서럽게 아픈 가슴, 까만 멍이 들었어도 은혜 보답 마음으로 하늘 한번 쳐다보면 일곱 색깔의 무지개가 황홀하게 너의 가슴을 뜨겁게 덥혀주고 얼었던 네 가슴 닫혔던 네 입술이 감사하는 마음으로 목련꽃 망울처럼 터지기 시작할 거야! 그리하여 큰일에서 작은 일까지 엄마와 상의하고 맞지 않는 의견도 이해와 설득으로 순종 한다면 하나에 동일점을 찾지 않을까 생각해! 부모를 사랑하지 않는 자식은 자신의 사랑도 거부하고 자신을 사랑하지 않는 자는 가정을 사랑할 수 없고 그 누구도 사랑할 수 없는 자가 어찌 자신의 일을 감당할 수 있을까! '가화만사성'이라 했던가! 어린 자식들의 천진한 목소리와 티 없는 맑은 얼굴 어떤 잘못이라도 용서받을 수 있는 따스한 노부모의 여린 가슴이 있는 곳! 화려함으로 장식하고 명성으로 색칠한 굵은 사람이나 손수레를 끌며 사는 찌든 인생이라도 지는 해를 받아 이고서 땅거미 묻은 어깨를 느리고 찾는 내 집! 하루의 온갖 피곤과 기쁨과 슬픔도 남김없이 털어놓고 위로하고 위로받으며 이리저리 다독거려 치료할 수 있는 가정! 혈연 속에 맺어진 가장 작은 집단 안에서조차 반목과 자존심과 불신이 존재한다면 피곤한 몸 상처받은 영혼은 어디서 치료할 수 있을까! 내 마음 속에 지옥을 천당으로 천당을 지옥으로 바꾸는 것도 결코 남이 아닌 나 자신이란 것, 우리의 모든 삶 하나님께 맡기고 뭉쳐진 가정이 합심해서 기도드린다면 반드시 만족할 기쁨을 내려주실 거야! 아범아! 우리 모두 힘을 내자! 용기를 갖자! 고사리손들이 아빠 위해 기도하는 모습을 항상 생각하면서….

아물지 않은 상처들

　5·18이 지난 지 39년! 강산이 네 번이나 바뀌어서 겉으론 멀쩡해 보이던 상처 자국이 속에서 곪아 터지고 있다.

　1947년 미·소 공동위원회의 회담이 완전히 결렬되자 미국은 한반도 문제를 유엔에 상정하여 1947년 11월 유엔총회는 유엔의 감시하에 인구비례에 의한 남북한 총선거를 통한 한국 통일안을 가결하였으나 소련과 북한의 인민위원회가 이를 거부하자 유엔 한국 임시위원단의 활동이 가능한 38선 이남에서는 제헌국회를 구성하고 제정된 헌법에 따라 대통령 이승만이 1948년 8월 15일 대한민국 정부 수립을 국내외에 선포했다.

　이승만 정부 수립 전후에 좌익과 우익의 대립이 격화되고 1946년 9월 서울 철도파업, 10월 대구 폭동, 1948년에는 제주 4·3사건과 더불어 여순 반란사건, 지리산, 태백산, 오대산 일대에서 빨치산 활동으로 남한의 치안 상태는 극히 불안한 가운데 1848년 11월 17일 오대산 부근으로 북한군 침투로부터, 10여 차례의 38선 일대에서의 북한군 침투는 민족 분단으로 치닫던 역사적 과정의 한 단면이었고 4·3 사건과 여순 사건은 60년이 흘러간 지금도 미 완결로 남아 있다.

1948년 4월 3일 제주 4·3 사건은 남로당이 남한 단독 선거에 반대하여 일어난 봉기로 정부에서는 고성읍 신월리에 있는 국방경비대 14연대를 제주 항쟁의 진압을 명령했으나 14연대의 80%가 넘는 인원이 사병 및 민간인 출신들로 구성되었으며 그중에는 좌파적 성격을 띠는 장교들, 김지회, 홍순석과 같은 인물 외에도 상당수 있었고, 지창수 등 사건의 앞잡이 부사관들도 포함된 속에 남로당 세포조직이 침투하여 남로당에 물든 장교들에게는 받아들일 수 없는 명령이었으므로 항쟁한 사건이 여순 반란사건이다. 정부는 일련의 사건들은 공산주의의 활동 일환으로 보고, 반란 주동에 직간접으로 관계되어 있던 좌파 계열에 대한 공세에 나서고 극기야 1948년 12월 1일에 국가 보안법을 제정하기에 이르렀고, 좌익과 우익의 갈등을 극복하고 사회질서를 확립하기 위하여 반공주의 정책을 천명했다.

1950년 6월 25일 새벽 북한의 남침으로 동족상잔의 비극이 산하를 피로 물들인 3년 1개월의 싸움으로 450만 명의 희생자 중, 한국군 22만 7,748명 미군 3만 3,629명 유엔군 3,194명이란 엄청난 피의 대가로 지킨 우리 조국이다.

1960년 3·15 부정선거를 규탄하는 마산 시위 와중에 4월 11일 마산상업고등학교 학생 김주열이 눈에 최루탄이 박힌 모습으로 마산 중앙부두 앞 바다에서 발견의 계기로 4·19혁명이 발발 하였고 1960년 4월 26일 이승만의 정권은 붕괴하였다.
　4·19혁명으로 수립된 허정 과도정부나 장면 정권은 혁명이 요구한 과제를 제대로 감당하지 못하고 부정 축재자, 부정선거 관련자 처리에

미온적이었고, 이승만 정권에 억압되었던 다양한 사회적 요구를 제대로 수렴하지 못하고 반공법과 데모 규제법의 제정 시도, 국민적 지지를 억압하기에 이르러 큰 불만을 불러왔다.

또한 장면 민주당 정권의 내분으로 호응할 만한 정치력을 발휘하지 못하고 대통령 자리를 놓고 격돌하며 사사건건 대립을 세웠다.

한 치 앞이 보이지 않는 복잡함 속에 1961년 5월 16일 새벽 박정희를 위시한 군사 쿠데타가 성공하여「국가재건최고회의」에서 6개 항의 혁명 공약을 발표했다.

1) 반공을 국시의 제1 의로 삼고 지금까지 형식적이고 구호에만 그친 반공 태세를 재정비 강화한다.
2) 유엔헌장을 준수하고 국제협약을 충실히 이행할 것이며 미국을 위시한 자유우방과의 유대를 더욱 공고히 한다.
3) 이 나라 사회의 모든 부패와 구악을 일소하고 퇴폐한 국민 도의와 민족정기를 바로잡기 위하여 청신한 기풍을 진작한다.
4) 절망과 기아선상에서 허덕이는 민생고를 시급히 해결하여 국가 자주 경제 재건에 총력을 기울인다.
5) 민족의 숙원인 국토통일을 위해 공산주의와 대결할 수 있는 실력배양에 전력을 집중한다.
6) 이와 같은 우리의 과업이 성취되면 참신하고 양심적인 정치인들에게 언제든지 정권을 이양하고 우리들 본연의 임무에 복귀할 준비를 갖춘다.

혁명정권은 1964년 3월에 결성된「통일혁명당」창당 준비 위원회의 사회주의와 공산주의를 지향하며 북한의 노선과 일치하는 강령과 정책을 가지고 있었고 핵심 인물이었던 김종태, 이문규, 김질락이 직접 북한에 가서 조선노동당 입당 사실이 발각되면서 실체가 드러나 1968

년 8월 군, 경, 정 합동작전으로 사건을 종결지었다.

  국헌을 위반한 군사 쿠데타는 많은 국민의 저항을 불러왔고 정치권의 어지러움과 학생들의 민주화운동, 민주주의라는 가면을 쓴 이념을 달리한 단체들의 난립 속에 4·19 이후 민주주의를 지향하는 사회 운동단체인 민민청, 통민청, 민자통 등이 결성되어 활동하였고, 교원노조, 사회당 등 정당, 단체의 주요 인물들을 투옥하고「특수범죄 처벌에 관한 특별법」을 제정하여 4·19 시기 분출하던 학생, 언론, 교사, 노동, 혁신정당, 통일운동 등 민주적 욕구 분출을 억압하였고, 이후 한일회담 반대의 학생 시위가 거세지면서 계엄령을 선포하기에 이른다. 위기에 처한 군사정권은 1964년 8월 인혁당 사건을 발표하여 학생 시위 조종은 북괴의 지령을 받아 국가변란을 기도한 대규모 조직 인혁당이 있다고 발표했다. (1차 인혁당 사건)

  1969년 대통령 3선 개헌안을 날치기로 통과시켜 연임하였고 1972년 유신헌법을 제정했다. 재야 세력들은 100만인 서명운동을 벌이면서 유신정권에 저항하였다. 유신정권은「대통령 긴급조치」를 선포하고,「민청학련」의 정부 전복과 국가변란 기도사건 배후에는 과거 공산계 불법 단체인 인혁당 조직과 재일 조총련계의 조종을 받은 일본 공산당과 국내 좌파 혁신계 등이 복합적으로 작용하여 정부 전복 후 공산 계열의 노동 정권 수립에 이르기까지 과도적 통치 기구로서 민족 지도부의 결성 계획까지 하였다고 발표였다. (2차 인혁당 사건)

  「남조선민족해방전선」(남민전)은 1977년 1월「한국 민주 투쟁위원회」(민투)를 결성하여 유신체제를 비판하는 유인물 및 기관지인「민중의 소리」를 8차례 배포하는 등 반 유신 투쟁을 전개했다. 또한「전국민주 청년 학생 총 연맹」(민청학련) 등 학생운동을 중심으로 청년 학생위원회를 조직하여「민주구국학생연맹」「민주구국 교원연맹」「민주구국 농민연맹」을 시도하다가 1979년 10월 4일 이재문, 이문희, 차성환, 이수일, 김남주 등을 비롯하여 그해 11월까지 84명의 조직원을 구속한 사건이었다.

「부·마 민주항쟁」은 1979년 10월 16일부터 20일까지 부산과 마산에서 유신체제에 대항한 항쟁이다.
　10월 16일에 부산대학교 학생들이 "유신철폐" 시위를 시작하고, 다음날 17일부터 시민계층으로 확산을 시작으로 부산 마산 지역으로 시위가 확산했다.
　박정희 정권은 10월 18일 0시를 기해 부산에 계엄령을 선포 66명을 군사재판에 회부, 10월 20일 마산 및 창원 일원에 위수령을 선포하고 민간인 59명을 군사재판에 회부했다. 이처럼 국가의 비상사태에 10월 26일 궁정동에서 김재규에 의해 박정희 대통령이 시해되었다.

「1979년 10·26사건」으로 국무총리 최규하가 대통령 권한을 대행했으나 전두환, 노태우 등 신군부 세력이 12·12쿠데타로 실권을 장악하고 비상계엄 전국 확대 조치를 내리고 5·18민주화운동 소요를 진압한 뒤 「국가보위비상대책위원회」를 설치하고 1980년 9월 1일 「통일주체국민회의」에서 전두환이 대통령에 당선되었다. 전두환 정권 시절 1986년 5·3사태, 10·26, 건국대 항쟁, 1987년 6월 항쟁 등 소요 사태가 있었다.

　노태우 정권 때 「부산 동의대」 사건은 1989년 5월 동의대 입시 부정에 항의하던 학생들이 교문 밖으로 진출하여 행진하던 중 시위를 해산시키려고 경찰이 공포탄을 발사하여 격분한 학생들이 전경 5명을 납치 폭행하며 학내에 감금하여, 경찰 5개 중대로 증원하여 구금된 전경들을 구출하는 과정에 경찰관 7명이 화재와 추락으로 숨지고 외부

근무 중이던 경찰이 다친 사건이다. 이 사건으로 91명의 학생이 구속되기도 했다. 또한 분신 정국(1991년)의 학생소요 사건과 분신 정국(1991년)도 있었다.

문민정부 들어 이념적인 사건은 눈에 띄게 줄어 김영삼 정부 때 연세대 사태(1991년), 김대중 정부 때 여중생 압사 사건 촛불시위(2001년), 노무현 정부에 들어서 노무현 대통령 탄핵 반대 시위(2004년), 쌀 비준 반대 시위(2005년), 노동 탄압 규탄대회(2006년), 대추리 사태(2006년), 이명박 정권 때 미국 쇠고기 수입 반대 시위(2008년), 쌍용차 사태(2009년), 한진중공업 희망 버스(2011년), 박근혜 정권 시절 국정원 선거 개입 항의(2013년), 철도노조 파업(2013년), 민주노총 총파업(2013), 민중총궐기(2015~2017년), 박근혜 대통령 퇴진 운동(2016~2017년), 박근혜 대통령 탄핵 반대 시위는 지금도 진행 중이다.

여기서 눈여겨봐야 할 「민중 총궐기」에서 1) 재벌 책임 강화 2) 민주주의 3) 자주 평화의 3가지 문항에서, 재벌사 내 유보금 환수, 국가보안법 폐지, 공안 탄압 중지, 국가정보원 해체, 양심수 석방, 역사 왜곡 중단, 역사 교과서 국정화 계획 폐기, 대북 적대 정책 폐기, 5·24조치 해제, 사드 배치 반대, 한·미·일 삼각 군사동맹 중단 같은 중차대한 예민한 문제들에 대해 심사숙고해야 함은 국민 전체의 고민거리가 아닌가 생각된다.

1948년 정부 수립이래 70여 년이 지나는 동안 자유민주주의의 보존을 위해 한순간이라도 마음 놓지 못하고 반공의 장벽을 철두철미하게 쌓으면서 젊음을 불살라온 노인 세대에겐 공산주의와 사회주의란 말만 들어도 소름 돋치고 거부반응이 일어남은, 경험하지 못한 젊은 세대들은 이해할 수 없겠으나, 잃었던 국가를 우방과 함께 되찾아 경제 대국으로 만들어 놓은 대한민국이 있었기에 좌 편향된 이념도 토론하고 의사 표현도 할 수 있는 자유가 가능한 일이 아닌가. 생각에 잠겨본다.

　4·3사건을 비롯하여 여순사건, 통혁당 사건, 인혁당 사건, 민청학련, 남민전, 5·18광주민주화운동 등 아직도 풀지 못한 수수께끼가 정권이 바뀔 때마다 엎치락뒤치락함을 보면서, 사건 당시의 정권들이 반공과 법률로 풀어놓은 정답이 아마도 모범답안이 될 수 없었나 생각도 해보지만, 이념대립 속에 민주화운동 전개 과정이 폭력이나 무기를 들고 정부에 대항하는 일들은 민주화를 이루기 위한 정당한 투쟁이라 하여도 국가를 책임진 정권은 손 놓고 있을 수만은 없었을 터지만, 정권 유지를 위하여 선의의 국민들도 반공의 올가미로 엮였던 사실 다툼은 언제나 끝을 볼 수 있을까?

　해묵은 옛 사건이 그 당시 대법원의 판결을 부정하고 새로운 논리와 신설법의 제정으로 뒤집히는 일이 허다한 작금의 현실에서, 5·18사건은 대법원의 판결이 나서 완결된 사건인데 인제 와서 이의를 제기함은 민주항쟁을 모욕하는 민주 패륜이라는 아우성을 보면서 착잡한 마음 금할 길 없다.

　작금의 불씨는 야당 의원들 3명이 국회에서 5·18 진상규명 대국민 공청회개최로 전국이 뜨겁게 타오르고 있다. 이미 제정된 「진상규명위원회」법에서는 북한군 개입 여부 진상을 규명하게 돼 있는데도 북한군 개입설 공청회의 과잉 반응은 어떻게 봐야 할지 머리가 헷갈린다. 어느 야당 의원의 말처럼 5·18 유공자의 명단과 공적 조서를 밝히면 오히려 5·18의 망언이 설 자리가 없질 않겠나. 생각도 해본다.

　과거의 잘못을 바로잡는 것을 적폐 청산이라 했던가.

아무리 민주화운동에서 벌어진 일이라 하더라도 무장 세력에 의한 교도소 습격, 예비군 무기고에서 실탄과 무기 탈취, 장갑차와 군용 트럭을 탈취하여 시내를 혼동으로 만들고 군 장병을 깔아 죽인 사건, 계엄군에게 대항하여 군인을 죽인 사건, 순수한 광주시민을 카빈총으로 사살한 끔찍한 사건들은, 일제 강점기처럼 국가를 되찾으려는 독립운동이 아닌, 민주화운동이란 이름 속에 묻어둬선 안 되리라 보며 철저히 규명하여 순수한 민주화 운동자 이외의 곁붙이를 가려내고, 행위자에 대한 처벌은 있어야 한다고 생각한다.

모쪼록 좌나 우로 치우치지 말고 국민이 납득, 수긍할 수 있는 올바른 역사관을 정립하여 후세에 남겨지길 간절히 소망해 본다.

아내

어느 날인가 피곤함에 지쳐 자는 아내의 얼굴을 무심코 보게 되었다. 풍족하지 못한 살림살이에 찌든 무수한 주름투성이의 표정엔 잔잔한 물결 같은 평온함과 수줍음이, 입맞춤하고 싶은 연둣빛 사랑의 충동을 느끼면서 나를 숙연하게 만들었다.

젊었을 때 그렇게나 곱고 예쁘던 아내가 이렇게 주름투성이가 되어 내 옆에 누워 자고 있다. 세월의 흐름은 누구도 막을 길이 없겠지만, 왠지 나도 모르게 자꾸만 불쌍하고 가엽게만 보인다.

저렇게 주름투성이로 만든 책임이 나에게 있고, 수줍던 그 마음이 호랑이로 변한 것도 못난 남편 만나 험한 세상 헤치며 살기 위한 몸부림의 결과가 아니었겠나!

같이 살아오는 동안 서로의 성격 차이로 무척이나 어려워했겠고 불만이 쌓여 다툼과 대립이 있었지만, 이 모든 것이 아내의 좋지 않은 매너와 인격 때문이고, 마음이 너무 좁아 이해의 폭마저 좁다고 불평하면서 살아온 세월이, 점철된 나의 이기심에서 비롯된 것들임을 느꼈을 때 한없는 부끄러움과 미안함으로 얼굴이 뜨거웠다.

내 생각과 마음 그대로 따라오기를 바랐고 아내의 생각과 결정을 무시한 채 억지를 부린, 나는 전혀 변할 생각조차 하지 않고 아내가 변해 나와 같이 호흡하기를 학수고대하며 쌓인 불만들이 저토록 그의 가슴을 멍들게 하고 저렇도록 늙게 하였다는 죄책감이 가슴속에서부터 울컥거리는 눈물로 솟구쳤다.

아내의 마음 또한 나의 마음과 한 치의 차이도 없이 남편의 못마땅한 모든 불만 들을 그 작은 가슴속에 담고 묵묵히 살아오면서 무척이나 힘들었을 것으로 생각하니 그 기나긴 세월을 무던히도 잘 견디고 참아줬다는 미안함과 죄송함이, 안쓰럽고 감사한 마음속에서 소용돌이치는 후회스러움으로 바뀌고 있었다.

60억 분의 일로 선택되어 만난 그 사람! "옷깃만 스쳐도 인연"이라 했거늘 오십여 년 동안을 동고동락하면서 눈빛과 얼굴만 마주쳐도 기분을 알아차려 쓴맛 단맛을 골라낼 수 있는 연륜의 기막힌 만남이, 인간의 맺음이라곤 상상하기조차 어려운 이 인연은, 지고하신 그분의 부름으로 보내심을 받아 나의 부족한 모든 것들을 채워주기 위해서 찾아온 사랑과 은혜의 천사가 아닌가 생각해 본다.

이토록 존경스럽고 사랑스러운 아내 앞에 속죄하는 마음으로 내가 변화되어서 검게 탄 마음의 상처를 사랑으로 보답하면서 아내와 항상 함께하자고 마음 다짐하면서, 아내의 자는 얼굴 앞에서 속삭여 본다. 여보! 내 생명이 다하는 그날까지 내 곁에 잠시도 떠나지 말고 지켜줘야 해! 알았지? 이렇게 속삭이는 내 모습이 너무나 가련해 보인다.

아직도 자기만을 위해 달라고 욕심과 투정을 부리는 나의 모습에서, 그래도 사랑만은 욕심부려도 아내가 이해하리라고 자위하면서 씨익 웃어 본다.

술 예찬

　세월이 하도 뒤숭숭하여 만나고 싶은 사람들 만나지 못하고 어딜 가나 사람과의 거리 지키기 모습들은 78년 만에 처음 겪어보는 희한한 모습 속에서 넓은 입마개를 덮어쓴 자신의 모습이 거울에 비칠 때마다 자화상의 연민이 안개처럼 번진다. 입마개가 요즘엔 필수이다 보니 번거롭기도 하지만 두 눈만 보이니 못난 내 얼굴과, 입 냄새도 걱정 없으니 그나마 다행이라고 억지를 부려 보지만 소외된 생활 속에서 갑갑함의 마음은 태풍 되어 허공을 휩쓴다.
　지인들과의 모임도 거의 1년이나 연기되고 연세 많으신 어른들 찾아뵙고 싶어도 혹여 누가 되지 않을까 망설여진다.
　젊었던 시절 퇴근하면 동료들끼리 허름한 술집 찾아 시간 가는 줄 모르고 상사들의 불만과 욕을 안주 삼아 부어라 마셔라 얼큰함이 몰려오면 2차로 직행하는 생맥줏집에선 노가리 안주 한 접시 앞에 놓고 서너 순배 지나고야 헤어지기 일쑤였다. 이민 생활 20여 년 동안 마음을 털어놓고 진솔한 말벗이 없어 언제나 외톨인 채 가끔 한잔하는 술맛은 왜 그리도 써서 꼭 소태나무 껍질 씹는 맛이었는지 역시 술은 상대가 있어야 제맛임을 실감했으나 횟수가 늘고 세월이 흐르면서 혼자 마시는 술맛에 어느 만치 익숙해지고 술안주에 제격인 반찬이 나오면 주(酒) 씨 생각이 나서 한잔씩 하곤 했었다.

술의 기원은 '이집트' 신화에서 최고의 여신인 이시스(Isis)의 남편 오시리스(Osiris)가 곡물 신에게 보리로 맥주를 만드는 방법을 가르쳐 줬다는 설과, '로마' 신화에서는 바커스(Bacchus)가 처음으로 술을 빚었다고 하여 술의 신으로 추앙받는다 하고, '그리스' 신화에서는 디오니소스(Dionysos)가 이카리오스(Ikarios) 에게 포도주 담그는 방법을 알려 주었다고 한다. 또 구약 성서에서는 노아(Noah)가 처음으로 포도주를 빚었다고 전해지고 있고, 중국 술의 기원은 앙소문화 유물에서 술 그릇으로 추정되는 기물의 발견과 갑골문 금정문 등에도 술과 연관된 문자가 나타나는 점에서 5, 6천 년 전에 술을 빚은 것으로 추정되며 두강이 만들었다는 설로 두강주가 있다.

우리나라 최초의 기록은 '삼국지 위서 동이전'에 의하면 부여의 영고, 고구려의 동맹, 동예의 무천과 같은 제천 행사에서 술이 사용되었음을 기록했다. 또한 '제왕운기'에서 동명성왕의 고구려 건국 신화에도 술의 기원이 실려있다. 천제의 아들인 '해모수'가 '하백'의 세 딸을 보고 그 아름다움에 도취하여 인연을 맺고자 미리 술을 준비하여 취하게 한 다음 큰딸 '유화'와의 사이에서 '주몽'을 낳게 하였다는 설이 전해진다.

이민 생활지인 미국의 음주문화는 옥외에서는 술을 마실 수 없고 술을 동반하는 모임엔 부부 동반이 대다수를 차지하고 음주 시에 권하거나 2차를 가는 일이 거의 없고 술집에 만취한 손님이 있으면 영업장에서 소정의 벌금을 내야 한다.

어쩌다 친한 벗이 찾아오면 집에서 한잔하기 거북할 때 술집을 이

용해야 하는데 좋아하는 소주는 찾아보기 힘들고 양주로 도배한 양주집이나 맥줏집으로 가야 하는데 전문 술집을 가는 데는 2, 30분을 가야 하니까 술을 마시면 운전하지 못하니 왕복 택시비도 만만치 않아 포기할 때가 대부분이다.

혼자는 더구나 엄두가 나질 않고 울며 겨자 먹기로 술 한잔하고 싶으면 개인적으로 홀로 드는 음주문화에 익숙하지 못한 나에게는 한잔하는 시간은 늘 외톨이가 된다.

한국의 음주문화도 술을 배울 땐 꼭 어른 앞에서 배우란 좌우명으로 술에 대한 예절은 엄격했었으나 시대의 흐름 따라 술 마시는 방법도 변해서 즐기기 위한 술이 아니고 만취하도록 마시는 습관들이 언제부터 자리 잡아 왔는지 모를 일이나 슬픔과 불만의 해소로 술을 이용하고 있지 않나 생각해 볼 일이다.

그래도 지금껏 음주문화의 몇 가지는 남아 있어서 구겨진 체면에 주름살을 펴 주기에 다행이라고 억지 치부라도 하고 싶다. 술 마실 땐 상대편과 마주 따라주고 자작하지 않는 관습, 어른과 함께 마실 때는 병이나 주전자를 두 손으로 맞잡고 따르며 어른이 따라주는 술을 마실 때는 몸을 약간 돌리고 두 손으로 술잔을 비우는 예의, 술을 나눠 마시지 않고 한 잔 모두를 비우는 것이 지금껏 남아 있지만 이러한 관습에 허점이 있어 서로 술을 따라주다 보면 주거니 받거니 내 마음과는 상관없이 같이 어울려야 하기 때문에 거의 취하기 마련이고 어른이 주시는 술은 감히 거절하기 어려워 마시게 되는 곤란한 경우가 있기도 했다.

몇 십 년 전엔 술좌석에선 노, 털, 카란 유행어도 생겼고 소, 맥은 술꾼들의 선호에 따라 지금도 사그라지지 않고 있다지만 일련의 이러한 풍습 때문에 술 문화의 밝은 면이 묻혀버리지 않았나 생각도 해 본다. 아무튼 50년이란 시간을 되돌려 보면 그 시절 서민이 즐겨 찾는 막걸리를 파는 술집엔 도시나 시골을 막론하고 알루미늄 양재기 술잔에다 가득 채운 막걸리 마시며 젓가락 장단에 맞춰 막걸리처럼 컬컬한 목청으로 노랫가락과 유행가를 부르며 가난에 찌들고 타고난 팔자의 불만을 토했던 암울했던 지난 세월도 가슴에 앙금으로 남아있다.

 술이란 적당히 마시면 약주라 했고 취하도록 마시면 병주라 했던가, 술을 마시는 것이 나쁜 게 아니라 적당히 마시기가 힘들어 취하도록 마시는 습성에, 약주를 가지고 독주 내지는 병주로 만들어 마시는 주당들의 횡포에 주(酒) 씨의 억울한 검은 구름이 태양을 가린다.
 어찌 보면 술의 유혹을 이길 수 있는 수도자들의 전유물인 그것을 나 같은 범인(凡人)들이 마셔대니 병주가 될 수밖에 없지 않겠나! 스님들이 마시는 술은 술이 아니고 곡차요 가나안 혼인 잔치에서 예수님이 첫 이적을 행하신 포도주는 술이 아니고 언약의 피였던 것이고 공생애를 마감할 때 최후의 만찬에서도 제자들에게 포도주를 나누어 주셨다. 인간의 내면과 영혼을 변화시키는 포도주, 원효대사가 머슴들 방을 전전하면서 같이 마셨던 술은 중생 구제의 극락으로 가는 감로수라면 우리가 마시는 술과 같다고 말할 수 있을까.

 술은 동서고금을 통해 면면히 장구한 세월을 인간과 삶의 애환을 함께하면서 각각의 민족 속에 뿌리 박혀 깊숙한 문화로 우렁차게 이어오고 있다. 귀국 후에도 그 버릇 고치기는커녕 역시나 소외된 외톨이 신세이다 보니 홀로 마시는 한 잔의 술이 어설프지 않음은 습관이 몸속에서 굳어서일까 그 작은 소주 한잔을 입에 털면 입 속에서 풍기는 알코올의 짙은 향은 식도를 타고 위장으로 내려가 태평양의 양양한 파도 물결 되어 온몸을 휘감아 돌며 여태껏 살아온 인생의 희로애락이 그 속에서 용해되어 범벅이 되고 또 한 잔의 소주를 목으로 넘기면 내가 맺은 연의 끈 속에 오롯이 되찾아온 강과 산, 들, 이국의 자취까지, 맺어진 반가운 사람들의 환한 미소가 함박꽃으로 피어나고 다음 잔을 삼키는 가슴 깊은 곳에선 만나지 못하는 인연의 그리움과 더 잘해줄 걸 후회의 용틀임이 가슴속을 헤집는 아픔으로 몰려온다.

한잔, 또 한잔, 한 병의 마지막 잔 속에는 저세상의 염원을 듬뿍 담아 먼저 떠나신 부모 형제와 재회의 기대감으로 일그러진 얼굴에 밝은 너울이 일렁이며 다시 만나서 해야 할 말 첫마디부터 고민하며 창밖 무수한 별 밭 속에 부모 형제의 별은 어디 계실까, 한참이나 밤에 핀 별바라기 꽃이 된 간극에서 지나온 생을 반추하며 부모 형제들 만날 때 부끄럽지 않기 위해 남은 생을 아름다움으로 장식할 꿈을 가슴속에 담아본다.

선택의 어려움

　요즘 선거철을 맞아 출마자들 벽보가 동네 구석구석 붙어있고 곳곳에서 정책의 물결이 마이크의 굉음을 타고 시끄럽게 세상을 도배하고, 거리마다 홍보요원들의 율동과 현란한 음악이 별 볼거리 없는 시골엔 심심찮은 눈요깃거리가 되고 있다.
　도지사, 군수, 도의원, 군 의원, 교육감 선거의 17 후보의 책자를 받아놓고 읽어보았다. 읽기는 읽었지만, 도지사와 군수의 후보 이름들은 기억하겠는데 도의원 군 의원 교육감 후보들의 이름은 기억하지 못한다.

　그리 멀지 않았던 그때엔 선거철만 되면 시골 면사무소 주변 음식점엔 문전성시를 이루었고 몰래 돌리는 돈 봉투 하며, 크고 작은 선물을 주고받으며 한 표 부탁이 자리매김했고 동네 책임자에게 목돈을 쥐여주면 주민에게 분배하고 두둑이 자기 몫을 챙겼던 시절, 나의 아버지께서도 예외가 아니어서 술 한 잔 선물 보따리 받아오시고 "주는 건 받고 찍을 땐 마음에 있는 사람 찍는다."라고 하셨던 말씀이 지금도 귓가에 맴돈다.

지난 세월에 비하면 발전의 발전을 거듭하여, 법에 명시된 위법행위는 보기 어려워졌지만, 양심을 감추는 아전인수의 독버섯은 세월을 넘어 자라고 있다.

 요즈음 각종 매체나 인터넷에서 생산되는 소식은 국민의 눈과 귀를 혼란스럽게 만들어 어느 것이 진실이고 어떤 것이 가짜인지 분간하기 힘든 세상 속에서 알 권리를 유린시켜 출마자나 국민들 다 같이 흙탕물 속에서 허우적거리는 건 매한가지다.

 언론자유와 알 권리를 악용해서 표현의 자유를 표방한, 내용 전문을 살피지 않고 부분만 떼어서 작성자의 주관으로 유도해 보도하는 편협한 글들, 내 편 득이 되게 하는 주관적인 기사, 아니면 말고의 추측성 기사, 악의적 댓글, 무책임한 평론, 등등 병든 환자들의 글들이 홍수처럼 번지는 사회 속에서 국민 중에 과연 얼마의 사람들이 옥석을 가려낼 수 있을까?
 신께선 인간에게 타인의 마음을 볼 수 있는 혜안을 주지 않으셨기에 출마자의 마음을 알 수 없어 매스컴이나 정견 발표를 통해서 선택할 수밖에 없는데, 이마저도 믿기 힘든 세상이다 보니 투표권의 연령이 되기 전에 독심술(讀心術)이라도 교육해서 올바른 선택을 할 수 있는 교육도 필요하지 않을까 허무한 공상도 해 본다.

 자유민주주의의 꽃이라 부르는 한 표의 행사는 권리이자 의무이지만 텔레비전의 정책 토론장에서 서로를 헐뜯는 인신공격이 판치는 진흙탕 싸움, 상대 후보의 말을 툭하면 가로채고 자기 말만 정황이 늘어놓는 모습을 보면서 토론 문화의 예의도 모르는지 무시하는지 모를 일이지만 이 같은 출마자들에게 권리를 위임하기엔 마음이 찝찝함을 금할 수 없다.

정책은 뒷전이고 인신공격에만 열을 올리는 치졸한 싸움을 보고 듣는 유권자 마음 편할 리 없음을 아는지 모르는지 오직 당선을 위해서는 굽실거리며 한 표 구걸하는 모습에 연민의 정이 솟는다. 그런 부류의 출마자가 당선됐다 쳐도 진흙 묻기는 매한가지 인성이 변해버린 그들의 마음이 주민을 위한 마음으로 돌아설지는 한번 깊이 생각해 봐야 할 문제로 남는다.

선거 때가 오면 한 표 행사의 고민이 스민다.
마땅히 찍어줄 상대를 고르지 못하고, 그렇다고 연필 굴리며 시험 보듯 할 수도 없고, 기권하자니 마음이 내키지 않아 그렇게도 못하고, 엉거주춤 서 있는 내 모습 보며 쓴웃음을 삼킨다.
이러한 혼란은 비단 우리 사회만이 아니고 선진국에서도 똑같은 모습의 재연을 보면서 투표라는 꽃은 진정 아름다운데 바라보는 눈은 왜 그리 부담스러운지 대안의 꽃 활짝 피기를 소망해 본다.

상대방의 정책에 대하여도 깊은 성찰과 전문 지식을 동원해 검증하고 당사자의 정책을 비교하여 다른 점을 부각시키는 선거운동이었으면 아름답지 않을까 생각에 잠겨본다.
그래서 상대의 정책도 나쁘지 않고 훌륭한 정책임을 칭찬해 주면서 상대 후보와 자신의 정책 차이점을 국민들에게 발표하는 아름다운 선거의 싸움에 임한다면, 국민은 마음에 드는 정책 입안자에게 기꺼이 표를 주지 않겠나!

선입견이 불러온 생각의 차이

8월의 중반 어느 날 이른 아침 요란한 전화벨 소리에 수화기를 들자마자

"Hellow, Young Kim? My Name is Jullea, Can you cut all the Agapanthus in my garden?" (우리 집 정원의 Agapanthus를 전부 잘라주세요.)

"All Cut?" (전부요?)

"Yes." (그래요!) "Cut everything." (하나도 남기지 말고 전부요!)

"Okay, I will do that today." (오늘 가서 그렇게 할게요.)

전화를 끊고 그 집의 정원을 그려 보면서 생각했다.

그 집 정원의 Agapanthus는 누런 떡잎이 지저분하게 생겨서 그 떡잎을 제거하자면 적지 않은 시간을 허비하고도 항상 지저분하게 보이고 산뜻하고 개운한 맛이 없었다. 그 집에 갈 때마다 저 묵은 잎을 잘라버리면 산뜻한 새잎이 건강하게 자랄 텐데 하는 생각을 하곤 했다.

Agapanthus는 백합과의 여러해살이 화초로 자주 군자란이라고도 불리며 50cm 정도의 많은 잎이 모여 한 포기를 이루고 그 한 포기에서 꽃대가 대여섯 개, 많게는 열 개 정도도 나오고 꽃대의 길이는 보통 1m 정도 되며 보라색과 흰색의 두 종류가 있는데 한 꽃대에서 자그마한 꽃들이 무수히 어우러져 한 송이를 이루는데 요염하지도 화려하지도 않고 향기도 없는 꽃이다.

보통 6월부터 피기 시작하여 8월쯤 되면 꽃이 진다. 남아프리카가 원산지인 이 꽃은 여기에도 지천으로 널려 있다. 한 포기만을 바라보면 볼품이 별로 없지만, 이파리와 어우러진 군락이면 그런대로 볼만한 그 꽃을 Jullea 그녀는 무척이나 좋아하고 사랑했다. 그녀의 Agapanthus 밭은 200평은 족히 될만한 넓은 화초밭이었다.

  그날 그녀 집에 가서 세 사람이 두 시간이나 넘게 일한 보람으로 잎 하나 남기지 않고 깨끗하게 잘랐다.
  일을 마치고 화초밭을 둘러보면서 깨끗하고 싱싱한 새잎이 자라는 모습을 그리면서 그날의 일과를 마무리하고 집으로 온 그다음 날 아침, 전화벨 소리에 수화기를 들자마자 Jullea의 울음 섞인 목소리가 온 방 안에 울려 퍼지고 있었다.

  일을 잘 해줘서 고맙다는 칭찬을 은근히 기대하고 있던 터에, 칭찬은커녕 원망의 노한 목소리를 들을 때 황당하고 어처구니가 없었다.
  그녀의 말은 "I wanted you to cut flowers not the flower petals as well." (꽃대를 전부 잘라 달라고 했지 잎까지 잘라 달랬냐고 항의하는 것이었다.)
  "All cut?" "Yes! I believe you Instructed me to cut everything." "I simply did the job as you have told me!" (전부

잘라 달라고 당신이 분명히 말하지 않았느냐? 나는 당신이 말한 대로 했을 뿐이다.)

　그 집에 사람이라도 있었으면 이러한 해프닝도 생기지 않았을 테지만 그 집은 맞벌이 부부라 평일에는 사람 없는 빈집이므로 이러한 사건이 벌어진 것이었다.

　그녀의 선입견은 꽃대만을 생각하고 그 꽃대들이 꽃이 시들어버린 것도 있고 아직 지지 않은 것들도 있으니 선별하지 말고 꽃대 모두를 잘라 달라는 부탁이었고, 나의 선입견은 신선한 새싹을 보기 위하여 떡잎투성이인 잎까지 전부 잘라 달라는 말로 인식하여 전부를 잘라버린 것이다.

　망쳐버린 화초 값을 보상하라는 그녀의 청구는 3천5백 달러였다.
　뭐 주고 뺨 맞는다는 속담이 이러한 상황에 적당한 말일까! 인부를 고용하여 힘들여 한 일이 오히려 돈을 물어 주어야 할 형편이 돼버린 것이다.

　우여곡절 끝에 6개월 뒤에 보기 좋은 잎이 나지 않으면 당신이 보상하라는 전부를 보상해 주마 약속하고 그 6개월을 지나는 동안 그 집 길이 닳도록 드나들며 면밀히 잎의 상태를 관찰하고 비료와 성장 촉진제를 투입한 후 두 달째, 초봄에 원추리 싹 나오듯 삐죽삐죽 싹이 움트기 시작하더니 4개월째는 제법 밭에 흙이 보이지 않을 정도로 싱싱한 잎들이 어우러지고 떡잎은 찾아보려야 볼 수 없는 깨끗한 화초밭으로 변모되고 있었다.

　그녀도 힘든 몇 개월을 지나는 동안 지켜보면서 굳어진 얼굴이 조금씩 부드러워짐을 보면서 본의 아니게 마음고생을 끼친 데 대한 미안한 나의 마음을 전하면서, 떡잎이 많이 나타나면 한 번씩 잎을 베어 줘야 건강한 새싹이 자라서 싱그럽게 보인다고 말해 줬다.

그 후 몰라볼 정도로 싱그러운 잎들이 옛 모습보다 더 아름답게 변모되어 있었고 응어리졌던 그녀의 마음이 풀리고, 이제는 오히려 "All Cut"을 나보다 더 선호하게 되었고 그 사건 이후로 더욱더 돈독한 사이가 되어 화초라면 내가 박사인 양 대하는 그녀의 지극 정성에 부끄러울 뿐이다.

사역 반 졸업 간증문

　제자 훈련을 타의 반 자의 반으로 입교하여 처음 몇 주의 방황으로 힘들었으나 시간이 지나며 배우고자 하는 나의 태도 변화와 말씀의 진실을 터득하면서 졸업기가 다가오자 아쉽고 서운한 미련 때문에 사역 반을 다시 시작하게 되었다.
　제자 반을 마치면서 아직도 고쳐지지 않고 부족한 나의 모든 것을 하나님께 고하고, 그분을 의지하여 삶의 고행을 기쁨으로 승화시킬 수 있는 힘을 간구하면서 말씀 속에서의 참을 내 생활에 대입해 보며 옳고 그름을 수정하면서 변화되는 자신의 모습에서 하나님의 사랑을 느끼곤 한다.

　모진 병마와 싸우면서도 기쁨과 감사함으로 찬양할 수 있는 마음을 열어 주시고 미움과 상한 마음을 긍정으로 바꿔 주시는 혜안을 주심에 감사할 뿐이다.

　젊은 형제들 틈에서 함께 웃고 함께 숙고할 기회가 흔하지 않음을 생각하면서 감사함으로 시작한 공부가 어느덧 졸업을 앞에 두고 동역

자 형제님들의 따듯한 사랑과 섬세한 보살핌에 감사하고 우리를 위해 수고를 아끼지 않으신 목사님께 감사함을 드린다.

세상에서 찌든 때와 상처투성이를 매주 화요일마다 말씀을 통하여 씻기 우고 치료받으며 다음 주의 생활 안정과 힘을 공급받으면서 감사함으로 보냈던 사역 훈련이 얼마 남지 않은 나의 일생에 길잡이가 되어 형제와 이웃을 사랑으로 대할 수 있는 지혜로운 샘이 늘 마르지 않기를 소망하면서 생활의 모든 어려운 일들을 기쁨으로 꽃 피우리라 다짐해 본다.

사랑하는 조카에게

　하늘은 구름 한 점 없는 진청색 물감을 풀어 놓은 듯 세상의 모든 잡다한 일들을 저처럼 남김없이 용해시키고, 순풍에 춤추는 야자수 잎새들은 생의 즐거움을 찬미하면서 저렇게나 멋진 몸짓으로 기쁨을 표현하고, 푸른 잔디를 방석 삼아 민들레 몇 송이가 쪼그리고 앉아서 나비를 부르는 그 눈짓이, 쏟는 햇살에 반사되어 더더욱 영롱하구나! 해맑은 토요일의 오후 사랑하는 우리 조카를 생각하면서 이렇게나 아름답고 신선한 환경을 제공해 주시는 지극히 높으신 분의 은혜로움을 새삼 찬미하면서 너에게 몇 자 보냄을 기쁘게 생각한다.

　사랑하는 나의 조카들 한 사람 한 사람 얼굴이 떠오를 때마다 건강과 행복을 염원하면서 이렇게 보고 싶은 사람을 주신 그분께 항상 감사함으로 기도드리고 있단다. 사람 사는 세상은 그곳이나 이곳이나 차이점을 발견할 수 없음은 무엇을 의미하고 있는 것일까!
　비록 풍습과 언어의 차이는 있지만 참은 오직 하나라는 일깨움을 선물해 주는 것은 아닐지……

작은 아비가 미국 생활을 시작하면서 여러 가지 번민과 자괴감에 시달리면서 죽지 못해 생명을 부지하는 구차한 생활의 연속으로 깊은 수렁에서 헤매고 있을 때 나를 이끌어주신 그분의 사랑으로 삶에 의미를 되찾고 생의 귀중함과 즐거움을 선물해 주시고 지나온 세월을 반추해 볼 수 있는 명철한 혜안까지 주셨던 가슴 저린 고마움을 항상 느끼곤 한단다!

작은 아비의 직업은 정원사! 고객의 정원을 관리해 주는 일을 하고 있단다.

처음 이 일을 시작할 때는 상도의 공장이 문을 닫게 되어 당장 생활의 어려움 때문에 무엇을 할까 고민하던 중 한국에서 정원을 가꿔본 경험을 살려 이 일을 하게 되었지! 일이 너무 힘들고 짜증스러움으로 생의 의미를 잊고 기계처럼 반복되는 일과 속에서의 어느 날인가, 그분의 자비로운 음성이 귓속을 맴돌며 이렇게 말씀하셨지! 네가 지금껏 살아있는 것은 너를 위한 것이 아니고 너 때문에 탄생한 가족의 안위 때문이라고. 그렇구나! 하나님께서는 오늘에 이런 일이 생길 줄 아시고 몇십 년 전부터 정원을 돌보게 하셨고 그 기술을 습득하게 예비하시고 나를 미국으로 보내셨구나! 그분의 치밀하고도 빈틈없는 역사하심에 절로 탄복이 흘러나오고 두렵기까지 했단다.

그래! 우리 인간은 무엇 하나 우리 마음대로 되는 것이 하나도 없음을 우리의 삶을 통해서 항상 경험하고 느끼고 깨닫게 되지! 자신의 뜻대로라면 부자 못될 사람 하나도 없고 자식들 출세 못 시킬 사람 아무도 없겠고, 행복하지 않은 사람 어디 있을까!

그분의 말씀처럼 우리 몸의 각 지체가 이루어져 한 몸이 되듯이, 손과 발이 하는 일이 같지 않음처럼, 눈과 귀가 하는 일이 같지 않음처럼, 우리 인간도 자신이 감당할 일을 그분께서 미리 정하여 주시고 자신이 맡은 직분에서 타의 추종을 불허하는 일인자로 키우기 위해서 고난과 괴로움을 주고 계시며, 그 어려움을 능히 이겨내야 일인자의 자리가 보장되지 않겠나 생각해 본다.

너의 생각처럼 부모 자식 사이에도 각자가 맡은 임무는 모두 같지 않기 때문에 자식들이 갈 길은 엄연히 그들 자신만이 갈 수 있고 부모는 대신 갈 수 없는 길이란 것을 항상 염두에 두고 있다면 그들을 위하여 부모가 할 수 있는 일은 억지가 아닌 조언과 기도, 행동으로 모범을 보이는 일 외엔 아무것도 없지 않겠나 생각해 본다.

열왕기 상 하 말씀을 읽어보면 말씀 속에 자식들의 행복을 시기하거나 질투하는 대목은 어디에도 찾아볼 수 없고 자식들이 잘됨을 바라는 마음은 그들이나 우리나 매한가지, 자식들에게 믿음의 훈련을 게을리한 것으로의 생각보다 선왕들 믿음의 본보기가 자식들을 감동 감화시키지 못한 결과가 아니었겠나 생각해 본다.

이렇게 생각해 볼 때 잘못은 자식에게 있는 것보다 부모로서의 믿음의 생활이 부족하지 않았나 하는 나름대로 생각을 정리해 보곤 하지!

사랑하는 조카야! 행과 불행은 자신의 마음속에 항상 공존하고 있는 법, 무엇을 불러오느냐에 따라 행과 불행의 갈림이 있다고 생각하고 항상 행복만을 부르도록 열심히 영성 훈련을 게을리하지 말며 닥쳐오는 모든 고난은 행복으로 가는 필수 코스이기에 고난이 없으면 행복 또한 있을 수 없음을 상기하면서 마음속 잡다한 욕망과 미련을 깨트릴 생각보다 미련 없이 버리면 그 속 빈자리엔 어느새 새로운 행복이 자리할 거야!

시뻘건 쇳물이 넘실대는 용광로처럼 그렇게 뜨거운 사랑으로 모든 것을 포용한다면 그 사랑에 용해되어 마음속에 남아 있는 것이란 오로지 뜨거운 사랑뿐이겠지!

사랑하는 손녀 소람에게

　할아버지가 네 곁을 떠나온 지도 벌써 90일이 되어 가는구나!
　그동안 공부에 열중하고 있을 손녀를 생각하며, 가슴속 출렁이는 사랑의 미련은 머나먼 그곳 너의 곁으로 가고 또 가고 있단다.
　이곳 한국에는 개나리, 진달래, 벚꽃이 흐드러지게 피었고 산과 들에는 연둣빛 새싹들의 힘찬 웃음의 합창이 봄을 만끽하고 있지만, 할아버지 마음속은 아직도 한겨울 그 속에서 꽁꽁 얼어버리고 방향 잃은 발길 앞엔 흰 눈이 가득히 쌓여 있구나! 우선 할머니의 건강부터 너에게 얘기할게! 첫째로 조울증 두 번째는 머리 왼쪽 모세혈관 하나가 막혀 있대! 지금 조증은 어느 만치 잡혔는데 우울증이 나타나고 있대.
　혈관 한쪽 막힌 건 나이가 많아 수술은 못 하고 약물로 치료해 보자고 하여 약을 먹고 계시는데 혈관 뚫리는 것은 의사도 장담을 못 한대! 다행인 것은 그곳을 지나는 모세혈관이 두 개인데 한 곳은 막히지 않았대. 만약 두 개가 모두 막히면 신체 반쪽을 쓸 수 없다는구나!
　그래서 막힌 곳 뚫는 것도 있고 나머지 한쪽 예비 차원에서 약을 먹고 계셔!
　할머니가 퇴원하신 지 거의 60일이 되어 가고 있고 아침 식전 4알

약 드시고 아침 식후 또 4알 드시고 저녁 식전 4알 잠자기 전 또 4알 (현재 이것도 줄어든 약이야) 매일 이렇게 반복해서 먹고 계셔!

의사의 지시대로 보름에 한 번씩은 꼭 병원에 들러 병의 진전을 체크해야 하고 환자의 전반을 면밀히 관찰해서 의사에게 말해야 한단다.

의사의 말이 이 병은 완치가 힘들고 재발 확률이 높다고 얘기하면서 환자보다 가족들이 더 힘들다고 하더라. 모든 면에 스트레스를 주지 말아야 한다고 하니 어찌 세상살이에 그것이 쉬울 수 있겠니?

매일 걷기 운동을 해 드리고 있는데 걸음이 어눌하고, 다리를 끌면서 걷고 계시고 200미터도 못 가서 쉬어가야 하고 무척 힘들어하셔! 꼭 부축해 드려야 하고 머리 감는 거나 샤워도 작은고모가 늘 돕고 있단다.

주무실 때 숨을 잘 쉬지 못하셔서 몇 번 깨어서 앉아 계시곤 해! 그리고 오른쪽 어깨가 아파서 잘 쓰지 못하여 지난달 진료를 해 보니 어깨에 석회가 쌓여서 주사 맞고 레이저로 파괴했는데 지금도 너무 아파하셔서 내일은 또 병원 가는 날인데 정형외과, 정신과, 호흡기 내과에 가야 해! 하루 종일 걸릴 거야!

웃음이 없고 말도 없고 무엇을 물어도 대답이 없고, 눈빛이 너무 흐려 무엇을 보는지조차 분간 못 하겠어. 화를 내거나 쌍욕 하는 거는 하나도 없고 꼭 바보같이 멍하니 있기만 해!

기억력이 무척 떨어지고 인지 능력도 너무 떨어져서 무슨 말을 해도 이해가 부족해!

할아버지 생각엔 그 지독한 약을 몇 달 동안 먹어서 독한 약 때문에 그렇지 않을까 생각도 해 보고 의사와 의논해 봤어. 의사 얘기로는 지금 먹는 약을 줄이면 병이 도지기 때문에 줄일 수 없다는 거야!

이 모든 것이 할아버지의 운명인 것을 어쩔 수 없지만 작은고모 고생하는 게 불쌍해서 가슴이 아파!

사랑하는 손녀 소람아!

이토록 고민과 고독이 파도처럼 몰려올 때면 예쁘고 상냥한 너를 생각하면서 마음을 달래 본단다.

그래도 할아버지는 행복한 사람이야! 혹독한 고독 속에서도 마음을 주고 의지하며 사랑을 보낼 수 있는 네가 있으니까 말이야! 작은고모도 큰고모도 경제적인 여유가 너무 없어 안타까워하는 모습을 보면서 할아버지는 더더욱 미안함뿐이란다. 병원비가 장난 아니게 나오고, 할머니 할아버지한테 필요한 물건 구입과 용돈도 작은고모한테 기대고 있으니 미안할 뿐이야!

소람아! 재용이 소정이 소람이 너희들이라도 며칠에 한 번 할머니한테 카톡을 보내 줬으면 좋겠어!

할머니는 지금도 너희들 학교를 잘 다니고 있는지 재용이 밥은 잘 먹고 있는지 걱정이 많으셔! 그렇게나 손자들 사랑하는 마음 지금도 변함이 없으셔. 너희들 위로의 몇 글자가 할머니한테는 큰 위안이 되리라 생각해!

카톡을 작은고모 전화로 하면 작은고모가 할머니께 읽어드리면 되고 너희 삼 남매 동영상을 보내주면 더욱 좋겠지… 니모도 가끔 보고 싶어 하시니까 니모도 찍어 보냈으면 좋겠지?

지금은 할머니가 미국은 못 가시고 나중에 웬만큼 건강이 회복이 되셔야 갈 것 같아!

보고 싶은 마음에 너에게 몇 자 안부 전한다. 모쪼록 공부 잘하고 건강해 다오!

할아버지가.

사랑의 매를 맞으며

　며칠 전부터 몸의 상태가 좋지 않음을 감지했으나 '괜찮아지겠지'라는 생각으로 일터에 나가서 일하는 동안 몸은 점점 아파져 오고 지탱하기 힘들 정도로 온몸 쑤심과 피로가 몰려와 억지로 하루의 일과를 끝내면서, 길에 털썩 주저앉아 "하나님! 오늘 저에게 주신 분량의 일을 끝냈습니다." 말씀드리는 그 짧은 순간의 틈새에서 서럽고 참담함에 흠뻑 젖어 울고 있었다. 칠십이 다 된 이 나이에 이렇게까지 일을 해야 살아가는 내 모습에 가련 함의 비애와 하나님에 대한 원망의 혼합된 아픔이 뜨거운 눈물 줄기로 흐르고 있었다.

　병마와 씨름하는 이틀 동안, 왼쪽 얼굴은 눈이 보이지 않을 정도로 부어 있었고, 머릿속이 깨질 듯한 통증은 숨 쉴 여유도 주지 않고 쑤셔 대기만 하였고 슴벅이는 상처의 오만함은 굽힐 줄을 몰랐다. 삼 일째 되는 날 병원으로 가서 의사의 진료를 받고 보니 이름도 생소한 '대상포진'이란 병이었다.

　이 병은, 몸이 극도로 허약하거나, 심한 과로의 축적과 스트레스가 원인이고, 치료는 무조건 편히 쉬는 것밖에는 없다는 설명을 들으면서 많은 상념이 머리를 스치고 지나갔다.

 잠잘 틈도 주지 않고 심술부리는 병마와 며칠을 싸우면서 이 모진 것을 물리칠 힘을 달라고 그분께 매달리고 있을 때, 머리를 스치는 하나님의 그 말씀에 감탄과 감사함이 나도 모르게 입 밖으로 흘러나오고, 즉시 응답 주심의 크나큰 은혜의 울타리 안에서 기쁨으로 얼룩진 눈물이 그칠 줄 몰랐다.

 "사람이 감당할 시험 밖에는 너희가 당한 것이 없나니 오직 하나님은 미쁘사 너희가 감당하지 못할 시험 당함을 허락하지 아니하시고 시험당할 즈음에 또한 피할 길을 내사 너희로 능히 감당하게 하시느니라." (고전 10 : 13절)

 능히 감당할 시험! 그렇지! 하나님의 섬세 하신 손길이 과로와 피로로 쌓여 얼룩진 못난 이 몸을 매라도 쳐서 안식을 주시면서 피할 길을 마련해 주시려는 깊은 사랑의 매를 허락하심을 깨닫게 된 것이다.

 내가 해야 할 모든 일들 또한 대신해 줄 사람까지 보내시면서 작업장엔 아무런 잡음도 없이 말끔히 처리하고 계시는 그분 은혜와 보살핌으로 인하여 2주째 영육의 안식을 즐기면서 나의 병세도 점점 호전되고 있으매, 하나님의 그 크신 사랑에 보답을 생각하면서 오늘 하루도 감사의 기도와 은혜의 행복 함으로 마무리 지어본다.

믿음의 실체(實體)

하루의 일과를 끝내고 잠자리에 들기 전 나의 작은 골방에서 무릎 꿇고 드리는 진솔한 기도 시간마다 몸을 짓누르는 무겁고 껄끄러운 죄스러움이 은혜의 감사보다 항상 앞서는 것을 느낄 때마다 수많은 상념에 잠기곤 한다.

착한 척 살아온 지난날과 견주어 오늘도 똑같이 위선자로서의 생을 답습하고 있는 나의 모습 속에서 고쳐지지 않는 위선의 실체를 알고 있으면서도 떨쳐버리지 못하는 한스러움에 나 자신이 실망하곤 한다.

자의든 타의든 세상 속에서 세상과 함께 살아갈 수밖에 없는 엄연한 현실 속에서 아름다운 도전으로 넘어야 할 문제들을 타협으로 항상 마무리 지우는 자신을 돌아보면서, 나의 유익(有益)에 포로가 되어 말씀을 져버리는 행동이 어디 한두 번이었던가!

격려보다는 비방과 핀잔의 몹쓸 말들만 골라 하면서도 칭찬받기를 바라는 어리석음 속에서 나 자신에게는 지나치게 관대하면서도 타인의 티끌만 한 잘못도 조용히 넘기지 못하는 오만한 성격 때문에 얼마나 많은 사람에게 상처를 주었을까!

교회에 간답시고 성경책 옆에 끼고 거룩한 척 순결한 척 자신마저 속여가면서 눈과 입으로만 달달 외우는 하나님의 말씀을 나를 내세우려는 방편의 지식으로 이용하면서도 죄의식을 느끼지 못했던 지난날의 암담한 후회스러움이 몸과 마음을 적신다.

자신의 몸을 녹여가면서 주위를 비추는 촛불은 되지 못해도, 자신의 몸마저도 비추지 못하는 가엾은 나의 실상(實相)에, 한없는 부끄러움을 느끼면서 자성의 기나긴 시간을 회한의 기도로 드렸다.

그래! 말씀을 읽고 숙지만 했을 뿐 실천에 옮기기 위한 노력은 생활의 손익계산에 눈이 어두워 모른 척 눈감아버린 지난날들이 나를 이렇게 키웠고 그 속에서의 습성이 이렇도록 죄를 키워왔구나!

행함이 없는 믿음, 그 믿음의 실천을 위한 정진 없는 믿음으로 인하여 암흑의 맹아가 되었음에 어찌 고개를 들고 저 밝은 태양 빛을 바라볼 수 있을까!

"내 형제들아, 만일 사람이 믿음이 있노라 하고 행함이 없으면 무슨 유익이 있으리요. 그 믿음이 능히 자기를 구원하겠느냐." (약: 2:14)

"영혼 없는 몸이 죽은 것 같이 행함이 없는 믿음은 죽은 것이니라." (약: 2:26)

명품과 명품 인간

어느 날 큰 손녀가 그동안 모았던 용돈으로 명품 운동화 나이키를 사서 동생에게 자랑했다. 작은 손녀가 부러워 자기 엄마에게 사달라고 투정을 부리는 모습을 보고 있자니 나의 유년 시절 명절 때면 어머니가 사 주시는 때때옷과 새 양말을 신고 동네 친구들에게 뻐기며 자랑스러워했던 어린 시절이 불현듯 머릿속을 스치고, 그때의 즐거움 때문에 지금도 그 생각을 하면 입가엔 언제나 잔잔한 미소가 스미곤 한다.

고등학교 일 학년 때인가 금강제화에서 만든 학생 구두가 어찌나 신고 싶었던지 방학을 이용하여 막노동으로 보름 동안 일을 해서 구두를 사서 신고 뿌듯하고 즐거웠던 기억이 지금 생각하면 우스운 일이지만 그때에는 그것이 최상의 기쁨이었고 친구들에게 자랑거리로는 그것만큼 큰 것은 없었다. 내가 어렸을 적에는 새것이면 그것이 제일이었고 새 옷도 커가는 것을 고려하여 몸체보다 넉넉한 것을 사다가 줄여서 입혔어도 마냥 좋기만 했던 어린 시절이었다. 지금 자라는 어린이들은 벌써 명품을 선호하고 갖고 싶어 함을 볼 때 격세지감(隔世之感)을 느낀다.

나는 지금까지 명품을 가져보지 않아 명품의 좋은 점을 잘 모르고 있으나 보통 물건과의 차별이 있을 것이란 짐작만을 해 볼 뿐이다.

명품의 사전적 정의는 뛰어나거나 이름난 물건, 또는 그런 작품으로 정의하고 있다.

가방, 옷의 대명사 '루이뷔통' 향수 화장품에 'Chanel' 'Christian Dior' 안경 하면 '구찌' 시계로는 '롤렉스' '카르티에' '시티즌' '오메가', 연주자들에게 꿈의 악기로 불리는 현악기 하면 '스트라디바리우스' '과르니에리' '과다니니' 등, 등, 많고 많은 명품의 탄생 배경엔 우수한 기술력이나 개발력, 한 치의 오차도 허락지 않는 정밀도, 끊임없는 연구 노력과 수많은 세월의 흐름을 동반했다는 같은 공통점이 있는 것을 보면서 끈기와 인내의 투철한 장인(匠人)정신이 없었다면 명품이 존재했겠나 생각해 본다.

이러한 명품들을 대다수 사람이 소장하기를 원하고 있는 이유는 어디에 있는 걸까?

물론 개개인의 이유는 다름이 있겠으나 대체로 자기만족을 얻기 위한 수단과 자신의 가치를 높이고 재력을 과시할 수 있는 하나의 방법으로 명품을 선호하고 있는 것은 아닌지!

이러한 명품들은 장인(匠人)의 끈기와 정성으로 만들어지지만, 명품 인간은 하나님께서 직접 만들고 계신 것은 아닐까?

일생을 살다 보면 기쁘고 즐거운 일 보다는 참고 견디기 힘든 소용돌이 속에 휘말려 허우적거리며 원망과 자학을 반복하면서도 이러한 참기 어려운 고난이 우리에게 주는 진실을 생각도 해 보지 못하고 어려워만 하는 것은 아닐까!

명도(名刀)를 만들기 위한 장인(匠人) 대장장이처럼, 주님은 우리를 끊임없이 불 속에 넣어 시뻘겋게 달구어 '모루'에 올려놓고 망치로 두들겨 기포와 불순물을 털어 버리시고 뜨임과 풀림을 번갈아 하시면서 명품 인간의 탄생을 위한 그 힘든 고통을 늘 함께하고 계시지만, 그 과정의 모든 아픔의 시련들을 인내하고 순종하기보다는, 육신의 안락과 쾌락만을 답습하면서도 명품 인간을 꿈꾸고 부러워하면서 자신을 명품 인간으로 알아주기를 은근히 과시하려는 순리 모순 속에서 살고 있는 것은 아닌지……

한 장인의 그 기나긴 세월 속의 어려움을 참고 견딤은 명품이라는 기쁨의 결실이 반드시 찾아온다는 굳건한 믿음처럼 나에게 주어진 그 어떤 고난과 고통도 명품 인간으로 가는 여정의 첫걸음이라 생각하면서 기쁨과 설렘으로 해산의 고통을 넘기는 어머니들의 아름다운 숭고함처럼 그 모든 어려움을 기쁨으로 받고 감사함으로 도전해 넘어가겠다고 마음을 추슬러 본다.

떼어서 붙이면

 어느 화창한 늦가을 한낮, 한적한 산 밑 오솔길 따라, 아내와 손잡고 걷기 운동을 나섰다.
 바로 옆에는 맑디맑은 강물이 넘실대고 그 속엔 모래 속에 반만 묻힌 다슬기, 돌에 찰싹 붙어 숨바꼭질 놀이가 한창인 다슬기, 흐르는 물 따라 오르내리는 크고 작은 붕어와 이름 모를 물고기 떼가 분주하고, 주변엔 사람 키보다 더 큰 갈대들이 살랑대는 바람결에 목을 까딱까딱 장단 맞추며, 높고 낮은 홑씨 음표들을 파란 하늘 위로 흩는 고요 속에, 흐드러진 들국화는 기우는 햇볕을 온몸에 휘감고 사랑놀이 한창이다.

 가던 걸음 멈추고 불어오는 짙은 송향(松香)에 아내의 흐트러진 머리를 쓸어 올리려는 찰나 바로 옆에서 푸드덕, 푸드덕, 꿩 두 마리가 날아가는 바람에 너무 놀라 아내가 주저앉고 말았다. 놀랠 예고의 기미(幾微)도 주지 않고 날아갔으니 놀랄 수밖에 없었지만, 먼저 와 있던 그놈들을 놀래준 응보(應報)가 이토록 빨리 왔음을 생각하며 그들은 얼마나 놀랐을까 피식 웃음이 나왔다.

넘어진 김에 쉬어간단 말처럼 길 위에 나란히 앉아 쉬면서 얼굴 서로 보며 하하, 호호, 이렇게 티 없이 웃어 본 것도 얼마 만이었던가! 아무튼, 놀램과 웃음을 주고 달아난 응보(應報)의 선물은 두고두고 기억에 남을 일이다.

나는 농촌에서 자란 촌사람이라 어렸을 적부터 꿩에 놀란 적이 한두 번이 아니어서 아내와 같이 놀라긴 했지만, 주저앉을 만큼 놀래진 않았다. 어려서부터 그놈들과는 너무 친숙한 사이가 되어있어 모처럼 그놈들을 보는 마음은 놀람보다는 반가움이 더 컸음이 사실이지만 아내에게는 이실직고할 수 없어 웃고만 있었다.

초등학교 시절엔 5월이 되면 갈잎 헤치며 꿩 알 찾아다니던 아련한 기억, 눈 내리는 겨울에 콩알을 파서 싸이나(청산가리)를 넣고 양초 녹여 입구를 막고 꿩이나 비둘기들이 자주 오는 양지쪽에 놓아두면, 그것을 먹고 날아가다 죽고, 몇 발짝 기어가다 죽어 주위를 다니며 죽은 꿩을 주워서 고기를 즐기던 추억과, 늠름한 자태와 화려한 색상의 장끼를 특히 좋아해서 우렁차게 울어댈 때면 우는 곳을 찾아 헤매기도 했든 어렸든 시절이 있었다.

초등학교 입학도 하기 전 큰형수님은 바느질하시면서 나를 옆에 앉히시고 도배 초배지를 오려서 실로 꿰매어 공책을 만들어, 연필도 없어 숯검정으로 한글을 깨우쳐 주셨고, 덧셈과 뺄셈까지 익숙하도록 깨우쳐 주셨다.

초등학교 입학하여 선생님이 가르쳐 주시는 것은 이미 내가 다 알고 있는 것들뿐이어서 공부에 재미를 느끼지 못했고 집에서도 책 한 번 볼 생각은 하지 않고 놀기만 했다.

비가 몹시 내리던 어느 날 큰형님이 집에 계시면서 보니 동생이 책 한번 보는 일이 없이 놀기만 하는지라 옆에 붙들어 놓으시고 받아쓰기 시험을 보기 시작했다.

부르시는 대로 일필휘지로 답을 썼다.

이를 보신 형님께서 이번 문제도 답을 맞히면 공부하란 말 하지 않겠다. 하시며 "꿩이 꿩꿩 웁니다."를 써 보라신다. 난감하기 짝이 없었다. 아무리 생각해 봐도 듣도 보도 못한 글자여서 얼굴 빨개서 고개 숙이고 있는데, 형수님이 윗방에서 오시면서 "쌍기역 밑에 우 자를 쓰고 이응을 지우고" 리듬을 만들어 노래를 부르시며 밖으로 나가셨다.

귀가 번쩍 띄어서 생각에 생각을 거듭했다. "쌍기역이 도대체 뭐지? 기역은 알겠는데!"

"쌍둥이, 쌍기역…" 쌍 자 들어가는 말을 생각했다.

"쌍둥이란 둘이 함께 태어난 모습도 같은 애들일 텐데… 그렇다면 같은 기역이 2개의 쌍둥이? 아 그거구나!"

신바람이 나서 자신 넘치게 썼다. [ㄲ ㄲ]. 일단 커닝을 해서 쌍기역 두 개는 썼는데, 우 자에서 이응을 지우고?

"그러면 우 자를 한 개 써야 되나 아니면 두 개를 써야 되나? 쌍기역이 두 개인데… 머리가 복잡해지네!"

형님은 다그치지 않으시고 밖으로 담배를 태우러 나가시고 혼자 곰곰이 생각에 잠겼다.

"생각대로 써 보자. 쌍기역 밑에 우 자를 쓰고 이응을 지워라!" [꾸꾸]!

여기까지는 대성공이다. "그렇다면 이것을 뭐라 읽어야 되나?"

"꾸꾸?" 고개가 갸웃해진다. "꾸꾸이 꾸꾸 웁니다?"

"아닌데! '꿩이 꿩꿩 운다.'라고 했는데?"

골머리를 앓고 있는데 형수님이 밥을 지으시려고 쌀을 가지러 오시다가 그것을 바라보시더니 "오른편에 어 자 쓰고 이응을 떼어서…" 한마디 하시는 중에 형님이 들어오시어 말을 끝맺지 못하고 밖으로 나가셨다. 얼굴에 미소가 스미며 자신이 생겼다.

"그거였구나!" 꾸 자 오른편에 어를 쓰고 이응을 지우면 [꿔], [꿔꿔이 꿔꿔 웁니다.] '떼어서'를 '지워서'로 생각했던 것이다. 내가 써 놓고도 읽기가 쉽지 않고 어색하기 그지없다.
"첫 번째 꿩은 한 자인데 나는 왜 두 자가 됐지? 아하 쌍기역은 두 번 쓰는 게 아니고 기역(ㄱ)이 두 개, 쌍기역(ㄲ) 이구나!" [꿔이 꿔 꿔 웁니다] 안도의 한숨 쉬면서 숙제의 완성을 의기양양하게 형님 앞에 보여 드렸다.

형님이 보시더니 허허 웃으시면서 "참 잘 썼다. 그런데 꿩이라 했는데 너는 꿔라고 썼네?"
형수님을 부르시면서 "여보, 얘 귀가 이상한가 봐! 꿔이 꿔꿔 운대! 내일 병원에 데리고 가서 진찰받아봐!"
선생님(형수님)이 가르쳐 주셔서 커닝까지 했으니 백 점을 자신했는데 귀가 이상하다?
형수님이 오시더니 "벌써 답을 보여드렸군요!" 마지막 단계를 가르쳐 줄 기회를 엿보셨던 형수님은 형님이 한눈팔 기회를 잡지 못하셔서 잠깐 부엌에 나가셨을 때 일이 벌어진 것이다.

저녁이 되어 온 식구가 식사하는 자리에서 그 이야기가 식탁에 올라 아버님이 한 말씀 하셨다. "모르는걸. 배워서 익히는 게 공부야!"
"너 이제는 꿩 자 쓸 수 있지?" 부끄럽고 창피해서 얼굴만 수그리고 있었다.
사실은 그때까지도 정답을 모르고 있었기 때문이다. 그때 형수님께서 자세한 설명을 해주시면서 형님께 핀잔을 주셨다. "시험이란 상대에 맞게 문제를 내야 하지, 떨어뜨리기 위한 시험은 좋지 않은 방법이라 생각해요!" 형님이 응수하셨다.

"부르는 대로 다 쓰는데 책잡을 게 없으니 그랬지!"

그때의 무안함과 꺼져버린 자만심이, 오랜 세월이 흘러도 또렷이 가슴에 남아 '아는 체'를 두려워하여 확실히 알지 못하면 아예 모른다고 말하는 버릇이 지금까지 남아 있다.

"밑에 붙이면" 시험 마지막에 듣지 못하고 짐작으로 치렀던 받아쓰기의 일화는 우리 집안에 신선한 웃음을 선물해 줬고, "이응을 떼어서 밑에 붙이면" 완성을 (100점) 뜻하는 말로 '좋은 생각을 떼어서 풀리지 않는 곳에 붙이면'이란 뜻으로 내가 종종 쓰는 단어이기도 하지만, 이 말을 생각하는 동안은 어떤 결정을 할 때, 좋은 생각을 떼려고 숙고할 수 있는 여유를 제공해 주기도 했다.

강산이 7번이나 변한 옛이야기이지만 꿩을 보면 지금도 그 기억이 반갑게 나를 맞는다.

3부/

나무 한 그루 풀 한 포기

 내 고향은 송정이다. 청량리에서 출발하는 중앙선 열차를 타고 1시간 반가량 원주 쪽으로 가다 보면 양동(楊東)역이 나오는데, 그곳에서 내려서 꼬불꼬불 신작로 8.5km를 가야 송정 마을이 나온다. 그 흔한 버스조차 다니지 않던 두메산골 촌락이다.

땅끝까지 복음을 전파하라

우리 인생은 끝없는 고행길의 연속에서 오늘보다 내일은, 내일보다 모래는, 오늘과 같은 어려움은 없을 것이란 바람과 희망 속에서 생을 보존하면서 살아가고 있다.

믿는 사람이나 믿지 않는 사람이나 굴곡진 인생길은 서로 다름이 없겠지만, 그 굴곡진 인생길을 걸으면서도 꿈과 희망이 현실로 이루어진다는 믿음으로 현재의 험난한 이 길을 슬기롭게 극복하는 인생과, 불평과 불만만이 가득하여 삶 전체를 체념의 구렁텅이로 휘몰아 넣고 있는 인생과의 차이뿐이지 않겠나 생각해 본다.

오늘 백훈기 목사님의 명설교 속에 그 해답이 고스란히 담겨 있음을 감탄하면서 그렇게 간단하고도 명료한 삶의 진실을 아직 터득하지 못하고 고집과 아집의 포로가 되어 육신의 욕심으로만 생을 의지하며 살고 있었고 사후에 지금보다 더 나은 세상의 도래에만 집착하면서 믿었던 그 믿음이 얼마나 허무한 믿음이었나를 되짚어 보게 한 값진 시간이었고 생의 의미를 명확하게 밝혀준 순간이기도 했다.

목사님 말씀 그대로 땅끝이란 멍청하게 땅끝을 찾아 헤매는 우매함에서 벗어나 지금 내가 있는 이곳이 땅끝이란, 내가 서 있는 곳에서부터 시작하여 그 끝까지 간다면 그것은 지금 내가 있는 이곳이 땅끝이 됨을, 이것은 결국 복음의 전파 대상은 남이 아닌 나 자신부터 일깨움을 시사해 주시는 가르치심이 아닐까, 생각해 본다.

믿지 않는 그들보다 무언가는 우월한 점이 있어야 타인에게 전하는 그 복음이 진정한 복음으로서의 가치를 인정받고 따르지 않겠는가!

"땅에서 맺지 못하면 하늘에서도 맺을 수 없다."라는 주님의 명확한 말씀 속에서 땅끝 이론과 맞물림 됨을 생각하면서 어찌 생각하면 현상에서의 모든 생 전부가 주님의 거룩하고 끝이 없는 사랑의 모범을 보이신 것처럼, 나 자신이 그렇게 변화 부활하지 않고서 천국을 기대하는 것은 지나친 욕심이 아니겠나 하는 생각을 해 본다.

아직 가 보지 못한 그곳 천국은 믿음으로만 확신하고 동경의 대상일 뿐이지만, 땅끝에서의 복음 전파와 사랑의 나눔을 실천하면서 예수님이 걸어가신 발자취를 더듬어 실천하는 부활의 삶이야말로 땅끝에서 체험하는 천국이 아니겠나 하는 생각을 해 본다.

예수님이 십자가에서 돌아가실 때 하신 말씀처럼 "다 이루었다." 이 말씀의 뜻은 땅에서의 모든 것들을 완전히 맺으셨음을 선포하신 말씀이 아니겠는가!

땅에서 모든 일의 맺음은 지극히 높으신 하나님만이 하실 수 있지만 우리 같은 나약한 인간의 힘으로는 할 수 없기에 말씀에 의존하고 성령님의 인도하심에 힘입어 부활로 거듭 자라나야 평화롭고 아름다운 땅끝 천국에서의 맺음을 소망해야 하지 않겠나 생각해 본다.

되풀이되는 역사의 꼬리 끊을 수는 없는가

고려말 개혁을 원하는 사대부 중에 목은(이색), 포은(정몽주)은 고려라는 왕조 안에서 개혁하려던 사람들이었고, 삼봉(정도전), 강무(남은), 우재(조준) 등은 새로운 왕조를 통한 개혁을 원했다. 이성계와 함께 조선을 건국한 공신들과 이방원, 세조 정변 과정에서 공신 책봉된 이들은 막대한 토지와 노비를 소유하고 성종 초기까지 왕실과 결합하여 권력을 독점, 유향소를 장악하고 공물 방납과 대외 무역으로 많은 재산을 축적하고 세조 이후 고위 관직 독점과 경제 비리가 만연했다. 이들은 성균관에서 공부한 성균관 학파를 훈구파라 불렀고, 지방에서 은거하며 학문을 수련하던 세력들을 사림파라 부르고 이들 중엔 가난한 선비들도 있었고 중 소 지주도 있었지만, 사림파의 주축도 문벌귀족 김굉필, 정여창, 퇴계(이황), 율곡(이이), 김종직 등은 사대부였고 그들의 물질적 토대는 훈구파와 다름없이 토지와 노비였으며 지방민이 아닌 대지주들이 주축을 이루었다.

세조는 조카인 단종의 왕위 찬탈 과정에서 훈구파가 협력하였고, 세조의 아들 성종이 즉위하고 또 사망하면서 연산군이 즉위하는데 연산군 시절 사림파 김종직이 단종을 해하고 왕위를 찬탈한 세조에 대한 간접적 비판한 '조의제문'의 내용이 드러나면서 연산군은 사림파의 왕권 견제에 싫증을 느낄 때였고 훈구파의 입장에서 보면 자신들을 타도 하려는 사림파의 약점을 노리고 있던 터라 유자광이 김종직과 껄끄러운 사이임에 연산군을 부추기면서 사림파의 많은 인물이 죽임을 당했고(무오사화) 연산군은 어머니 윤 씨의 폐비와 죽음에 관하여 대신들을 2차로 숙청하고(갑자사화) 국정을 돌보지 않아 1506년 훈구파 대신들이 연산군을 몰아내고 진성대군(중종)을 왕으로 옹립했다. (중종반정)

중종은 정권을 장악한 훈구파의 전횡을 견제하기 위해 젊은 사림세력을 등용, 그중 조광조는 유교의 이상 정치를 실현하려는 급진적 개혁 의지에 왕의 개혁 노선과 차이가 있었고 중종반정 공신 명단에 이의를 제기하는 조광조를, 반역을 꾀했다고 훈구파가 모함하여 조광조를 비롯한 사림 세력들을 숙청하였다. (기묘사화)

중종 사망 후 인종 명종 시기엔 외척 윤 씨들의 권력 투쟁으로 (을사사화) 사림세력이 약화되었다. 사림파의 기나긴 수난에도 이들은 끈질기게 지방의 서원에서 꾸준히 인재를 길러 내 중앙 정계로 진출했지만, 새 인재를 양성하지 못한 훈구파는 세력이 약해져 갔다. 선조 대에 이르러 사림파가 중앙 정계를 완전히 장악하고 말았지만, 그 내부에서 이조정랑 자리를 놓고 대립하여 1575년 사림파는 서인과 동인으로 갈라지고, 동인인 퇴계(이황)와 남명(조식)의 제자들을 중심으로 한 세력을 키웠고 서인은 율곡(이이)과 성혼을 중심으로 한 세력이었는데 1589년 동인인 죽도(정여립)가 반란 음모를 꾸민다는 소문이 돌자, 이를 기회로 동인은 몰락하게 된다. (정여립 모반사건)

동인의 몰락 후 집권한 서인의 정철이 선조에게 광해군 세자 책봉을 간청하다가 선조의 미움을 사서 서인들이 실각해 버린다. 이 사건으로 동인들이 다시 집권하게 되는데 수상한 움직임이 보이는 일본의 정탐 결과를 놓고 일본 침략을 우려한 서인 황윤길과 침략은 없을 것이란 동인 김성주의 주장이 수용된다. 와중에 세자 책봉 간청으로 서인들의 처벌을 놓고 이산해의 강경파 세력과(북인) 일부만 처벌 하자는 류성룡의 온건파(남인)로 분열된다.

1592년 일본이 조선을 침략하여 이순신 장군과 의병들의 방어, 명나라의 지원으로 일본을 물리쳤다. 지루한 전쟁 끝에 황폐함 속에서 의병장으로 활약한 정인홍 곽재우 등의 북인이 정권을 쥐는데 선조의 후계자를 두고 북인은 광해군을 지지하는 대북과 새로 태어난 영창대군을 옹립하려는 소북으로 나뉘게 된다.

1608년 선조가 죽고 광해군이 임금으로 즉위하면서 대북파가 정권을 차지하고 영창대군을 옹립하려 했다는 죄목으로 소북파와 영창대군 그의 어머니 인목대비를 축출하는데, 이러한 광해군의 행위를 패륜으로 간주한 서인들이 1623년 광해군과 대북파를 몰아내고 능양군을 임금으로 옹립한다. (인조반정)

그 후 북인은 모조리 몰락하고 인조와 서인들은 친명 외교를 펼치다가 청나라에 무릎 꿇고 만다. (병자호란)

1659년 효종이 사망하자 자의대비가 상복을 몇 년 입을 것인가를 두고 논쟁이 벌어진다. (예송논쟁)

예송 논쟁은 두 차례나 반복 끝에(기해예송, 갑인예송) 임금인 현종은 사망한 효종이 차남이지만, 적법한 왕위 계승으로 장남의 예를 갖추어도 된다는 남인의 말을 허락했다. 1674 년 즉위한 숙종의 초반에 예송 논쟁에서 승리한 남인들이 집권했는데 남인의 영수 허적과 그 아들이 역모를 꾸민 것이 발각되어 남인 세력이 대거 실각한다. (경신

환국)

    이를 통해 집권한 서인 세력들은 남인 세력의 처벌을 놓고 강경파와(노론) 온건파(소론)로 분열되고 이후 서인(노론, 소론)은 숙종이 후궁 장희빈의 아들을 원자로 삼으려는 것을 반대하다가 1689년 재차 실각하여 송시열 등은 죽임을 당하고(기사환국) 다시 남인이 정권을 쥔다. 그리고 숙종은 원래 왕비인 인현왕후를 폐비시키고 장희빈을 중전으로 삼는다. 그 후 임금은 인현왕후를 다시 복위시키려 하였고 그를 반대하는 남인은 몰락하고 만다. (갑술환국)
    또다시 집권하게 된 서인 들은 이미 노론과 소론으로 갈라진 상태였고 숙종의 후계자를 놓고 장희빈의 아들을 지지하는 소론과, 무리수 출신인 숙빈최씨의 아들 연잉군을 지지하는 노론이 대립한다. 1720년 숙종이 사망하자 장희빈의 아들 경종이 즉위하고 소론이 집권하는데 이에 반발한 노론이 경종에게 연잉군의 대리청정을 주장하는 한편 뒤로는 역모까지 꾸몄다는 것이 포착되자 분노한 경종과 소론에 의해 노론의 세력들이 대거 숙청당하게 된다. (신임옥사)

    재위 4년 만에 경종이 죽자, 연잉군이 영조로 등극한다. 영조는 당파를 초월한 탕평책을 펼치기 위해 골고루 등용했는데 소론 강경파가 일부 잔존한 남인들과 연합하여 1728년에 반란을 일으킨다. (이인좌의 난)
    반란이 진압되어 소론이 몰락하고 노론이 득세했지만, 영조는 탕평책을 재차 실시한다. 1776년 영조가 죽고, 정조가 즉위, 정조 역시 탕평책을 실시 당파의 색채는 거의 지워졌으나 조정은 정조의 아버지 사도 세자를 동정하는 시파와 죽는 것이 당연하다는 벽파로 나뉘게 된다.

1800년 정조가 죽고 순조가 즉위하자 순조의 장인이며 선왕 정조의 충신 김조순이 순조를 보필한다. 1832년 김조순이 죽고 그 가문인 안동 김씨와 왕실의 외척인 풍양 조씨에 의해 세도 정치가 시작되면서 1498년 연안군 시기에 훈구파와 사림파의 본격적인 대립으로 촉발된 붕당정치는 약 330년 속하다가 막을 내린다.

　당파의 시작인 훈구파와 사림파의 당쟁에서의 다툼은 관직과 토지를 두고 다툰 신흥세력과 기득권 세력, 출세와 관직의 독점에 의해 의리와 명분을 내세운 사림파들의 공격이 진정한 민생을 위해 나섰던 것은 아니라고 보인다. 조선시대 사림들이 말하는 청빈이나 안빈낙도는 어렵고 서러운 하소연할 수 없는 빈민들을 위함이 아닌 빈민을 팔아 정권 회복과 파벌 안녕을 얻고자 했던 것은 아닐는지…

　4대 사화(무오사화, 갑자사화, 기묘사화, 을사사화)와 모반사건(정여립 사건, 인조반정)을 거치면서 국민 안정과 국력 배양에는 남의 얘기였고, 권모술수가 난무하는 정권 탈환에 몰두하여 아무 준비도 없이 수모를 당한 병자호란, 한심한 예송 논쟁, 3대 환국(경신환국, 기사환국, 갑술환국), 신임옥사, 이인좌의 난, 이 모두가 위민과 부국강병은 언제나 뒷전이었다. 물론 경세치술에 전력을 다하며 개혁을 기치로 걸었던 조선왕조의 기틀을 세운 정도전, 뛰어난 유학자이자 경세가였던 율곡 이이, 임진왜란 위기를 수습하며 시대를 성찰한 류성룡, 인문부터 과학기술까지 망라한 '르네상스'적 정치인 정약용, 도학에 구속되지 않고 부국강병과 이용 후생을 실천한 잠곡 김육 같은 정치가도 있었지만, 조선의 흐린 물을 맑게 만들기에는 역부족이었다.

　견제 세력이 필요함은 왕정 시대나 민주주의 시대나 필요 불 가결하여 위정자들의 독주를 막고, 나쁜 시정을 바로잡아 한발 앞서가는 정치 발전에 기여하는 것은 좋은 현상이지만 당리당략, 개인 영리에 함몰되어 부강한 국가와 국민의 안락을 생각지 않는다면 올바른 정치라 할 수 없을 것이다. 물질문명과 과학이 발전한 지금도 정치는 몇백 년 전의 위정자들을 닮아 국민을 볼모로 삼아 당리당략과 자신의 이익 추구에 힘쓰는 모습들이 왕정 시대에 사는 것 같은 착각을 느끼곤 한다.

조선시대의 정치가 국력 신장과 국민 안위를 멀리했기에 외세 침입에 속수무책일 수밖에 없었던 뼈아픈 역사 속에서 현대의 위정자들도 잊지 말고 기억하여, 정권 유지와 기득권을 위한 표 구걸보다 국민 안위와 부국강병에 여야를 막론하고 통일된 마음으로 함께 힘써줬으면 하는 바람이다. 이처럼 혼란스러운 시국 속에도 흙탕물 속에 함께 뒤범벅되어 진주를 찾기가 힘들어서인지는 모르겠으나, 다산 정약용이나 잠곡 김육 같은 인물의 출연을 바라고 원함은 민초들의 지나친 욕심으로 보이지 않길 바랄 뿐이다.

대의 정치와 시민의식

　일제 강점기 때 국가를 되찾으려는 독립운동은 순수한 민족주의 발로로서 수많은 독립투사가 목숨을 바쳤고 2차 대전 말 연합군의 전후 처리 문제에 의해 국가를 되찾은 우리 국민의 반일 민족주의와 민족자결주의의 대립 속에는 구소련의 러시아 혁명 중 레닌의 평화에 관한 포고 '민족자결주의'와 미국의 우드로 윌슨의 '민족자결주의' 발표는 거의 같은 시기에 발표되었는데 레닌의 이념은 제국주의 전쟁을 반대하고 무 병합, 무 배상, 민주적 평화의 원칙이란 반혁명 세력과 연합군으로부터 자신이 추구하는 혁명을 지지하기 위한 목적이었고 윌슨은 동맹국의 지배를 받았던 민족을 염두에 둔 민족자결주의였다. 모스크바 3상 회의에서 체결된 신탁통치의 협정에 우익 세력은 신탁 반대운동을 펼쳤고 여운형의 조선 인민당, 박헌영의 조선공산당은 한국의 임시정부 수립을 위한 국제적 합의로 받아들였다.

　이러한 좌우익 대립과 미국, 소련의 대립이 엉클어져 공동위원회를 통한 통일 임시정부의 수립이라는 3상 회의의 결정 사항을 이루지 못하고 1948년 8월 15일 이승만 박사의 자유민주주의 대한민국 정부가 탄생하고 같은 해 9월 9일 북한은 김일성을 수상으로 하는 조선민주주의인민공화국을 출범시켰다. 당시 우익과 좌익의 심한 다툼 속에는 이북에 주둔했던 소련이 사회주의 건설을 목표로 사회주의의 사상이 출렁이고 있었고 남쪽은 미국 주둔으로 자유민주주의를 기반으로 탄생한 정부와, 사회주의 이념으로 실천하려는 상당수의 무리와 이념 다툼 속에서 파생된 이념 전쟁은 민족의 불행으로 현재 진행형이다.
 사회주의 이념은 민주주의 이념에 배치되는 이념이어서 이승만 정권에서는 사회주의 공산주의와 전쟁을 선포하기에 이르렀다.

 장기 집권의 지배계급에 대항한 4·19혁명, 유신반대, 광주민주화운동으로 변혁적 전통 속에서 민중주의가 싹트기 시작하여 언제서부터인지도 모르게 군중 주의의 만연으로 시민은 잠적해 버리고 데모의 왕국이란 아름답지 못한 명예를 남겼다. 이처럼 군중 주의는 경신성, 충동성, 과장성, 편협성으로 많은 사람이 몰려 있을 때 자제력을 잃고 쉽사리 흥분하거나 냉철한 판단 없이 집단의 언동에 따라 같이 행동하는 일시적인 심리상태 속에서, 자신들의 유리한 쪽으로만 생각하고 여론과 분위기에 맞게 수정하기도 하며, 지지층의 무조건적인 지지의 편협성을 버리지 못한다.

 자신들이 바라는 것을 보편적 요구사항으로 이용하며 집단의 목적을 위하여 다른 군중들을 도발함으로써 자신들의 목적에 동의하도록 억압하여 군중의 숫자 우위로 시민을 이기려는, 민주주의를 옭아매고 있어야 할 일인가?
 고질적으로 겪고 있는 지역감정, 계층 대립, 세대 갈등의 본질, 폭동과 집단 소요와 같은 정치 행위, 인종주의, 왕따, 마녀사냥 등 사회 문화 형태로도 표출되는 현상은 민주주의에 대한 잘못된 이해로 강요되는 현상이라 하겠다.

현실의 정치적 대표 체제가 각기 다른 사회의 요구를 반영하지 못하는 한 민주주의의 개선은 어려워 보이나 권력이 선용 될 수 있는 정치체계를 만들어가는 것이 중요한 일이지 현실정치의 부정적인 측면만을 꼬집어 반 정치 주의를 동원할 일이 아니라 본다.

민주주의의 꽃이라 불리는 투표로 대표를 뽑아 모든 정치 일반을 위임하는 대의 정치는 좋은 일꾼을 뽑는 것이 정치의 중심이지 민중이 직접 나서서 집단끼리 어울려 각 집단의 이익만을 위하여 길거리를 누비는 소요 사태는 지양하는 것이 어떨까 사료된다.

이러한 일련의 문제들을 최소화하기 위하여는 시민의 덕성을 함양시키고 위협받을 때 나서서 싸우고 국가와 사회를 위해 헌신 희생하며 이웃을 돌보는 헌신적인 시민을 정부가 앞장서서 양성해야 하지 않을까 생각한다.

정치인들의 부정부패는 시민들의 관심과 적극적인 참여로 고칠 수 있는 문제지만 시민들의 정치적 무관심에 참여의 회유도 정부의 역할이 크지 않을까 생각해 본다. 아울러 국민이 뽑아준 정당들은 국가와 국민의 안정적인 발전을 위한 노선을 놓고 논쟁을 벌이는 것은 대의 정치의 특징으로 부족함이 없지만, 시민 각자가 방황이 없는 냉철한 마음 객관적인 사고와 고민도 시민 자신들이 해결해야 할 문제라고 보며 민주주의가 군중 지배로 전락하고 현대사회의 병폐들을 치유할 수 있는 올바른 시민사회로의 회귀는 인문주의의 교육이 필요하지 않겠나 생각에 잠겨본다.

그곳으로 가는 길은 힘이 들겠지만, 그 결과는 용기 있고 자유로운 시민을 양산하여 군중행동에 의해 변질된 민주주의 가치에 시민 생각을 자유롭게 하여 군중심리에서 민주주의를 해방하는 일일 것이다.

농익은 인생의 즐거움

집사람의 1990년도 이민으로 외기러기로 살다가 2004년 이민에 합류했던 우리 가족의 이민사에는 말 그대로 애환투성이였고 살기 위한 처절한 몸부림의 투쟁 속에서 생의 환희를 생각하는 것 자체가 사치스럽고 버거운 그 긴 터널 속을 빠져나오는 10여 년이 지나는 동안 식구들 정착의 움직임이 활발해지고 어느 만치 경제적으로 여유를 누릴 수 있게 되어 마음의 안식을 누릴 기회도 찾아오고 첫째와 둘째 손녀는 대학을 졸업하고 둘째 손녀가 결혼하여 증손녀를 선물로 안겨 주고 막내인 손자가 고3 외손자가 고1, 외손녀가 중1이 되어 어느 정도 아이들이 장성하고 나니 뒷바라지할 일들이 아주 많이 줄고 하던 일도 그만둔 지 3년째, 이렇게 한가로운 시간이 믿기지 않아 이렇게 놀고 있어도 되는 걸까 언뜻언뜻 놀랄 때가 많다.

처음 이민의 동기는 쥐꼬리보다도 적은 봉급으로 근근이 살아온 삶에 대한 회의와 자식들의 장래를 어떻게 키워줄 수 있을까 늘 고심하던 끝에 이민을 결심한 계기가 됐고 아내가 1차로 이민 길에 올랐고 2차로는 아들네 식구가 떠났고 3차로 딸이 떠난 후 마지막으로 내가 이민 길에 합류하여 낯선 땅에 오고 보니 먼저 온 아들의 사업이 하향길로 접어든 시기이고 딸네 식구들 원하는 직업을 찾지 못하고 임시 일자리에서 일하는 모습을 보자니 착잡함이 몰려왔지만 어떻게라도 살아야 하는 현실에 나 또한 돈을 벌어야 했다.

이민 직후에 언어부터 먼저 익혀서 대화가 통하는 게 우선이었는데 부딪치면 못 할 일 있을까 하는 막연한 생각으로 일을 하며 그동안 배운 영어도 10여 년이 되니 몇 개월 가면 의사소통은 문제가 없으리란 생각이었다.

무수히 많은 시행착오와 전문 기술이 없어 각고의 노력 끝에 14여 년 갖은 고생 다 하며 일을 했다. 그래도 수입은 짭짤해서 먹고사는 데는 별 지장은 없었으나 일에 묻혀서 매일매일 허덕여야 했다.

세월이 약이라 했던가 그동안 식구들의 뼈를 깎는 노력으로 사위는 병리사로 종합병원에 근무하고 딸은 은행원이 되고 아들은 건축업에 종사하고 며느리는 프리랜서로 열심히 뛰는 모습들을 볼 때마다 마음이 흡족하다. 손주들도 이제 다 커서 할미 할애비의 도움도 크게 필요하지 않고 경제적으로도 아직은 모은 돈은 없지만 먹고 사는 것은 지장이 없어 늙은 우리는 뒷방 신세로 남아있다. 보니 우리가 할 일이 별로 없어 운동장 라인 밖으로 밀려난 선수가 되고 말았다. 늙어서일까? 아들 집에 있으면 어디를 가기 싫고 딸 집에 있으면 또 어디로 움직이기가 번거롭고 싫지만, 한 집에서 한 달 이상 머물면 빨리 오시라고 독촉이 와서 아들과 딸 집을 한 달에 한 번씩 번갈아 드나들다 보니 어디 한 군데 정착하여 편히 있고 싶은 마음이 간절하다.

자손들의 효심은 지극하여 서로 모시고 싶은 마음을 이해 못 하는 것도 아니지만 아들 집에 있으면 며느리 눈치 살피고 딸 집에 있으면 사위 눈치 살피는 당당하지 못한 내 마음이 자신을 서글픔의 늪으로 끌고 있다.

　세월을 뒤돌아보면 우리 부부가 우리만의 시간을 가져 본 때가 언제였던가! 자식들 거두고 학업 뒷바라지하느라 한시라도 마음 놓고 있던 때가 있었던가 자식들을 장성하도록 키우며 교육하는 것은 부모의 책임이라지만 이후의 잘 되고 잘못됨은 그들의 몫이라 생각하며 이제 우리 부부가 아니라도 자식들이 이만큼이나마 먹고살 만하니 우리 둘의 오붓한 시간을 보내자는 생각을 실천에 옮기기로 했다. 아무의 간섭이나 참견 같은 것 멀리하고 오직 우리의 시간 찾아 태어난 고국으로 돌아가 우리만의 세계를 꿈꾸어 본다.

　자식 곁에 남아있어 짐 되지 말자고 다짐하면서 가진 것이 없어 불편하겠지만 그런대로 우리들의 늙은 사랑으로 그 불편 해소하면서 남은 생 알차고 보람 있게 둘만의 행복 가슴속에 곱게 품어본다.

　밥하기 싫으면 음식점 찾아 한 끼 때우고 먹고 싶은 음식 찾아 나서는 맛 기행도 쏠쏠한 재미를 느끼는 멋도 가슴속을 기쁨과 행복으로 가득 채워줄 것이다. 외국의 언어와 문화, 풍습과 지리에 어두운 우리에겐 고국의 산천과 도시의 거리마다 추억을 되돌리며 변화한 현장을 비교해 보는, 널려 있는 행복의 꽃밭을 걷는 시간마다 조국의 감사함이 입에서 절로 나왔던 지난 1년의 체험에서 얻은 감격이었다.

　모국의 자그만 국토였지만 먹고살기 바빠 구경 한번 제대로 해 보지 못하고 이제 팔순이 가까운 몸이지만, 부탄가스 버너와 밥 냄비 한 개, 찌개 냄비 하나, 김치 두어 병, 삼겹살 두어 팩, 라면 대여섯 개, 식수와 막걸리 두어 병을 준비물로 챙기고 시간에 쫓김 없고 불안한 생각 전혀 없는 여유로운 여행길에 목적지조차 정함이 없는, 무작정 가다가 산 좋고 물 맑은 계곡 만나면 하루나 이틀을 쉬어도 좋고, 바삐 일하는 농부의 잔일도 도와주면서 산이나 들에 지천으로 널려 있는 나물 뜯어 반찬으로 먹으면서 한잔의 막걸리 마시는 여유의 즐거움 높고 높은 구름 위를 걸을 것이다. 사회의 시끄러움과 정치의 어려움이나 경제의 뒤틀림도 영리하고 현명한 젊은이들이 있기에 그들이 해결할 것을 믿어 의심치 않으니, 쓰고 싶은 글이나 듣고 싶은 음악을 들으면서 들꽃과 잡초에도 정과 사랑을 나누며 멧새의 구성진 울음소리에 감동의 눈물도, 강변의 오후에 간이의자에 앉아 차분한 독서의 알뜰한 시간도 행복의 나비 되어 나폴나폴 춤추며 내 곁을 맴돌고 있겠지……

이래서 늙음이 좋다 했을까 젊어서 열심히 살아온 세월에 이토록 평화로운 보상으로 펼쳐질 줄은 미처 생각도 못 한 일이다. 물론 자식과 손주들 보고 싶어도 금방 만날 수 없고 십수 년이나 애환으로 살아온 이곳의 떠남이 서운함은 남지만, 어느 곳에서나 아쉬움이 없겠을까만, 보다 밝고 편한 내일을 위해 모든 걸 비워서 잊고 구름처럼 흐르다가 바람 따라 떠나리라! 그래서 인생은 이렇게 즐거웠노라고 마지막 환희를 마음껏 누리며 살리라.

노년의 소회(所懷)

화살같이 나는 세월 쫓아왔는지 떠밀려 왔는지, 오늘도 구름에 달 가듯 하루해가 서산마루에 걸쳐있는 어스름 시간 시외버스 안에서의 일이다.

대학생으로 보이는 두 사람의 여자 젊은이들이 내 좌석 뒷자리에 같이 앉아 출발과 함께 잡담에 열중이다. 자리에 앉아 지그시 눈을 감고 있었지만, 그들의 대화가 또렷이 귓속에 담긴다.

"우리 아빠는 말이야 너무 고지식하셔! 대충 넘어가도 되는 일도, 일일이 참견하시고 이렇다 저렇다 이렇게 하는 거야 그렇게는 안 된다. 무슨 일이 생기면 그때부터 잔소리가 나오면 나는 못 들은 척 자리를 피하지"

옆 친구도 한마디 거든다.

"야 그건 괜찮아! 며칠 전 친척 집 방문하러 가는데 도로를 건너 횡단보도 앞에 다다라 보니 양쪽에 차가 오가지 않는 거야, 사람들도 건너가고 그래서 나도 재빨리 건너왔는데 아빠가 그 자리에 서 계시는 거야.

아빠 빨리 건너오셔요. 그래도 그 자리에 서 계시는 거야, 우리가 타고 갈 버스는 서 있는데. 결국 버스는 가고 신호등이 파란불로 바뀌니 그제야 아빠가 건너오시는 거야!"

"그 버스를 못 타면 20분을 기다려야 하는데. 신호등이 바뀔 때까지 차는 한 대도 오가지 않았어!"

그래서 아버지에게 "아빠 왜 빨리 오지 않고 기다리셨어요?"라고 여쭤봤더니

"너는 색맹이냐? 빨간불인데 왜 건너왔어?"라고 하시는 거 있지.

고지식한 아빠의 성품 모를 리는 없지만, 양쪽 다 차가 오지 않을 때는 타고 갈 버스가 있는데 신호 무시하고 건너와도 되지 않을까 하는 생각이었어."

"버스를 기다리는 20분 동안 아빠의 훈육이 이어지고, 젊은 사람들 작은 위법행위를 무시하는 습관이 쌓이다 보면 큰 잘못도 죄의식 없이 저지른다고 엉뚱하게 젊은이 전체에게 화살이 가는 거야. 그래서 나는 아빠한테 말했지, 아빠 신호등은 왜 있는 거예요? 사고를 방지하기 위해서 있는 거 아녜요? 차가 오갈 때는 당연히 지켜야 하지만 차가 오지 않을 때는 건너도 괜찮지 않아요?"

"빨간불의 뜻이 무엇이냐? 멈추란 뜻 아니냐? 신호등은 자동차를 위한 불이 아니고 사람을 위한 불이란 걸 잊어서는 안 돼! 차가 다니건 다니지 않건 고장 나지 않고 정상적으로 작동하는 신호등은 지켜야지!"

"사람들도 많이 건너왔어요. 다들 건너오는데."
"사람들 지옥 가면 너도 따라 지옥 갈래?
자동차는 신호등 보고 달려. 녹색 불이면 움직이고 적색 불이면 멈춘단다. 법은 지키라고 만든 거야! 남이 법을 어긴다고 너도 법을 어

기면 그런 사람들과 다를 바 없지!"
"아빠 잔소리가 이것저것 연이어 버스를 타고 두 번째 정류장까지 이어지고 듣기 싫어도 어쩔 수 없었어!
노인들 왜 그러는지 이해가 안 가! 아무것도 아닌 일을 긁어서 부스럼 만들고 아무 데나 꼭 참견하시고."

젊은이들의 대화를 들으며 가슴이 먹먹해 오고 우리 딸들과 대화할 때의 일을 회상했다.
대화는 늘 처음엔 순조롭게 이어지다가 중반도 못 가서 점점 톤이 높아지고 종반엔 결론도 내지 못한 채 종결되는 일이 한두 번이 아니었다.

'잔소리'란 단어의 뜻을 다시 되새김하면서, 옳고 그름을 떠나 듣기 거북한 말이기에, 젊은이의 얘기처럼 아무것도 아닌 일인데 그 말이 '잔소리'란 선입감이 앞서니까 기피함이 아닌지! 젊은이들의 자녀가 지금처럼 똑같은 행동을 했다면 부모 된 입장에서 묵인하고 같이 동조 했을까? 때에 따라서 그런 행동 해도 된다고 생각했을까!

허긴, 나의 젊은 시절도 부모님들 말씀 귀담아들은 적이 몇 번이나 있었을까 생각하니 서글픈 미소가 차창에 부딪혀 가슴속을 파고든다.
눈과 귀에 거슬리는 말과 행동을 올바르게 고쳐주기 위한 지적이지만 듣는 측에선 자신도 알고 있는 일인데 다만 그 행동과 말에서 틈이 생겨 싫은 소리를 들으니 분명 듣는 사람은 '잔소리'로 들릴 것이다.
젊은이들의 어른에 대한 기피와 무시, 무관심에 서운함이 몰려와도, 가급적 이해와 수용으로 품어보지만, 쓴 입맛 쩍쩍 다시며 언제나 체념해 버리고 자기 비하의 늪으로 빠지고 만다.
내가 젊었던 시절 복지라는 말은 언감생심이었고 자신의 노력으로 살아가기 위한 눈물 젖은 빵을 먹어보지 못한 오늘의 젊은이들이기에 청년실업의 극심한 와중에도 중소기업엔 사람 구하기 힘든 사회모순 속에 퍼주기 확대 조세에 거부반응이 이는 것 또한 옛것만 고집하는 편협한 생각일까? 노인 대접을 못 받는 불쾌함보다 무시와 기피의 대상으로 생각하는, 노인을 이해하려는 그 마음을 바라는 아쉬움 때문은 아닐까 생각도 해 본다.

귀가 어두워 말소리를 잘 알아듣지 못해 또 물으면, 상냥한 목소리로 다시 말해 줄 수는 없었는지 보청기 끼시란 대답을 들을 때 소외감이 몸을 뒤틀고 자식들마저 노인 취급하는 말과 모습에 '토사구팽' 당하는 기분 같은 당혹감이 가슴속을 쓰리게 훑고 지나간다.

해방 전에 태어나 6·25의 피난길과 가난과 굶주림에 온갖 서러움도 겪었고 4·19혁명 때 앞줄에서 시위도 해 봤고, 5·16 군사 쿠데타도 경험했으며, 낯선 독일 땅 깊고 깊은 굴속에서 자식들을 그리면서 몸에서 걸어낸 소금이 얼마였던가! 어디 그뿐이겠나 이국 베트남에 생명을 담보로 국가의 부름을 받아 치열한 핏빛 속에서 목숨 부지한 악몽도 가슴에 남은, 살아온 인생의 경험이 얼마인데 자식들에게는 이 같은 가난 물려주지 않기 위해 버거운 삶 앞에선 자유와 인권은 오히려 짐이 되어 거추장스러웠던 시절, 모래바람에 실눈 떠가며 열사의 나라 중동에서 흘린 땀의 결정, 그렇게 축적된 희로애락의 보물 같은 눈물과 웃음이 지금도 가슴속에 콸콸 흐르고 있는데 그 모든 것은 옛것이고 쓸모없는 무용지물로 매도하는 젊은이들의 위선을 대할 때마다 안타깝고 답답함을 토해내지 못한 묵직한 납덩이는 가슴에 쌓인다.

물론 번개처럼 변하는 작금의 세계관 속에 옛것만을 고집하고 싶은 생각은 없다. 아니 생각해서도 안 됨을 알고 있다.

과학과 문명의 빠른 발전으로 그것을 배우고 조종할 일들은 수시로 변해가야 하지만, 인간이 가져야 할 인성만은 변할 수도 변해서도 안 되리라 본다.

맹자의 성선설(性善說)이나 순자의 성악설(性惡說)도 타고난 인성의 본질은 다르게 해석하고 있으나 인성을 후천적으로 학습하고 배양한다는 데는 공통점을 인정한다.

세상이 어떻게 돌아가는지 부모가 자식을 죽이고 자식이 부모를 죽이는, 선생님이 사랑의 매를 들었다고 경찰에 신고하는 어린아이들 장난 싸움에 법의 심판을 청구하는 참혹한 현실 앞에서 타인이나 친척 배려의 인성은 찾기 어려운 세상으로 변절한 원인에서 나도 자유로울 수 없음은 후학들에게 올바른 교도나 책임 있는 충고는커녕 잘못을 보고도 못 본 체 고개 돌렸던 구세대의 산물이 아니었던가!

선배들의 다듬어진 인성의 아름다움보다, 자신의 욕구 충족에 남을 외면하는 옳지 못한 모습들을 보며 자라온 그들이었기에 돌아온 학습 효과의 인과응보가 달콤하지 않음은 당연하지 않겠냐만, 지난 세월 되감아 보면 처참한 몸부림의 생존경쟁 속에서 살아남기 위한 욕구의 분출도 이토록 변절 왜곡된 메마른 세상은 아니었다고 항변하면서 스스로 마음을 달래보지만, 씁쓸한 기분이 가시지 않음은 어인 일일까?

과거에 암울하게 살아온 선배 세대가 내세울 자랑거리는 별로 없으나, 그들이 닦아놓은 풍요의 터전 위에 인권, 자유, 사람다운 삶의 권리진작(權利振作)의 탑도 쌓아야 할 때도 왔다고 생각해 본다. 어찌 되었든 발전을 거듭하는 풍요의 환경 속에서 자란 젊은이들에게 노년들도 과거의 그릇에 담긴 생각으로 저울질하는 수고로움을 버리고, 더욱 큰 새 그릇으로 충만하게 담으려는 각오와 실행이 없다면 어울릴 수 없는 물과 기름처럼 함께 공존할 수밖에 없는 노릇 아니겠나!

쓰레기 속에서도 장미꽃이 피듯 진흙 속에서도 연꽃이 피어나듯 황량함과 외로움 속에서도 곧고 아름다운 인성들이 가끔 나타남을 보면서 이 살벌한 사회가 그런대로 유지 지탱하고 있다는 조급 속의 안도에 위안받으며 그래도 고운 인성은 보이지 않는 뿌리처럼 저 깊은 곳에서 활기차게 뻗어 감을 굳게 믿음으로, 앞날의 세상을 젊은이들에게 맡기고 무궁토록 발전할 확신의 씨앗 듬뿍 심으며 거목으로 우뚝 서길 소망해 본다.

내 고향 송정(松亭)

　내 고향은 송정이다. 청량리에서 출발하는 중앙선 열차를 타고 1시간 반가량 원주 쪽으로 가다 보면 양동(楊東)역이 나오는데, 그곳에서 내려서 꼬불꼬불 신작로 8.5km를 가야 송정 마을이 나온다. 그 흔한 버스조차 다니지 않던 두메산골 촌락이다.

　고향에 난 길을 걸어가노라면 넘어야 할 높은 산이 먼저 기다리고, 그 높은 산 고개를 하나 넘고, 내를 건너서 비포장 자갈길을 가노라면 군데군데 옹기종기 초가 마을이 그림처럼 펼쳐져 있고 인공의 흔적이 전혀 없는 자연 그대로의 논밭에는 경계를 긋는 두렁들이 구불구불 구렁이같이 이어져 있고, 깊은 골을 타고 흐르는 시내에는 청정옥수(淸淨玉水)가 흐르고 자그마한 돌 밑에는 각종 물고기와 달팽이가 사이좋게 이웃하며 살고 있다.

　이른 봄부터 동백꽃으로 시작하여 개나리, 진달래, 복사꽃, 앵두꽃, 벚꽃이 장관을 이루고, 이름 모를 야생화들이 산에, 들에, 길가에 나름의 자태를 뽐내며 자연 화폭을 이루고 있다.

사방을 둘러보아도 겹겹이 둘러있는 울창한 송림이 위용을 자랑하고 하늘만 빼꼼히 보이는 아름다운 곳이다.

나의 유년 시절 솜처럼 포근하고 새의 깃처럼 따스하게 정 깊던 그곳! 대자연에 정기를 마음껏 마시며 꿈을 키워왔던 고향! 20리가 넘는 학교를 언제나 걸어서 다녔고 학교가 끝나면 산으로 들로 다니면서 찔레와 시경, 삘기, 진달래꽃으로 허기를 채우며, 냇가 아무 데서나 엎드려 벌컥벌컥 마음껏 먹던 그 달콤한 물맛의 재미에 저녁 해가 넘어가야 집으로 돌아오곤 했던 어린 시절! 오월 단오 즈음에 관솔에 불을 붙여 들고 밤 가재 잡으러 다니던 일과, 날이 밝기도 전에 송이밭에 가서 우거진 송림 사이사이를 헤집고 송이 따면서 기뻐했던 추억들!

여름에 김치를 담그면 우물 옆 물 흐르는 곳에다 쉬지 말라고 보관한 항아리 뚜껑 열고 시큼 새큼한 열무김치 국물 떠먹던 그 맛은 지금도 내 입안에 고스란히 남아 있다.

옥수수를 맷돌에 갈아서 칡 잎사귀에다 떠서 놓고 가마솥에서 통옥수수와 함께 쪄낸 칡 떡과 간 옥수수를 짜낸 국물을 묵이 될 때까지 달여서 만든 올챙이묵과, 감자와 고구마, 보리밥이 여름철 주식이었고, 보자기에다 책과 도시락을 함께 싸고 왼쪽 어깨 위와 오른쪽 겨드랑 사이로 책보를 메고 학교에 가서 점심시간에 꺼내먹는 도시락 속엔 보리밥과 고추장이 범벅이 되어 둥글둥글 뭉쳐져서 자연 비빔밥이 돼버린 그것을 맛있게 먹었던 가난한 추억들……

추수가 끝난 논배미마다 벼 이삭 주워서 공책 사 쓰던 아련한 기억들! 눈이 많이 내린 날 아침엔 몽둥이 하나 들고 노루, 토끼 잡으러 주먹밥 허리에 차고 형님들 뒤따라 눈 덮인 산을 온종일 뛰어다니던 일이며, 밤이 이슥해서 총 떡과 메밀국수 눌러 먹던 즐거움, 저장용으로 땅속에 묻어 놨던 무수를 꺼내서 깎아 먹던 시원하고 달콤한 그 맛은 세상이 아무리 변했어도 잊지 못하리……

소 풀 뜯기러 들에 나가 팔베개하고 누워 티 없는 맑은 하늘을 바라보며 가슴속 꿈의 날개를 펼치며 상상의 세계를 꿈꾸던 어린 시절의 그리움!

지금 그곳엔 비포장이었던 도로엔 까만 아스콘이, 정겹던 초가집은 자취를 감추고 울창한 송림은 삭막한 잡목이 대신하고, 떡 감으며 마시던 청정 옥수는 오염으로 가득하고 순수하고 정답던 넉넉한 인심들은 어디로 갔는지 그리운 추억만이 아쉬움을 토해내며 예 그린 속에만 잠겨 있다.

나무 한 그루 풀 한 포기까지 섬세한 사랑과 추억이 숨 쉬는 사랑스러운 내 고향 송정! 그곳엔 언제나 나의 부모 형제들의 꿈과 숨결이 떠나지 못하고 항상 맴돌며 그리움을 더해가는 혈육의 도가니 같은 그곳임에 더더욱 잊지 못하고 그리워하는지도 모를 일이나, 추억 속에서는 변함없이 나를 반기고 심신이 피로할 땐 언제나 달려가 안기고 싶은 그곳이 엄마의 품속처럼 그리워진다.

유일하게 남아 있는 죽마고우(竹馬故友) 한 친구! 가끔 찾아갈 때면 모든 일 뿌리치고 반겨주는 모습에서 고향의 애틋함과 정겨움에 위로되어 돌아올 수 없는 옛이야기 시간 가는 줄 모르고 주거니 받거니 한잔 술로 시름을 달래 본다.

벗(朋)이 좋아
벗 집에서

벗과 함께
한잔 술 하니

채우는 잔마다
기쁨이 넘치고

비우는 잔마다
추억이 흐르네

초순배(初旬杯)는
동심배(童心杯)

중순배(中旬杯)는
꽃동산

가랑비에 옷 젖듯
취기도 향기로워!

나는 위선자

하루의 일과가 어떻게 지나는 줄도 모르고 벽두부터 동동거리며 일상의 시작이 열리면, 깜짝할 사이 하늘에 별을 바라보게 된다. 습관적으로 하는 일상의 부분에서 몸의 피로와 메말라가는 마음의 황폐 해감을 느끼면서도 여유롭게 숙고할 수 있는 준비된 시간이 나에겐 허락되지 않음을 한탄만 하고 바보처럼 그러한 시간이 오기만을 기다렸음이 참혹하리만큼 부끄러운 느낌을 받았다.

어느 날인가? 목이 하도 말라서 콜라 한 캔을 사서 운전을 하면서 즐겁게 마시며 가는 도중 길옆 쓰레기통을 뒤지는 흑인 여성을 보게 되었다. 마침 그 옆이 나의 작업장이므로 차를 세우고 그 여인을 관찰하고 있었다.

재활용 물품을 거둬가겠지. 짐작하면서 남루한 그녀의 외모로 볼 때 그렇게나마 살고자 하는 그녀의 끈덕진 생의 연민을 느끼면서 이렇게 나 천차만별 생의 모습이 있음을 보는 간극(間隙)에서 그래도 나는 행복하다고 자위(自慰)하는 순간, 내 눈을 의심하는 사건이 생긴 것이다.

쓰레기통을 뒤지던 그녀가 무엇인가? 열심히 먹고 있는 것을 보는 순간, 나도 모르게 쫓아가 그것을 빼앗아버렸다. 이곳 날씨는 시간대로 모든 음식물이 부패해 버리는 더운 날씨인데 먹다 남은 피자 조각을 그것도 포장도 뜯긴 그것을 게걸스럽게 먹는 그 얼굴에는 잔잔한 평화로움이 물결치고 있었다.

나는 그녀의 손을 잡고 그리 멀지 않은 '도넛' 가게로 가서 그녀가 먹을 만큼 사 주고 거스름돈을 그녀의 손에 쥐어주고 돌아와 작업하면서 많은 생각을 했다.
쓰레기통 속에서 먹다 버린 피자 한쪽을 발견하고 그것을 먹고 있는 그의 얼굴에 비치는 행복스러움의 실체는 도대체 무엇이었을까!

인간들이 살아가는 형태는(국가와 인종을 초월한) 같음을 느끼면서 더 많은 부의 여유로움을 동경하고 모든 여유로움에서 왜 나만이 제외되어 이렇게나 당당 거리면서 살아가야 하는지 평소의 불만들이 더 없는 죄스러움으로 양심을 울리고 있었다.

나에겐 지금 먹고 입고 잠잘 수 있는 모든 환경이 준비되어 있지만 그러한 환경을 지키기 위하여 힘쓰는 수고로움 때문에 힘들어하는 것은, 모든 혜택을 힘들이지 않고 거 져 바라는 바보스러운 생각의 포로 생활이 이렇게나 나를 메마른 인간으로 성장시켰다는 생각을 해 보면서, 목마를 때 콜라 한 캔의 값이 그것조차 없는 자에겐 얼마나 요긴하게 쓰이겠나 생각하면서 내 생활에 사치스러움을 돌아보게 했다.

남을 돕는다는 것! 나의 욕구 충족을 만족시킨 후에 여유분으로 남과 나눈다는 생각 자체가 얼마나 부끄러운 일인가를 되짚어 보면서, 진정한 나눔이란 심연 속에 잠자는 깊은 사랑의 일깨움으로부터, 내가 아끼고 갖고 싶은 그것을 남에게 흔쾌히 주는 마음, 내가 꼭 써야 할 그것들을 아낌없이 주는 마음이 진정한 나눔이 아니겠나 생각하면서 나의 생활 주변부터 다시 한번 돌아보고 한 톨의 쌀이라도 아끼고 절약하여 얼마 되지 않는 돈일지라도 불우이웃을 돕자고 다짐해 본다.

나 혼자만의 힘은 미약하지만, 이 작은 생각들이 모여 실천에 옮겼을 때 불우한 이웃들의 웃음을 상상해 보면서 '십시일반(十匙一飯)'이란 단어를 되짚어 본다.

길치

내가 태어나 자라온 나의 고향은 높은 산들이 병풍처럼 사방에 돌려있고 사시사철 꽃으로 뒤덮인 그곳엔 새들 지저귐과 노랫소리가 그치지 않던 곳이었다.

여름이면 졸졸 흐르는 개울가에 물봉숭아가 지천으로 피어서 꿀 따는 벌들의 날갯짓은 새들 노랫소리에 춤을 추고, 흐르는 물 거슬러 올라가며 꼬리 흔드는 중타리의 춤사위는 한 폭의 예술품이었고, 늦가을 산이나 냇가에서 피어나는 서리꽃이 여물 때면, 참나무 소나무 위에 흐드러지게 피어나는 눈꽃은 모방할 수 없는 아름다움이었지!

추석 다음 날이나 그다음 날은 일 년에 한 번 치루는 운동회 하는 날엔 운동장을 온통 뒤덮은 만국기의 펄럭임 속에, 확성기에서 들려오는 흥겨운 동요가 힘차게 사방으로 퍼지는 학교엔 그야말로 가장 흥겨운 잔칫날이다. 백 미터 달리기, 장애물 경기, 두 사람이 왼쪽 발과 오른쪽 발을 묶고 달리기, 줄다리기, 엄마나 아빠하고 같이 달리기, 대나무로 만든 큰 바구니를 맞엎어 봉해놓은 것을 높은 막대기에 달아놓고 청군 백군으로 편 갈라 바구니에 오재미를 던져서 빨리 터트

리는 편이 이기는 놀이에서 바구니가 터지면, 잘게 썬 색종이가 공중에서 흩어지는 화려하고 눈부신 모습과 함께, 바구니 속에 담겨 있던 긴 종이가 풀리면서 점심시간을 알려준다. 평상시 못 먹던 쌀밥이나 김, 소금가마니 속에 여름내 묻어놓았던 짜디짠 자반, 사이다, 사탕과 응원 나온 식구들 동네 사람들과 함께 먹는 점심 맛은 지금도 잊지 못하지! 고사리 같은 많은 손이 합동으로 노래에 맞춰 추는 유희는 지금 회상해 봐도 앙증맞고 고운 모습에 웃음꽃이 절로 피어나고 온 동네가 왁자지껄 고함과 웃음이 어울리는 시끌벅적한 시간이 저녁노을이 희미하게 번질 때면 운동회가 막을 내린다.

    초등학교 시절 봄가을이면 소풍을 갔다. 지금처럼 버스나 자동차가 시골엔 없던 시절이어서 멀리 갈 수 없는 형편인지라 학교 주변 냇가나 산으로 가는 단골 소풍 장소이지만 소풍 가기 전날 저녁엔 늘 마음이 설레고, 어머니가 준비해 주신 도시락, 과자와 사탕을 큰 보자기에다 함께 싸서 어깨에 둘러메고 신나게 학교로 달려갔었지!
    점심 먹고 조금 있다가 보물찾기가 이어지면 왜 그리 하나도 찾지 못하는지, 친구가 찾은 보물 표를 인심 쓸 때는 미안함과 감사한 마음보다 잘 찾는 친구가 부럽고 존경스러운 마음이 항상 앞을 섰다.

    보물찾기뿐 아니라 무엇을 찾는 데는 예나 지금이나 변함이 없어 지금도 무엇을 찾으려면 눈이 한참을 헤매다 보면 바로 옆에 있는 것을 보고서 실소를 금치 못한다.
    부족한 것인지 미련한 것인지 나 자신도 구별하지 못한 '징크스'가 일상을 불편하게 만든다. 성남 작은 누님 댁에 가면 몇 번을 다녀도 갈 때마다 헤매서 아내한테 늘 핀잔받는다.
    똑같은 골목에 똑같은 집들이 하도 많아 찾지 못하고 헤매면, 미소 머금은 얼굴로 따라오던 아내가 찾는다. 천생연분이라 했던가. 처가의 형제들은 길 찾는 데는 모두 도사다. 내 아내도 한 번 가 본 길이나 집은 오랜 세월이 지나도 족집게처럼 찾아냄을 보면서 나 같은 길치의 안내자로 하나님이 보내주셨음을 믿지 않을 수 없다.
한번 가 본 길이나 집 찾기는 언감생심이고 특히 왕복 4차선 이상 넓은 도로에서는 갈 때는 그럭저럭 가지만 그 길을 다시 올 때는 너무 생소하여 헤매기 일쑤다.

갈 때는 오른편만 보였고 올 때는 반대편만 보기에 생소한 생각이 들면 그때부터 잘못 가는 게 아닌가. 당황하기 시작한다. 어디를 가려면 늘 아내인 길라잡이를 대동하는 번거로움도 일상이 돼버려 번거로움도 모른 채 지금껏 살아오고 있다.
나 같은 길치에게도 살아갈 길을 열어 주는 '내비게이션'이 있기에 고맙기 그지없다.
이젠 어디를 가더라도 두렵거나 망설임 없이 가지만, 갈 때 올 때 항상 '내비게이션' 신세를 지고 있어서 불안감이 없다.

반년 전의 일이다. 옛날엔 목욕 수건에다 비누를 묻혀서 몸을 닦곤 했는데 딸의 권유로 요즈음엔 보습제라나 뭐라나 파란 액체를 목욕 수건에 묻혀서 닦아보니 거품도 풍성하고 비누처럼 수건에 비비는 번거로움이 없어 편리하여 애용하고 있는데, 어느 날 샤워실에서 몸을 닦으려고 파란 액체를 찾으니 보이지 않았다. 눈이 시원찮아 웬만한 글씨는 희미해 가름하지 못하는지라 발가벗은 채로 안경을 가지러 가기도 뭣하고 마침 딸이 집에 있어서 딸에게 큰 소리로 말했다.
"얘야 내가 쓰던 액체비누 어디 있니?"
"아빠, 욕실 옆에 있잖아요? 파란 색깔 나는 거 쓰시면 돼요"
두리번두리번 둘러보니 파란 색깔의 액체가 있어 목욕 수건에다 적셔 몸을 닦으니 상쾌한 향과 거품이 만족스럽게 일고 있었다.

두 달 동안 샤워할 때마다 그것에 만족하며 쓰고 있던 어느 날, 딸이 내가 쓰던 병에 샴푸가 많이 줄었다고 고개를 갸웃하고 있기에 "그거? 아빠가 샤워할 때마다 썼지."

딸이 깜짝 놀라면서 "헐, 그게 강아지 샴푼데 아빠가 몸을 닦으셨다고? 나 미쳐 미쳐, 아빠, 모르면 읽어보고 쓰시지!"

"아빠가 물었을 때 네가 대답했잖아? 파란 액체라고!"

딸이 답답해하며 샤워실로 들어가서 가지고 나와서 하는 말 "여기 개 그림이 있잖아요."

내가 보니 그제야 개 그림이 보였다. 두 달을 사용했으면서 어째서 의심 한번 하지 않고 살펴보지 않았을까? 내가 그것을 사용할 땐 그것을 들어서 사용할 필요도 없고 위에 있는 버튼만 누르면 액체가 나오니까 놓아둔 그대로 사용했는데 공교롭게도 개의 그림은 벽면으로 붙어있었기 때문에 발견을 못 했던 거였다.

어이없기는 나도 마찬가지였다. 얼마 동안 내가 개가 되었었구나! 이 '해프닝'이 끝난 후 몇 개월이 지났다. 이를 닦으려고 치약을 찾았으나 치약이 보이지 않았다.

두리번거리며 찾는데 보통 치약보다 약간 긴 튜브로 된 것이 있어 글씨가 잘 보이지 않아 방에 가서 안경을 가져오자니 번거로워 포기하고, 읽어보려고 눈을 똑바로 뜨고 보았다. 전체가 영어로 되어있어 대충 훑어보니 작은 글씨는 볼 수가 없고 그나마 큰 글씨가 영어로 'Clean & Clear'라 쓰여 있어서 지레짐작으로 맑게 청소해 준다고만 생각하고 그것을 칫솔에 묻히고 보니 보통 치약보다 약간 굵기가 굵었다.

어쨌거나 치약과 같이 흰색이고 하여 이를 닦는데, 입안이 화끈화끈하면서도 거품은 만족스럽게 입 안 가득 넘쳤다. 하지만 깨끗이 치아 청소를 끝낸 기분이 어째 개운치가 않았다.

직감이 이상해서 방으로 그것을 가져와 돋보기 쓰고 읽어보니 밑에 'Deep action'이라고 쓰여 있고 모공을 깊숙이 청소한다는 문구를 보는 순간 아연실색하지 않을 수 없었고 딸한테 창피하고 부끄러워 아무 말도 못 하고 냉가슴만 쓸어내리고 말았다.

딸들이나 아내가 물건을 가져오라고 부탁하면 대답은 금방 던져놓고 찾는 시간이 너무 길어 답답한 본인들이 와서 물건을 가져갈 때가 늘 있는 일인데도, 왜 자꾸 시키면서 답답해하는 이유를 모르겠지만 아마도 훈련을 시키려는 의도로 짐작만 할 뿐이다.

어렸을 때나 늙은 지금이나 맞는다고 생각되면 무조건 믿는 습성이 의심조차 불허하는 성격으로 변해서 이렇듯 실수의 연발을 저지른다.

믿기 때문에 전후좌우를 살필 필요가 없고, 다르다는 의심이 있어야 틀린 것을 찾아보는, 눈의 여행을 시켜줘야 선별할 능력이 생기는데, 그것에 우둔한 나의 습성이 허다한 모순을 남긴다. '돌다리도 두드려 보고 건너라'는 속담이 있듯이, 그 속담을 되새겨보기는커녕 찬찬함과 조심성이 없는 나를 지금껏 보살피고 50년을 살아온 아내에게 한없는 고마움을 드리고, 여기까지 탈 없이 지켜주신 높으신 분께 무한한 감사함을 드린다.

기도

　전지 전능하사 만물을 주관하시는 하나님! 영혼이 메마르고 공의에 굶주린 어리석은 한 인간이 참회의 마음으로 주님 앞에 경건히 무릎을 꿇었습니다.
　지금껏 하나님의 은혜로운 보살핌도 알지 못하고 주관적인 고집으로만 생각했던 편협한 인간 여정에서, 나름대로 모나지 않고 막힘이 없는 세상 이치에 순응한다고 자만하면서 살아왔사온데, 늦게나마 하나님 말씀을 대하고 성스러운 믿음의 싹이 트는 순간 깊은 감회와 후회가 교차하면서 한없이 부끄러워지는 것은 어쩐 일가요?
　남을 이해하고 용서한다는, 마음속에 뭉쳐진 알맹이는 그대로 남긴 채 용서와 사랑이라는 위선으로 감추었습니다. 남을 돕는다는 미명 아래 자신의 이익을 먼저 계산했으며, 형제를 사랑하기보다는 원망과 질책이 우선 하였고, 옹 틀어진 마음을 덮어둔 채 억지로 한 화해가 얼마였습니까?
　하나님! 사탄이 가득한 육신 속에 신령한 영혼은 시들어 가고 쾌락과 탐욕이 시기와 질투를 잉태시키고 자기 생각만이 최선이고 남의 생각은 일고의 가치조차 없다고 억지인지도 모르면서 억지를 부리며 상반된 의견으로 다투기 일쑤였고 우위 선점을 위해서 쓸데없는 자존심 경쟁을 했습니다만 끝난 뒤의 허전함과 후회와 뉘우침은 일말의 양심이 남았음일까요?

하나님! 애절하고 애통함으로 바라옵기는 불쌍한 내 사람 그 여인에 갈라진 영혼을 어루만져 주셔서 짓눌린 마음고생 주님 향한 충만한 사랑으로 세상 그 누구보다 행복한 삶의 길로 인도하여 주소서!

공허한 그의 가슴속에 사랑을 주시옵고. 이해와 화해가 진정한 용서로서 용해될 수 있도록 따뜻한 입김을 불어 주옵소서. 그의 입술을 통하여 나오는 말씀들이 듣는 이로 하여금 희망과 용기를 줄 수 있는 신실한 말씀으로 덮어주시고 모든 질투와 시기와 시샘의 다툼 속에서 하나님의 완전하심처럼 아름다움으로 승화시킬 수 있는 크나큰 힘을 주옵소서!

탄생에서 지금까지 온전한 행복한 번 누리지 못한 불쌍한 여인에게 남은 생애나마 넘치는 행복 주시옵고 영과 육에 충만한 건강 주옵소서!

저의 아들 지금 물질의 어려움으로 고민하고 있습니다. 하나님! 그에게 흡족한 물질 축복 보내주시옵고 사업에 방해되는 걸림돌들을 하나도 남김없이 거두어 주셔서 탄탄대로처럼 사업의 번창을 확인시켜 주셔서 주님 사업 보탬 되는 재목으로 쓰사옵고 그에게 가족을 지킬 수 있는 지혜와 건강을 허락하시옵고 육적인 주관으로서의 사업 결정 막아 주시고 시작부터 맺음까지 주님 뜻대로 행할 수 있는 크나큰 지혜 문을 열어 주시고, 자기 눈에 들보는 보지 못하고 남의 눈에 티를 흠잡는 어리석은 인간이 되지 않게 잡아 주소서. 신분상에 미완성인 그에게 일거수일투족을 주님 참견하셔서 완성으로의 탄생에 실체를 보여주소서!

저의 며늘아기 시어머님과 남편의 의견에 순종하며 불에도 녹지 않고 추위에도 얼지 않는 인내와 용서의 아름다운 마음을 채워주소서!
 어린 자녀들에게 훌륭한 엄마로서 사랑과 지혜의 기름을 부어 주시고, 우리 집안에 없어서는 아니 될 너무나 귀중한 그녀이오니 충만한 건강축복 주셔서 집안 화합에 중매를 감당할 수 있는 크나큰 힘을 주옵소서!
 살아오는 동안 부족했고 서운했던 모든 일들을 주님 앞에 남김없이 고하여 거룩한 사랑으로 진정한 아름다움으로 승화시킬 수 있는 긍휼을 부어 주소서!
 소람, 소정, 재용이 그 어린 영혼들에게 상처 주지 마옵시고 물질 충만, 은혜 충만, 사랑 충만, 건강 충만을 주셔서 천진한 웃음소리가 집안 가득하게 향기 넘치는 꽃송이로 키워주시옵고, 주님 찬양하는 기도와 찬송이 항상 함께하는 생활 되도록 허락하여 주옵소서!
 우리 큰딸 출산이 가까워져 오고 있습니다. 태아와 산모의 건강을 지켜 주셔서 기름 길로 미끄러지듯 순탄한 출산 도와주시옵고 남편에 순종하고 신실한 사랑과 존경 속에서 시 부모님 섬길 수 있는 지혜와 인내를 키워주시옵고 가렸던 손바닥을 치우고 넓은 하늘과 바다를 볼 수 있는 혜안을 높여 주옵소서!
 착한 이 서방 그의 꿈 성취하고 하는 일마다 마다 만사형통하도록 도와주시옵고 그들 처음 사랑 백발까지 변함없도록 인도하여 주시고 건강 지켜 주셔서 탄생하는 애기 아빠로서 책무와 소임을 능히 감당할 수 있는 힘을 주옵소서!
 막내 향아는 자신의 환경과 처지를 가늠할 줄 아는 참다운 지혜를 주셔서 신기루만 쫓는 허망한 삶을 살게 마옵시고 거듭나게 하옵소서. 무엇이 허실이고 어떤 것이 진실인지 가늠할 수 있는 혜안을 주시옵고 주님 앞에 참회의 눈물 흘릴 수 있는 참믿음을 주옵소서!
 원하옵건대 저의 믿음이 곁가지 되게 마옵시고 스산한 가을바람 아쉬움만 남긴 채 못다 한 서글픈 핏빛 사연 속에 말없이 누어버린 낙엽 되게 마옵시고 독야청청 변함없는 믿음 되게 하옵소서!
 모진 장마 된서리 타는 듯한 가뭄에도 쭉정이가 되지 말고 알곡으로 추수할 알찬 열매 주옵소서!
 열 가족 열 손가락 어느 하나 아파 오면 그 아픔이 저의 아픔 그 슬픔이 저의 슬픔 그들 하나하나 시험 들게 마옵시고 모진 풍파 세상 속에 흔들림 없는 굳건한 믿음과 찬양 주옵소서!
 아멘

고희(古稀)를 맞으며

　길다면 긴 세월 짧다면 짧은 세월이지만 지겹도록 가난했던 그 세월 속에서, 험한 일 궂은일 가리지 않고 오늘보다는 내일의 행복한 꿈을 이루려 고군분투했던 젊은 날의 추억을 되돌려 본다.

　비록 생활의 여유로움은 예나 지금이나 별로 달라 짐은 없겠으나 착하게 자라준 세 자식과 티 없이 자라는 손자 손녀들을 보면서, 고행 속에서나마 행복한 웃음과 기쁨을 누리는 것은, 지난 세월의 보상으로 내리시는 하나님의 은혜가 아닐까 생각해 본다.

　첫째 손녀 소람 이의 탄생 때의 그 기쁨, 둘째 손녀 소정이 탄생의 행복함을 보면서 자연분만할 수 없어 제왕절개로 두 손녀를 보면서 딱하고 가여운 우리 새 아가의 고생에 미안해했었지! 친정어머님의 권유로 아들을 낳아야 한다는 말씀에 자기의 생명을 담보로 세 번째의 제왕절개 수술을 감행하여 아들을 낳아준 우리 새 아가에게 어떻게 보답해야 고마움을 표현할 수 있을까!

자기 엄마의 생명을 담보로 태어난 손자가 어느새 커서 초등학교 4학년, 콩나물처럼 예쁘게 자라주는 재용이를 볼 때마다, 대를 잇겠다는 새 아가의 헌신에 부족한 시아비는 늘 고마움으로 가슴속 풍만을 이루고 있지!

어디 그뿐이겠나, 풍족하지 못한 시집살이에 일터로 나가 돈을 벌면서 늘 웃음을 잃지 않는 그의 모습 속에서, 아름답고 예쁜 며느리를 주신 하나님의 사랑에 무한한 감사를 드리곤 한다.

외손자 도규가 돌도 되기 전 할아버지 따라 고국 방문했을 때의 일이었지! 어린아이와 함께 갈 수 있는 외출이 아니었기에 외손자 몰래 허겁지겁 파자마를 벗고 나갔을 때, 할아버지가 없음을 알고 벗어놓은 파자마를 끌어안고 울고 있었다는 그 모습을 그리면, 아름다운 추억을 만들어준 외손자의 어렸을 적 모습에서 행복이 샘솟고 입가엔 언제나 웃음꽃이 핀다.

어찌 그뿐이겠나, 할아버지가 일하고 돌아와 샤워할 때면 목욕탕 앞에 쪼그리고 앉아 샤워 끝나기를 기다리는 어린 외손자의 모습에서 늘 사랑이 샘물처럼 흐르고 한날의 피로가 말끔히 가시고, 그 기쁨을 주던 외손자가 어느새 초등학교에 다니고, 둘째 외손녀는 스스로 '라푼젤' 공주를 자인하면서 예쁜 신발과 드레스의 수집에 열중하는 다섯 살배기 다연 이의 재롱에 삶의 기쁨을 느끼고 행복한 포만감에 늘 감사를 드리곤 한다.

오십 살 전후의 일이던가 집사람이 바다가 보고 싶다고 말했을 때 모른 척, 한 번도 바다 구경 시켜주지 못한 일이 지금도 가슴에 멍울져 죄스러움의 그늘 속을 피할 길 없다. 갱년기의 여자 마음 얼마나 답답했으면 그토록 염원했던 바다를 한 번도 같이 가 주지 못한 미련한 남편을, 오십여 년 살아오면서 쌓여온 온갖 여한이 그 가슴속을 까맣게 멍 들여놓았겠지 생각하면 미안한 마음 가눌 길 없다.

집사람 위주의 생활이 아닌 내 생활 위주로 살아왔던 지난날의 세월! 이제 얼마 남지 않은 시간, 그동안 못해 준 사랑의 표현, 그 아름다운 마음의 꽃을 당신께 바치리라 마음 다짐해 본다.

갓 피어 하늘만 바라보는 벼나, 조 이삭들이, 가을이 오면 무르익어 7자처럼 고개 숙이고 있는 모습들을 바라보면서, 위로만 바라보며 살아왔던 젊었을 때의 일상들이 알알이 여물어, 다소 곳 머리 숙이고 있는 곡식들의 7자 모습처럼 인생 70의 정상에 서서, 세상 떠날 때까지 밑을 바라보며, 당신과 함께하는 아름답고 감사한 삶을 살아가기를 염원하면서, 주님이 내리시는 깊은 사랑에 감사함을 드린다.

거울

어느 날이었던가 거울 앞에 서는 일이 있었다.

평소에는 거울과 나의 만남은 그리 쉬운 일이 아니었지만, 그날은 결혼식 참석을 위해 머리에 기름도 바를 겸, 입은 와이셔츠와 넥타이 색깔이 어울리는지 확인도 해 볼 겸, 거울 앞에 시게 되었다. 거울 앞에 서고 보니 정작 해야 할 일들은 까맣게 잊고 늙어버린 얼굴이 나를 흘기며 점점 더 크게 다가오고 있음을 보았다.

거울을 사이에 두고 나와 또 다른 나와의 말 없는 회한의 눈빛만을 교환하면서 수많은 시간이 지나간 주름 사이사이에, 씻기지 않은 세월의 침전물을 바라보며 '큰 바위 얼굴'을 동경했던 소년 시절의 꿈이, 이렇게 찌그러진 모든 게 변한 모습에 계면쩍은 웃음이 나도 모르게 흘러나왔다.

겉모습조차도 관리를 못 한 이 게으름이, 보이지 않는 마음속은 얼마나 더럽혀졌을까? 육신을 비취는 거울 앞에서는 이렇게 신경을 쓰면서도 영혼의 빈곤함을 별로 느끼지 못한 나의 우매함에 실색(失色)

하면서 무엇보다 중요한 것은 외모가 아닌 마음임을 자각(自覺)하며, 형체도 없고 빛도 없으면서 마음속 끝까지 낱낱이 비추시는 하나님의 거울 앞에서 나의 본모습을 바라보았다.

 감추려야 감출 수 없는 그 거울 속에는 위선과 거짓이 낱낱이 투영되고 그 투영되는 자신을 보면서 당혹감을 감출 수 없었다. 이것은 분명 내가 아닌 다른 사람이라고 억지를 부리고 싶도록 창피하고 참담한 몰골을 보면서 얼굴이 뜨겁고 부끄러웠다. 지나온 세월에 대해 아쉬움이 왜 없으리오만, 네 바퀴가 굴러야 수레가 움직이듯, 내 삶의 한 바퀴도 열심히 굴러 수레의 움직임에 보탬이 됐으리라는 빈곤한 자찬(自讚)으로 위안을 삼아보며, 앞으로 남은 시간 속에서나마 영혼의 빈곤함을 부지런히 채우며 하나님의 거울 앞을 떠나지 않고 수시로 비춰보기를 마음 다짐하면서, 이웃의 삶에도 어울려 함께 울고 웃을 수 있기를 염원 해 본다.

거울 속에 비취는
나의 모습 속에서
당당 거리며 달려온
조급한 삶의
찌든 때가 보이고

세월이 할퀴고 간
상흔(傷痕) 사이사이에서
긴 시간의 여행
추억을 읽는다.

기쁨과 슬픔의
모든 기억이
되돌이표 되어
까마득한 세월을
되돌려 놓고

입가에 피어나는
서러운 웃음꽃은
연민(憐憫)의 눈물 되어
마음속을 적신다.

4부 /

행과 불행의 틈

　멈춤 없이 흐르는 물은 한가한 여유를 주지 않고 계속해서 새로운 물들이 밀고 내려와 밀려가고 있음을 보고 있자니 인생의 시간도 저렇게 새로운 시간에 밀려 멈출 사이 없이 흘러가고 있어 현재라는 이 시점은 세상에 다시 있을 수 없는 시간임에 너무나 소중함을 느꼈다.

거목

지난 5월 15일 저녁 7시 30분 First Church Of the Nazarene 현관문을 열고 들어가는 순간 차분하고도 장엄한 멜로디가 울리고 있었고, 열두 분 장로님들의 온 힘을 다하는 믿음의 고백인 '주 사랑해' 찬송이 단조로운 무대 위에서 은은히 비취는 불빛을 타고서 넓은 교회 안 우리 영혼을 하나하나 어루만지며 마음에 안식을 뿌리고 있었다. 행사 시작보다 조금 늦게 도착한 터라 자리 찾아 앉고서 야 복음의 전령사이신 귀하신 장로님들을 한 분 한 분 바라볼 수 있었다.

곧이어 '죄 짐 맡은 우리 구주' 찬송이 이어지고 그 찬송을 속으로 따라 부르며 무한한 기쁨과 감사함이 눈물로 솟구치고 있었다. 이어지는 '험한 십자가 능력 있네'의 찬송은 멜로디마다 가사 구절구절 내 마음을 그렇게나 아프고 저리게 파고드는지, 첼로의 선율마저 감동의 눈물을 쏟게 하였다.

한 분의 장로님을 제외한 다른 분들은 면식이 전혀 없는 분들이었음에도 전혀 낯설지 않은 느낌은 분위기 때문이었을까 압도하는 그분들의 Charisma 때문이었을까?

 사랑하고 존경하는 장로님이 LA 장로 중창단 단원으로 활약하고 계신다는 것도 최근에야 알았고 또 그분 때문에 은혜로운 찬양의 밤에 초대되어 감동의 눈물을 쏟으며 만끽한 은혜는 두고두고 마음에 위안과 평안함이 되리라….

 한국의 농어촌 미자립교회를 돕기 위한 '찬양의 밤'에 앞서 2003년도 한국 국방부 선교 찬양, 2004년 서울 세계 기독 군인 선교 찬양, 2005년 인도네시아 쓰나미 피해 원주민을 위한 위로와 선교 찬양, 같은 해 10월 남미 순회 선교 찬양, 2006년 한국 낙도 지역 선교 찬양, 2007년 일본 순회 선교 찬양, 2008년 미국 동부지역 선교 찬양, 2009년 세계 기독 군인 콜로라도 덴버 대회 선교 찬양 등 하늘의 부르심을 받은 복음의 거목들 속에 내가 존경하는 장로님이 계신다는 자랑스럽고 뿌듯한 마음과 함께 역시 우리 장로님이 그렇게나 크신 거목인 줄은 알지 못했다. 거목 밑에 항상 있으면 느끼지 못 함처럼 모처럼 연주회라는 자리를 통해서 밖에서 안을 바라보니 그 큼을 알고 느끼게 만들어 준 밤이었다.

 아쉽게도 연주회를 끝까지 보지 못하고 떠나야 하는 마음이 아쉬움과 서운함을 뒤로 한 채 발길을 돌려야 했다. 짧은 시간이었지만 행복했던 시간이었고 은혜로운 시간이었다. 오는 길 내내 마음의 평안이 기쁨과 감사함으로 변모되고 벅찬 생의 환희를 경험하는 시간이었다.

행동경제학으로 본 사랑의 변천

　세상 속에 변하지 않는 것이 없다는 정설 속에서 인간의 마음이 수시로 변하는 것은 당연할지도 모르겠다. 사랑도 같은 길을 걷는 동안 수시로 변화됨을 삶의 궤적을 통하여 확인됨을 뒤늦게 알게 되면서 사랑도 경제를 떠나서는 홀로 설 수 없다는 생각에 사로잡힌다.
　경제 분야뿐만 아니라 사랑도 주는 만큼 또는 더 많이 받기를 원하는 손익계산에 얽매는 이전투구 속에 이성을 모질게 배반하며 사는 게 우리네 인생이 아닌가 자문해 본다.

　행동경제학에서는 전통 경제학에서 입증하기 어려운 인간의 감정과 심리가 반영된 인간 행동의 본성을 연구하고 얽혀있는 인과관계를 파악하는 학문이다.
　사랑을 행동경제학에 대입해 보는 일이 가능할지에 대해서는 자신 있게 대답하지는 못하지만 사랑도 경제 속에서 동떨어질 수 없는 불가분의 관계가 성립된다면 수시로 변하는 사랑의 모습 또한 경제와 밀접한 연관 속에서 감정과 이성, 침묵 사이에서 나는 어떤 선택을 했나 지나온 세월을 거슬러 회고해 본다. 아무리 사랑이 깊다 하더라도 세상을 살아가면서 의, 식, 주 문제와 비교의 나쁜 습관, 부정적인 생각, 자기 옹호, 초조, 불안, 욕심의 늪에 빠지게 되면 틈이 벌어지고 사랑의 온도도 내려간다. 젊었던 시절 살아오면서 이혼을 생각해 보지 않았던 사람 몇이나 될까.

경제 원론에서 일반 재화의 가격 결정이란 '공급곡선'과 '수요곡선'이 교차하는 곳에서 가격이 결정된다고 말하고 있는데 처음 만나 결혼에 이르게 되는 '에로스'란 사랑의 재화는 독점 재화이다. 공급자도 하나요 수요자도 하나인 '완전독점' 체제이다. 이러한 독점은 한 경로로 집중적으로 거래되며 그 외의 경로로는 거래가 성립되지 않는다. 수요자와 공급자가 서로 만나 거래를 할 수밖에 없는 유통구조이다.

만남의 두 사람은 각각 공급과 수요의 교차점에서 거래가 결정되는 데는 어느 재화와 비교해 다름은 없겠으나 주위에 너무 좋은 재화가 넘쳐나지만, 가슴으로부터 나오는 감성적인 이 재화를 만나면 미칠 것 같이 모든 게 좋아 보여서, 누구의 충고와 반대에도 귀가 닫혀버리는 자신이 조절할 수 있는 게 아닌 극히 이기적인 재화이며 제삼자와 나눌 수도 없는, 너와 내가 합쳐진 통합된 충만감의 사랑은 눈에 콩깍지가 덮이는 '초두효과'가 결정적으로 큰 영향을 미치며 당장 구매하고 싶은 생각에 이성적 결정이 아닌 감정적 결정을 선택하는 '시간선호' 현상에 빠지게 된다. 50 몇 년 전 본인도 이 현상에 빠져 주위의 극심한 반대에도 결혼하여 희열과 행복, 공포와 좌절도 경험했다.

이 재화는 처음에 만족했던 재화의 질이 세월이 흘러갈수록 낮다는 생각이 들기 시작하지만, 반납하기에 껄끄러워하면서도 '보상 심리'와 '대체재'에 마음을 어지럽힌다. 일방적인 생각이지만 소득(사랑)은 그대로인데 물가(욕심, 욕구)가 계속 오른다면 소득(사랑) 자체가 줄어든 것처럼 느껴진다. 빈약해 가는 공급에 수요조차 하향곡선으로 기울며 나만 손해를 본다는 생각의 권태기 속에 우리란 울타리가 허물어지고 나와 네가 다시 나타나며 한 그루의 나무에서 숲이 보이기 시작하고 '효용 가치'는 내리막길을 걷고 있다. 그렇지만 이미 가지고 있는 재화에 대한 '손실 회피심리'의 미련 속에 고민하면서 친구들과 또는 동호회와 취미 생활에 재미를 얻는 '필리아'란 사랑의 재화를 '디저트'로 위로 삼는다. 생활이 이어질수록 생산자와 수요자는 '완전독점' 체제로 시장 지배력을 장악했다고 오인한다.

경제 이론에 따르면 '완전독점'의 가격은 산출량이 '한계수입'과 '한계비용'이 일치하는 수요 가격으로 결정지어지는데 이미 그 체제는 '쌍방 독점체제' 안에 묶여있는 것을 간과하지 못한 이기적인 생각을 벗어나지 못하여 생산량과 수요량에 대한 가격을 놓고 서로 밀고 당기는 타협을 위한 치열함을 보이며 선택 잘못에 대한 후회가 몰려오고 '통제의 환상'을 믿었던 자신의 어리석음을 생각하며 씁쓸함이 몰려오지만, 현실에 필요한 '필수재'에 발목 잡혀 공동 관심사로 함께 힘써 살아가는 동안 피로 맺어진 양가의 친척과 형제들의 잦은 왕래로 우애가 돈독해지는 '스토르게' 사랑의 재화와 함께 '현상 유지편향'으로 가닥을 잡는다. '스토르게'란 사랑의 재화는 '에피투미아' 재화와 '에로스' 재화처럼 반대급부를 필요로 하지 않는 잘 변하지 않는 것이 특징이다. 질이 떨어지고 모자라도 감내하고 애국심으로 구매하는 국산품이나, 고향 재화 같아 인간 내면에 깔린 핏줄의 연민 같은 재화이다.

이쯤에 오면 내가 투자한 '매몰 비용'과 '기회비용'에 대한 모든 것을 포기하게 되고 자녀 교육과 주거 문제 등 해결해야 할 일들이 쌓여 싫든 좋든 서로 의논하고 삐걱대다 보면 어느새 미우나 고우나 '플라토닉' 사랑의 재화로 변화되어 서로 위안되고 의지하면서 5, 60을 넘기는 사이 '아가페' 사랑 재화의 문이 열린다. 의지적인 재화로 돌봄의 행동이 앞서고 자신을 기꺼이 희생하는 이타적인 재화로 상품의 질을 생각지 않고 조건 없이 수매한다. 고귀하고 드넓은 부모님의 사랑처럼 잘잘못을 따지기보다 받기를 포기하고 주기만 하는 헌신과 희생의 의지적 사랑이 정과 혼합된 인간 내면의 속성이 의식 가운데 자리하게 되며 서로의 마음을 묶어주어 정 각각 흉 각각의 미움까지도 사랑으로 연결되는 죽음에 이르러서까지 못 잊는 끝없는 사랑으로 이어진다.

이토록 긴 세월 살아가면서 믿었던 사랑의 변화에 저항을 넘어 순응하다 보면 서로 닮아감을 체험하게 된다. 부부란 오랏줄에 함께 묶여 일생을 같이 간다는 것은 발을 맞춰 걷지 않으면 안 되는 관계요 앞서지도 처져서도 안 되며 나란히 걸어가야 하는 게 부부이다. 손잡고 함께 가는 그 길은 어찌 보면 가슴을 후벼 파는 고통스러운 길인지도 모를 일이다.

경제학도 경제 전반에 알찬 경제 이익을 얻는 게 목표이듯 사랑에서도 목표는 다를 바 없어 모든 장애물의 현혹에서 이성적 판단으로 기나긴 세월을 지나는 동안 영원한 사랑을 찾아야 하지 않을까, 그래서 늙고 병들은 노년에 풍요로운 사랑에 기대서 행복을 누리는 사랑을 얻는 게 목표가 아닐까 생각에 잠긴다.

첫 만남은 몇 주면 족하고 신혼기 4, 5년간 꿈 같은 사랑 속에 살지만, 몇십 년을 다툼 속에서 살고, 평생 서로 참으면서 가는 길은 '에로스'와 '필리아'와 같은 깊고, 넓고, 높은, 험난과 대립하며 수많은 발자국에 자신의 마음을 숨기며 살아가는 길인지도 모를 일이다. 인생 행로의 끝없는 선택과 결정이 반복되는 고달픈 삶 속에서 사랑은 세월 속을 무수히 부대끼고 부딪침을 수도 없이 반복하며 모든 날카로운 부분이 깎이고 둥근 돌로 남아서 기나긴 터널을 지나오는 동안 종착역은 눈앞에 보이기 시작하고 꿈은 세월과 더불어 사라져 가지만 찰나의 현혹을 물리친 후회 없는 결정 덕분에 서리맞아 무르익은 홍시처럼 오랫동안 숙성된 장맛처럼 달콤하고 구수함을 만끽하며 석양빛의 찬란한 노을을 관조하는 여유롭고 아름다운 사랑을 선물로 받았음을 감사하면서 "철들자 망령"이란 옛말이 다시금 새롭게 귓속을 후비며 더 잘해주지 못한 후회스러움이 가슴속을 채운다.

나는 오늘도 버릴 것을 주우러 간다

　요즈음 아내의 정신에 혼란이 오며 기억이 부실하고 인지 능력이 떨어져 무엇을 물어봐도 대답이 없고, 몇 번을 다시 물어야 겨우 귀찮은 듯 대답을 주곤 한다.
　아내뿐 아니라 나도 요즈음 누가 무엇을 물을 때 정확한 맥을 몰라 다시 묻기가 힘겨울 때 알아듣는 척하고 있지만 다시 묻기가 번거로워 반복해 묻기보다는 내가 느낀 대로 긍정으로 주는 대답은 듣는 사람으로는 엉뚱한 대답일 수 있으니 의아하게 생각할 수 있겠다는 것을 알고 있지만 정확한 답을 주지 못하는 때가 한두 번이 아니다.

　아내가 병원에서 치매 진단을 받은 지 5년이라는 세월이 흘렀는데 아직은 삶에 지장을 초래하지는 않았는데 2년 전부터 건강이 나빠지고 밥을 먹기 싫어해서 끼니마다 음식점을 전전하면서 입맛 당기는 음식 찾아 끼니를 때우지만, 그마저도 3분의 일만 겨우 먹는 모습을 보면서 안타깝기 그지없다. 따끈하고 얼큰한 음식을 그토록 좋아했던 아내였건만 요즈음은 입맛도 변해 매운 것 뜨거운 것도 싫어해 음식 고르는데도 신경이 날카로워진다.

치매의 종류도 많지만, 대표적으로 알츠하이머 치매, 파킨슨병 치매가 대부분이지만 아내의 치매는 전두측두엽 치매라는 들어보지도 못한 치매로 뇌의 전두엽 및 측두엽이 퇴화하여 나타나는 유전적 요소가 작용하여 나타난다고 한다.

알츠하이머에 비해 행동 및 언어기능에 더 영향을 미치지만, 기억력에는 덜 영향을 미친다고 한다. 치매가 오면 망상과 우울증, 집착과 고집, 성적인 의부증, 의처증 등이 온다는 의사의 조언을 들어 익히 알고는 있지만 어느 때는 내가 면박을 주는 일이 가끔 있는데, 그때 돌아앉아 아무 말도 하지 않으면서 울고 있는 모습을 보일 때면 가슴이 찢어지는 아픔이 몰려와 다시는 그러지 않겠다고 결심하지만 마음대로 되지 못하는 내가 바보스럽고 한스러워 아내를 감싸 안고 눈물 흘린 적이 한두 번이 아님은 나도 모르게 아내를 정상인으로 착각해서, 현명하지 못한 나의 돌출행동을 원망하며 뉘우치는 잘못을 범하곤 한다.

모든 상황에서 과도하게 윽박지르거나 고의적인 자극을 주는 일과 환자의 자존심을 최대한 지켜주는 일은 환자를 돌보는 사람이 명심해야 하는 첫 번째 명제를 잊어버리는 어리석은 나는 과연 환자를 보살피는 사람인가 남편이란 자리의 권위만을 지키려는 사람인가 수 없이 자문할 때마다 환자를 돌보는 자리임을 또다시 확인하고 있어도 수시로 그 자리를 망각하고 있으니 나도 치매 환자가 아닌가 자문할 때가 많다.

5일에 한 번씩 열리는 시골장 구경을 좋아하는 아내는 우선 시선이 멈추는 곳은 야채 시장이다. 무 배추로부터 상추, 쑥갓, 대파 등, 지난번에 사다 놓은 야채가 남아 있는데 또 살려고 하면 "집에 아직 많이 남아 있는데 사지 말라"고 말하면 기어코 고집부리며 산다고 우긴다. 집에서 밥을 해 먹어야 야채도 필요하겠으나 사다 놓으면 며칠을 이리저리 뒹굴다 결국 버리게 된다. 그 우김을 이기지 못하고 결국 내가 포기해 버린다. 먹든지 버리든지 물건 사는 재미마저 박탈하기 안쓰러워 얼마 되지 않는 금액 물건을 사는 것이 아닌, 재미를 사는 것으로 생각하면 마음이 편해진다. 정상적일 때 생활 습관이 지금도 계속됨을 보는 내 마음은 쓰리게 아파온다. 아내는 아직도 자신이 정상인이라고 굳게 믿고 집안 살림 거두자면 우선 먹거리 챙기는 일이 주부로서 제일 먼저 해야 할 일임을 50 몇 년 동안 무의식적으로 지켜왔던 희생의 옛 습관이 지금도 재현되는 현실에서 그 고마움의 보답 약속을 지켜주지 못한 못난 자신을 한없이 원망하곤 한다.

 봄철이면 들로 나가 나물 캐는 일은 아내가 젊었던 시절에도 즐겨하던 일이었는데 해가 질 때까지 나물 캐는 일은 생활의 전반을 차지하고 두 식구 늙은이 먹을 만큼만 뜯어 오면 좋겠지만 욕심껏 캐와서 이삼일 있으면 썩어서 버려야 되지만 냉장고에 잔뜩 넣어두고 아까워서 못 버리게 한다. 이웃들에게 나눠 먹고도 싶지만, 아는 사람도 없고 좋아하는지도 모르고 선물했다가 오히려 누를 끼치는 잘못이 될까봐 그러지도 못하고 아내 모르게 전부를 버리지도 못하고 반씩만 버리는 동안 며칠 후 지난 일을 잊고 있는 아내의 생각이 어쩌면 득이 될 때가 많다.

 가을이 오면 대추, 밤, 은행 주우러 다니기 바쁘고 주워 온 밤을 삶지 않으면 벌레가 생기니 삶아서 속을 파내서 간직한 밤이 냉장고에 지천으로 넘쳐나서 아내 모르게 두 봉지 세 봉지 버리는데 아직도 2년 전의 밤이 네댓 봉지가 남아있는데 토종 산 밤은 너무 자잘해 삶아서 속을 파내는데 무척이나 어려운 과정을 거친 결과물이지만 먹지 않고 넣어두어 2년이란 세월을 냉장고에서 잠자고 있다. 어느 땐 기억이 살아나 밤 까서 모아놓은 봉지가 많았는데 왜 이것뿐이 없냐고 물을 땐 우리가 먹고 남은 것이 이것뿐이라고 뻔뻔하게 둘러대기 일쑤다.

어디 그뿐이겠는가 봄철에 억척스럽게 뜯은 쑥을 삶아서 보관한 냉동실 전부에 삶은 쑥 때문에 다른 것을 보관할 장소가 없어진다. 미국에 있는 아들딸에게 보내준다고 보석처럼 아끼는 물건들을 아내 몰래 한 봉지 한 봉지를 내다 버리고, 달래를 무지막지하게 캐다가 미처 먹지를 못해 칼로 썰어서 냉동실에 간직했던 그것을 버리는 것도 나의 몫이다.

지금도 베란다엔 2년 전에 주워 온 대추와 은행이 수북이 쌓여 있는데 그것들을 줍는 집착이 너무 심해 나와 씨름의 연속은 오늘도 계속되고, 환자임을 알기에 뭐라 강제도 할 수 없어 따르고 있지만 아내가 며칠이 지나면 하나하나 기억을 잊을 때 버리면 되기 때문에 집안에 냄새가 나고 지저분하더라도 아내의 뜻 따르는 일이 우선이기에 애틋하고 불쌍한 아내의 즐기는 일에 공범자를 자청하며 항상 뒤쫓지 않으면 안 되는 이유는 아내 혼자 다니다가 넘어지거나 사고가 나면 더더욱 큰일이기 때문에 정말 이런 짓 하기 싫지만, 항상 따라다니며 버릴 것을 주우러 가는 안타까움은 해답이 없겠지 싶다.

어쩌다 한눈판 사이에 집을 나가면 황급히 아내를 찾으러 헤맨다. 힘이 없어 자그만 돌부리에도 걸리면 쉽게 넘어지는 그였기에 긍정적인 생각은 사라져 버리고 항상 나쁜 생각에 사로잡혀 찾으러 나서서 허둥대기 시작한다.

밤나무와 대추나무, 은행나무가 있는 곳을 알기에 차근차근 수색작업이 시작된다. 치매센터에서 시계처럼 팔에다 차고 다니는 '위치 추적기'를 달아 줬는데 그것도 가지고 다니지 않아 무용지물이고, 손 전화라도 들고 나가면 위치 파악이 순조로울 텐데 항상 귀에 못이 박히도록 어디를 가면 꼭 잊지 말고 손 전화를 가지고 가라고 말은 하고 있지만, 아픈 아내가 기억하길 바라는 것이 내 잘못임을 모르지 않지만, 아내 마음 다치게 하는 말을 나도 모르게 쏟아놓으면 아무 말도 없이 뒤에서 고개 숙이고 쫓아오는 모습이 어찌 그리 처량하고 불쌍해 보이는지 두 볼에선 아픔의 눈물이 흐른다.

생각했던 곳에서 찾으면 다행이지만 다 돌아봐도 찾지 못하면 처음서부터 수색작업이 계속된다.

집에서 먼 거리는 아니지만 가고 오는 사이에서 서로 길이 엇갈려 찾지 못할 때가 더러 있는데 다행히도 아직은 혼자 집을 찾아오고는 있지만 그 불길한 예감이 마음을 흔들 때 곤혹스럽기 그지없다.

며칠 전 내가 잠깐 낮잠을 자는 사이 또 집을 나가서 술래처럼 황급히 아내를 찾으러 나섰다. 갈만한 곳을 한 바퀴 돌았지만 찾지 못하여 "찾으면 단단히 다그치리라." 또 환자를 돕는 돌보미의 본분을 망각해 버린다.

두 바퀴째 두 곳을 돌고 있는데 먼 곳에서 두 손에 무거운 짐을 들고 오는 아내를 발견했다. 단단히 꾸짖으리라는 생각은 저 멀리 도망가고 그렇게 반가울 수가 없었다. 측은한 연민은 안타까움으로 변하고 눈앞에 보이는 초라한 아내의 모습 보는 안도의 환한 기쁨은 오십몇 년을 같이 살면서 쌓아온 두텁고 두터운 사랑과 정의 모습이었을 게다.

나를 본 아내의 쭈그러진 얼굴에서 반짝이는 눈빛의 반가움과 환한 웃음꽃은 아직도 시들지 않고 이토록 싱싱한지 놀랍게 엄습하는 향수(鄕愁)가 가슴을 뭉클하게 만든다.

두 봉지의 은행을 나에게 건네면서 "많이 주웠지?" 자랑하는 아내의 모습은 꼭 열일곱 예쁜 아가씨 모습 그대로였다. 저녁에 잠을 자다가도 문뜩문뜩 옆에서 자는 아내를 확인해야 직성이 풀리는 미련의 정(情) 때문에 속을 태워도 옆에만 있어 주기를 간절한 기도 속에서의 삶이다.

점령과 해방

　재생 불능의 강산에 이승만 대통령의 자유민주주의 국가 이념과 시장경제로의 선택이 없었다면 사회주의로 가고 말았을 아찔한 순간이었던 지난 역사의 이념 선택은 세계 10위권으로 발돋움시키는 밑거름이 되었음은 부정할 수 없는 사실이나, 지금도 광복회장이란 사람이 미군은 점령군 소련은 해방군이란 논리에 충격을 받는다. 개인의 왜곡된 역사 인식을 학생들에게 설파함은 심각한 문제가 아닐 수 없다.

　점령군이란 단어는 사전적 의미로는 '일정한 지역을 점령하고 있는 군대'라고 정의하고 있다. 해방군은 어떤 군대일까? 사전 적의 의미로는 '속박되거나 가두어졌던 것을 풀어서 자유롭게 해주는 군대'라고 풀이하고 있는데 한마디로 해석하자면 미국은 솔직한 발표이고 소련은 가식적 발표였다는 것은 나만의 생각일까?
　해방 전후로 이념대립이 극심했던 우리의 과거를 되돌려 보자. 1945년 2차대전 말엽 독일 이탈리아는 연합군에 항복을 선언했지만, 일본만은 패전이 확정된 상황에서도 자살 특공대를 동원하여 저항했다. 일본군의 저항에 막대한 인명 피해를 보고 있는 미국은 소련에 도움을 요청하나 소련은 가담하지 않았고 결국 일본의 '히로시마'와 '나가사키'에 원자폭탄을 투하하여 전쟁에 승기를 잡자, 소련은 일본의 쇠퇴를 감지하고 일본에 8월 8일 전쟁을 선포하고 만주에 주둔하고 있는 일본군을 토벌하고 9일 웅기를 폭격, 경흥으로 진격하여 13일에는 청진으로 남하하여 38도 선까지 소련군의 빠른 진주를 바라본 미국은 위협을 느껴 8월 13일 영국, 소련, 중국에 1호 명령을 전달 하였고 이것이 수락되자 8월 15일 일반명령 1호가 태평양지역 최고 사령부에 전달되어 맥아더 사령관은 9월 2일 일반명령을 선포하였고, 1945년 2월 얄타회담의 비공식적 합의에 따라 한반도 남쪽은 미국이 북쪽은 소련이 주둔하였다.

우리 민족이 원하던 진정한 독립은 민족 자주독립 국가의 염원, 어떤 세력도 간섭할 수 없는 주권 국가로써 국제 사회의 동등한 자격을 얻는 것, 국민 주권으로 자유민주주의를 수립하여 시민사회를 이룩하는 것, 시장경제를 통해 근대화를 이루는 것, 식민지 종속경제를 탈피하여 반봉건적 지주 소작제를 철폐함으로써 농토를 농민에게 분배하고, 친일파 부일 세력의 잔재를 청산하여 민족정기를 바로잡는 사회를 건설하는 일이었으나 이러한 우리의 과제는 해방을 스스로 쟁취하지 못했고 해방 정국을 이끌 주도 세력의 부재로 지금까지 친일 척결과 통일문제가 미해결의 숙제로 남고 말았다.

그러므로 8·15광복이 우리 민족에게 던져진 의미는 세계사적으로 벌어진 이념 구조에 대한 이해로부터 다시금 조명해야 하며 해방의 과정을 어떻게 이해하느냐에 따라 그 뜻은 다양하게 해석되기도 한다. 우선 주어진 해방론으로, 해방의 직접적 원인이 연합군이 일제를 패망시켰기에 해방이 주어졌다고 보는 견해이다. 이 해방은 연합군이 우리에게 준 임시적 선물이며 국가 수립 과정에서 외세의 영향은 불가피하다는 입장이며 국제적으로 규정된다는 결정론적 견해이며 해방 직후 대부분 우익 정치 세력과 박헌영이 주도한 조선공산당도 인정한 입장이다. 현재 남한 당국이 수긍하고 있는 정설로 타율적 수동적 해방론을 뜻한다.

다음은 자율적 해방론이다 이 이론은 북한에서 등장한 해방론으로 한민족의 해방은 싸워서 쟁취한 해방으로 규정하며 싸움의 주체를 항일 무장 투쟁으로 본다. 북한 정권이 수립된 후 북한 학계는 김일성이 소련군의 일원으로 해방 전투에 참여했다는 쟁취 적 해방이라 믿는다. 이 이론의 취약점은 이와 관련한 북한 학계의 주장이 시기적으로 달라진다는 것이며 객관적 사실을 너무 무시한다는 점이다.

또 하나 복합적 외세론이다. 이 이론은 해방의 자율적 기여론 또는 해방 준비론으로 불린다. 이것은 내세론과 외세론을 상호 결합한 이론이다. 국내외에서 끊임없이 지속하였던 독립운동이 해방에 아무런 공헌도 하지 못한 것은 아니라고 주장한다. 국내외의 독립운동이 해방에 대해 일정한 이바지를 했다고 인정하면서 한편으로는 연합군의 기여까지도 긍정적으로 평가하는 입장이다. 따라서 해방의 주연은 연합국의 승리였지만 한민족 스스로 전개한 독립투쟁도 부차적이긴 하지만 해방을 성취하는 데 중요한 기여를 했다고 간주한다. 이 이론은 남한 내의 진보적 지식인들과 객관적 입장에서 한반도 문제를 이해하려는 외국의 학자들이 취하는 입장이다. 이러한 논의와 달리 8·15 이후 전개된 남한의 역사에 대한 평가에 따라 해방의 의미를 구분할 수 있다.

주어진 해방론이나 복합적 외세론은 1945년 8월 15일 해방을 일단 일제의 억압과 착취로부터의 해방으로 간주한다. 따라서 이 이론들은 외세에 의해 해방이 주어지긴 했지만, 그로 인해 대한민국이라는 독립

국이 수립되어 광복을 이룩했으며 자주적으로 한국 사회가 발전되고 있으므로 8·15광복은 본질적 해방이라고 간주한다. 이러한 입장은 남한 내의 전통적인 보수적 시각을 반영한다.

이와는 달리 수정주의자들은 한민족에게 있어서 진정한 해방은 통일된 자주독립 국가를 건설하는 것인데 외세의 개입으로 통일과 자주화가 달성되지 않았기 때문에 해방의 의미가 퇴색되었다고 본다. 그들의 입장은 다시 두 가지로 나뉘는데 그 하나는 대한민국이 어느 정도의 정치적 독립을 유지하고 있음은 인정하지만, 통일국가의 수립이 좌절되었음이 외세에 의하였다는 사실을 인정하는, 그리하여 1945년의 해방을 분단 시대의 기점으로 불완전한 해방으로 보는 견해이다. 또 다른 이론은 현재의 남한은 자주성이 구현되지 못했기 때문이라는 부정된 해방론으로 남한의 정치 상황은 지배자만 교체되었을 뿐 1945년 이후에도 외세의 종속성은 일관되게 관철되고 있다고 본다.

해방의 의미를 어떻게 해석하던 1945년 8월 15일 일본 제국의 패망으로 한민족은 새로운 삶을 실현할 기회를 부여받았다. 일제의 가혹한 수탈에서 벗어났으며 매판 자본가의 착취에 더 시달릴 필요가 없었다.

해방은 전 근대적인 제도를 척결하는 반봉건적 혁명을 의미했고 나아가 일제 잔재의 소탕과 친일파의 처단을 의미했으며 제국주의의 침략을 분쇄하는 것이었다. 그러나 너무나 많은 장애가 이러한 꿈의 실현을 가로막고 있었다. (제2차 세계대전과 해방) (신편 한국사) (우리역사넷)

중국, 소련의 사회주의를 택한 북쪽의 공산 진영에서는 남쪽의 자유민주주의 시장경제 체제를 부정했으며, 모든 토지를 국가 소유로 몰수

해 버렸고 남한에서는 경자유전의 원칙에 따라 지주들의 땅을 정부에서 수매하여 소작 농민에게 유상 불하해 농민들의 소작료 부담을 없애 주는 등 자유민주주의 시장경제 체제의 전환으로 오늘에 부를 이룩하였다.

미국의 일반명령 1호에 점령군이란 단어가 있었음은 분명한 사실이었고, 소련도 만주와 이북에 잔존하고 있는 일본군을 척결하는 데는 미국과 같은 점령군임에는 같았으나 미국의 일반명령 1호에 점령군이란 표현은 일본, 중국, 소련에 대한 확실한 경고의 뜻이 포함된 단어를 문제 삼고 있음이고, 소련의 해방군이란 달콤한 단어 속에는 일본으로부터 모든 압제와 핍박에서 한민족을 해방하고 제국주의로부터 공산주의로의 회귀로 만들려는 검은 속셈은 감추고 해방이란 단어로 미화시켰음이 타당하다고 사료된다.

그들은 남, 북 양쪽에서 자국의 체제와 이념을 실현할 자기네 편의 말을 잘 듣는 자를 지도자로 앉혔고 스탈린의 정부 수립 후로 남침을 감행했던 패악은 공개된 스탈린 외교문서에 기록됨을 보면서 진정한 해방군이라면 우리 민족의 자율성을 보장하여 민족자주의 발판을 마련해줘야 하는데 모두 자국 이념의 틀 속에서 우리 민족을 재단했으니 과연 소련의 해방군이란 말은 어떻게 해석해야 할까?

남, 북 양쪽 모두 능력자가 없었기에 일본 시절에 정치와 행정에 숙달된 부역자들도 기용함은 속일 수 없는 사실이었고 북한 정권 역시 일제 잔재를 청산했다고 선전은 하고 있지만, 청산을 증명할 근거는 아무것도 남아 있지 않다.

어떻든, 외세에 의한 일본으로부터의 해방은 누구도 부인하지 못하는 사실과, 남, 북의 이념대립으로 사분오열된 국민의 갈라짐으로 통일의 염원을 이루지 못했다는 사실은 어느 쪽의 잘못이 아닌 양쪽 모두가 책임에서 면할 수 없을진대 70년이 넘은 세월 속에서도 편향된 논쟁만 해야 하는지 과거에만 매달리다 보면 앞으로 나갈 수 없음이 안타까울 뿐이다.

지금처럼 각각 다른 이념 속에서 통일을 이룬다고 하더라도 그 이념의 다툼은 또 다른 혼란만 가중하는 통일보다 남, 북의 이념과 정치가 배제된 사학가들의 객관적인 역사의식으로 논쟁을 종결지어 하나 된 국민 의식으로의 발전된 통일을 염원해 본다.

서라벌을 다녀오다

　고등학교 때 수학여행을 경주로 와본 후로 두 번째의 여행은 20년 전 직장에 다닐 때 동료들과 함께였고, 경주 이곳저곳을 둘러보고 싶었지만, 같이 움직이다 보니 주마간산으로 구경만 했었다. 역사에 문외한인 나였지만 뿌리의 전설이 담긴 계림을 다시 한번 가 보고 싶은 생각이 항상 있었지만 이루지 못하다가 먼 친척의 잔치에 참여하게 되어 결혼식이 끝난 자투리 시간을 활용하여 홀로 서너 곳을 돌면서 세 번째 경주 여행의 추억을 챙겼다.
　올 때마다 새롭고 주변과 시내, 바다까지 신라 천 년의 보물들이 점점 하여 살아 숨 쉬고 있음을 느낀다.

　신라는 삼한 시대 진한 12국 중 하나인 사로국에서 시작하였으며 정치 발전이 국가 형성 이전인 군장 사회단계에서 기원전 1세기 중반 박혁거세의 출현으로 국가를 세우고 주변 부족들을 병합하여 발전했다. 박혁거세 거서간을 1대로 하여 2대 남해 차차웅 3대 유리 이사금 이후 석 씨의 시조 탈해 이사금이 왕권을 이어받아 4대 이사금이 되었고 5대 파사 이사금부터 다시 박 씨가 왕권을 쥐어 6대 지마 이사금 7대 일성 이사금, 8대 아달라 이사금 뒤로 9대, 10대, 11대, 12대 첨해 이사금까지 석 씨가 이어오다가 13대 김 씨 미추 이사금으로 왕권을 넘겨주고 뒤를 이은 14대 석 씨의 유례 이사금이 왕권을 쥐어 16대 흘해 이사금 이후 17대 김 씨인 내물 마립간으로부터 52대 효공왕까지 왕을 계승하다가 53대 박 씨인 신덕왕과 54대 경명왕, 55대 경애왕 뒤로 56대 김 씨인 경순왕을 마지막으로 신라는 막을 내렸다.

　박혁거세의 개국 이후 박 씨, 석 씨, 김 씨의 3성이 교대로 왕위를 계승한 것으로 기록되어 있고 박혁거세, 석탈해, 김알지는 삼성의 시조로 출생 과정의 신비로운 내용이 시조 신화로 전해지고 있으며, 이렇게 교차적으로 왕위를 계승한 이면에는 화백 제도가 있었다. 화백 제도는 진골 이상의 귀족들이 모인 이들을 대등이라 칭하고 그들 중 자체 의결을 통해 의장 격인 상대등을 선출하여 나라의 중대사를 의논하고 만장일치를 통한 전원 합의제로 결정을 내리는 제도이다. 그곳에서 왕을 선출하고 폐위시키기도 하는 왕권과 귀족 세력 사이의 권력을 조절하는 기능을 수행했으며 다만 왕은 참석하지 않았다.
　천 년 전부터 민주주의의 싹을 틔운 아름다운 제도는 오늘날 의회와 비슷한 일을 하지 않았겠나 생각해 본다.

　계림을 찾았다. 사적 제19호로 지정된 계림은 반월성 있던 곳을 따라 산책하는 발걸음 속에 엄숙한 마음이 자국마다 묻어나고 천년의 세월이 눈 앞에 펼쳐지면서 노거수 왕버들과 느티나무 우거진 사이사이에 바람처럼 나부끼는 숲의 비밀이 언뜻언뜻 발걸음을 멈추게 하고 나뭇잎 사이로 내리쬐는 부챗살처럼 펼쳐진 빛의 향연은 모처럼 찾아뵙는 못난 후손을 반기시는 원조(原祖)의 사랑이었을까!
　계림 정문 앞에 있는 회화나무는 수령이 천삼백 년으로 추정된다고 하니 그 옛날 화려했던 신라와 흥망성쇠를 함께한 무궁한 비밀들이 살이 되고 껍질이 되어 계림을 말없이 지켜 준 고마움에 절로 고개가 숙어졌다.

돌아 흐르는 실개천엔 천년의 비밀을 토해내듯 잔잔히 물결치며 나에게 알리고 싶은 말들이 무척이나 많은 듯한 느낌에 흐르는 물 앞에서 손을 담가보기도 했건만 아무 말도 듣지 못했다.

'계림 비각' 안에 있는 비문은 조선 순조 3년에 세워졌다고 하며 김알지의 출생에 관한 기록이 새겨져 있다.

「삼국사기」에 따르면 탈해왕이 시림에서 닭 우는 소리를 듣고 신하에게 살피라 하여 신하가 가서 살펴보니 금궤가 나뭇가지에 걸려있고, 흰 닭이 그 밑에서 울고 있었다고 아뢰어 왕은 날이 밝는 대로 궤짝을 가져오게 하여 열어보니 총명하게 생긴 사내아이가 있었다 한다. 왕은 이 아이의 이름을 '알지'라 부르고 금궤에서 나왔다고 하여 성을 김 씨로 했다.

이때부터 시림을 계림으로 바꾸고 나라의 이름을 계림으로 바꿨다 한다.

탈해 이사금은 알지를 태자로 삼았으나 탈해 이사금 서거 후 알지는 왕좌를 양보하여 박 씨 왕족인 5대 파사왕에게 왕위가 계승되었다.

내물 마립간 능(신라 17대)도 들려 참배를 드렸다.

안내판에는 첫 김 씨 왕이었던 미추왕의 조카라고 기록되었고 석씨인 홀해 왕이 아들이 없이 세상을 뜨자 내물왕이 뒤를 이었다 한다.

계림.

알지의 자손인데 흉노족 후예일까?
근엄한 계림 숲속 닭 울음 들리는 듯

나무 위 금궤 상자가 찬란 한빛 발하네.

포석정으로 이동했다 사적 제1호인 이곳은 「삼국유사」 권 2 처용랑 망해사조(處容郎望海寺條)에 헌강왕이 포석정에 행차했을 때 남산 신이 나타났다고 기록됨을 보면 통일신라 시대에 건립된 것으로 추정되고 있다.

경계를 둘러놓은 돌들은 오밀조밀 포석을 보호하고 있었고, 포석 굽이굽이 물결치듯 매끈한 흐름은 신라 천 년의 세월을 매오시 가득 담고 있었고 처용의 향가 음률이 새싹처럼 여기저기서 솟아오르는 듯했다.

「경주 포석정지」 안내판에 따르면 포석정은 신라 왕실의 별궁으로 임금들이 연회를 베풀던 곳이라 한다. 지금은 정자 등의 건물이 모두 없어지고 마치 전복같이 생긴 석조 구조물만 남아 있는데 화강석으로 만든 수로의 길이는 약 22m라 한다.

임금은 이곳에서 신하들과 더불어 잔을 띄우고 음풍농월을 즐긴 것으로 보인다.

또한 이곳은 927년 경애왕이 왕비, 궁녀, 신하들과 유흥에 취하여 놀다가 견훤이 온 줄도 몰랐던 왕은 그의 습격으로 자살을 강요받아 자결했던 곳으로 알려져 있다.

「화랑세기」에 따르면 지금의 '포석정'이라고 불리는 곳은 본래 포석사란 사당이 있던 곳이라 한다. 이곳은 원래 화랑이었던 문노의 화상이 모셔진 사당이라고 전해지는 데 문노의 화랑도는 호국선이라고 불렸다. (위키백과) 이에 의하면 '포석정'은 술 먹고 즐기기 위한 유흥의 장소보다 성스러운 곳으로, 견훤이 신라를 침입할 당시에는 12월 한겨울이었고 신라 조정에서는 견훤이 이미 영천까지 진주한 것을 알고 개성으로 사신을 보내 왕건에게 구원을 요청해 놓아 왕건은 기병 5,000을 이끌고 오는 중이었다. 더 버틸 수 없는 위급한 상태여서 경애왕은 남산 신에게 나라를 지켜달라고 제사를 올리던 중이었음이 설득력을 얻는다.

'유상곡수연'은 중국이나 일본에도 있었으나 오늘날까지 그 자취가 잘 남아 있는 것은 매우 드문 일로 당시 풍류와 기상을 엿볼 수 있는 장소라고 한다.

포석정 곡수의 형태적 특징은 몇 번의 굴곡을 주어 미학적인 완숙도를 높이고 곡수 형태는 술잔이 수로 중앙의 주류를 벗어나 주변의 와류에 붙들려 정지함으로 유상곡수의 흥취를 저해하는 일이 없도록 벽면을 매끄럽게 가공 처리했다.

포석정

포석정 유상곡수 경애왕 한 서린 곳
견훤에게 습격받아 왕비와 경애왕은
별궁에 몸 숨겼지만 붙잡히고 말았지

왕족과 신하들이 견훤의 칼부림에
경애왕 자결하고 왕비도 욕보이고
천년을 흐른 세월이 현재처럼 선명해

나라를 구하려고 포석사 남산 신에
팔관회 호국 제사 정성이 부족했나
쇠약한 신라 말년을 반면교사 삼아야!

선택

　기나긴 인생 여정의 열차에 편승하여 칠십팔 번의 환승을 거칠 때마다 처음으로 맞이하는 미지로의 여행 속에서 만남의 기쁨과 슬픔, 이별과 해후 어찌지 못하는 자괴와 후회 잊은 것도 많았고 많이도 버렸지만, 또렷이 되살아 필름 속에 간직된 추억의 토막들이 느닷없이 단막극처럼 펼쳐지는 순간마다 감정의 기복을 가늠 할 수 없을 때가 종종 찾아온다. 자의에 의한 탑승이 아닌 탄생의 처음부터 떠밀려 타고 가야 하는 열차는 종착역이 얼마나 남았는지 알 수는 없지만, 자신의 선택 여부에 따라 길기도 하고 짧기도 하겠지. 살벌한 인생을 살아오면서 매 순간, 선택이 요구되지만, 그것을 피할 수 있는 비결은 아무데도 없음이 안타까울 뿐이다.
　이처럼 필요 불 가결한 선택을 미국의 경제학자 사이먼(Herbert Simon)은 최대의 만족을 선택하는 극대화자(Maximizer), 자신이 선택한 삶의 현실에 만족하는 만족자(Satisficer)로 구분했다 한다. 요즘처럼 쏟아지는 정보의 물결 속에서 어느 것 하나를 선택하기란 그리 녹록지 않음에, 이것저것 고르다 그중 하나를 선택하고 나면 또 다른 대안에 현혹되어 자신의 선택에 후회하기에 십상이다.

얼마 전 아내와 나들이하다가 목도 마르고 출출하여 커피와 빵을 함께 파는 가게에 들러서 아내는 빵을 고르고 나는 커피를 주문하려고 주문대 앞에서 종류를 보니 무려 15종류가 넘어 무엇을 마실지 고민하면서, 늘 집에서 아침마다 아내와 마시는 과테말라산 원두커피를 마셨고, 어쩌다 원두커피가 떨어지면 크림과 설탕이 혼합된 봉지 커피도 마셨기 때문에 이번엔 다른 커피를 마셔보자고 생소한 '에스프레소'를 주문했다. 커피에는 문외한인 나였기에 그 많은 종류 중에 내가 마셔본 커피는 두서너 가지뿐이어서 커피 맛은 거의 같은 맛일거로 짐작하면서 주문한 커피의 맛에 호기심과 기대감으로 두 잔을 식탁에 놓고 아내 오기를 기다렸다.

아내가 아직도 빵을 고르고 있었다.
그릇에 빵 네 개를 담아오면서 아내의 말이다.
"새로운 빵을 먹어보려고 고르고 나면 이쪽 빵이 맛 좋을 것 같아 다시 바꾸고 하느라 늦었네요. 빵 고르기도 힘이 드네."
혼잣말처럼 중얼거리는 아내의 모습을 바라보면서 피식 웃음이 나왔다. 어디 빵 고르기 뿐일까 잠자리에서 일어나면 그때부터 선택해야 할 문제들이 수북이 쌓인다. 아침을 먹을까 말까부터 교통 체증의 뉴스를 들으며 지각을 염려해 자가용을 두고 지하철로 가야겠다는 선택, 점심에 식당에서 차림표를 물끄러미 보면서 무엇을 먹을지 음식물의 선택, 점심 후 카페 커피를 마실까, 자판기 커피를 마실까 독단의 의사보다 대부분 여러 동료의 의견에 편입하고 말지만 이러한 잡다하고 자그마한 일에도 선택은 필수이지만 학교의 선택에서부터 집안 식구를 책임질, 내 운명의 갈림 같은 중차대한 일에서 선택 후에 대다수가 후회스럽다고 말한다.

극대화자가 아니라 하더라도 인간은 누구나 최고의 선택을 원하고 그 선택의 옳고 그름은 택하지 않은 모든 대안을 대입해 보는 일이지만 그럴 수 없는데 '딜레마'가 있다.

나는 웃으며 아내에게 말했다. "한 개씩 모든 빵을 먹어보지 그랬어? 그런 다음 맛있는 빵만 가져오면 될 텐데" 농담으로 아내에게 말은 했지만 그렇게 할 수 없는 게 현실이 아닌가? 아내가 장을 보고 들어오면 열 가지 중에서 한두 가지 빼고는 잘못 샀다 바가지 썼다 투덜거린다. 결국 아내는 다른 물건의 선택에 대한 미련으로 후회와 불안감을 표출한다.

같은 종류의 물건이라도 수많은 종류 속에서의 선택은 결코 만족할 수 없는 게 마음인 것 같다. 나는 아내와 달리 물건을 선택하는 데는 시간이 별로 들지 않는다.

언제였던가 아내의 모피 외투가 내 눈에 무척이나 예뻤고 사 준 적이 없었으매 값에 비해 월등히 좋아 보여 아내에게 선물했는데 아뿔싸 그 모피 외투가 진품이 아님을 몰라서 바가지를 썼단다. 두고두고 핀잔을 들으면서 물건 보는 안목을 키우자고 다짐해 보지만 그리 쉽게 고쳐지지 않아 늙은 지금에도 첫눈에 좋아 보이면 고르는 것 없이 선택하고 만다. 찬찬하지 못한 성격을 타고난 인생이니 누구를 탓하겠는가!

금방 주문한 '에스프레소'를 빵과 함께 한 모금 마셨는데 소태나무 삶은 물인지 커피인지 도대체 분간이 가질 않는다. 한 모금 마시던 아내가 삼키지도 못하고 휴지에 뱉어버리면서 하는 말 "왜 이런 커피를 시키셨어요? 이건 커피 진액이잖아요."

두 잔을 들고 카운터로 가서 우유와 설탕과 물을 섞어서 나보고 마셔보란다.

그제야 달콤하고 쓰면서 커피의 향이 콧속에 스민다. "당신 커피 전문점 차려도 되겠어!" 빙긋이 웃으며 아내가 하는 말 "모르시면 점원한테 맛을 물어보고 주문하셔야죠." 그래도 자존심은 아직 살아있어서 "촌스럽게 묻기가 껄끄러워 아는 체 좀 했어!" 남에게 물어서 추천해 주는 것보다 자신이 당당하게 선택하는 즐거움의 참맛을 생각하여 선택의 잘못을 했다. 선택의 순간에 많은 고민과 시간을 들여 세밀히 관찰하여 선택하는 아내의 만족도가 최대가 되지 못함은 사서 가져온 물건에 비해 다른 물건에 대한 선택의 미련과 후회가 남아 있는 증거일 것이다.

반대로 찬찬하지 못한 나의 선택은 사 온 물건보다 다른 것을 선택했다면 이보다 더 못한 것일 수 있다는 생각에 선택을 잘했다고 스스로 두둔한다. 이러한 나의 버릇이 행복하게 보일 수도 있겠지만 아내나 나의 선택에도 일장일단은 있기 마련이겠지 아내의 정확성의 폭이 넓을수록 심리적 노력, 현미경을 쓰고 보는 듯한 세심함의 의지력이 발전의 원동력이 된다고 생각도 해 보지만 선택의 넓이가 넓으면 그만큼 고민도 늘고 만족이 줄어드는 후회의 삶이 되지 않을까 걱정도 해 본다. 어찌 되었든 선택의 잘잘못은 자신이 져야 할 무한대의 책임이고 의무이기도 하겠지만 나의 이 버릇은 새로운 도전이 없는 스스로 발전하려는 노력과 의지가 부족하여 무의미한 생의 나락으로 떨어지지 않을까 하는 걱정도 들지만, 지난 일들은 어느 만치 기억 속에 머물러 있는 것이 많으나 어제 그제 일이 아주 가끔 아무리 기억을 더듬으려 해도 도무지 되돌려지지 않아 많은 시간 속에서 헤매다 간신히 되찾고는 쓴웃음을 삼킨다.

아침을 먹었는지 먹었으면 무슨 음식을 먹었는지 하찮은 선택마저도 가물거리는 얼마 남지 않은 삶 속에서 변화를 선택하기보다는 평범한 인생으로 살기를 염원하면서 내가 가던 길을 걸으며 아내에게 동조하는 나의 선택을 맞춰 가기로 다짐하면서 '로버트 프로스트'의

시 '가지 않은 길'을 읽으면서 전화위복의 꿈도 펼쳐 보지만 내 삶의 가풀막 앞에서 서글픈 웃음이 양 귓가에 걸린다.

가지 않은 길
(The Road not Taken)

단풍 노랗게 물든 숲속에 두 갈래 길이 뻗어 있어,
(Two roads diverged in a yellow wood,)
두 길 모두 갈 수 없어 아쉬웠고
(And sorry I could not travel both)
몸이 하나뿐인 방랑자인지라, 오랫동안 난 거기 서서
(And be one traveler, long I stood)
한 길을 최대한 멀리 내려보았지
(And looked down one as far as I could)
그 길이 덤불 속 굽이쳐 내려간 곳까지;
(To where it bent in the undergrowth;)
그리곤 다른 길을 택했는데, 그 길도 마냥 똑같이 아름다웠지,
(Then took the other, as just as fair,)
어쩌면, 그 길이 더 나을 듯했어,
(And having perhaps the better claim,)
그 길은 풀이 울창했고 인적(人跡)도 드물었기에;
(Because it was grassy and wanted wear;)
인적으로 닳아버린 건
(Though as for that the passing there)
두길 모두 실제론 거의 같았지만,
(Had worn them really about the same,)

그날 아침 두 길은 모두
(And both that morning equally lay)
검은 발자국 흔적 한 점 없는 낙엽으로 덮여 있었고
(In leaves no step had trodden black.)
오, 난 다른 날 걷기 위해 첫길은 남겨두었으나!
(Oh, I kept the first for another day!)
길은 또 다른 길로 연결됨을 알았기에,
(Yet knowing how way leads on to way,)
결코 되돌아올 수 없으리라 의구심이 들었지.
(I doubted if I should ever come back.)
난 한숨 지으며
(I shall be telling this with a sigh)
지금부터 먼 훗날 어디선가 이 얘기를 하고 있겠지
(Somewhere ages and ages hence)
숲속에 두 갈래 길이 있어, 난ㅡ
(Two roads diverged in a wood, and Iㅡ)
난 인적이 드문 길을 택했고,
(I took the one less traveled by,)
그로 인해 내 모든 운명이 바뀌었다고.
(And that has made all the difference.)

사랑하는 가족들에게

오늘은 겨울 날씨답지 않게 무척이나 포근하고 해맑은 태양 빛을 빨아들이는 산천과 초목의 생기 담뿍 넘치는 아침이었다. 막내와 이틀 전에 말씨름 후로 아비도 아주 후회스러웠고, 엊저녁 퇴근하는 막내를 보는 아비의 마음이 너무 면구하고 안쓰러웠지만 토끼 꼬리만 한 자존심이 풀리지 않아 미안했다는 말은 한마디도 하지 못한 채 저녁을 지내고, 아침에 큰딸의 메일을 접하고 많은 생각을 했단다.

부모의 도리를 지키기 위하여 어떻게 해야 하나를 깊이 생각하다 보니 마음이 우울해지고 내리쏟는 따가운 태양도 나를 비웃는 듯 외면하고 있더구나!

지난 추억 되돌려 봐도 너희들은 우리의 기쁨과 행복 주머니였고 잘못하고 있다고는 추호도 생각해 본 적 없었고, 앞으로도 우리가 사는 동안 너희들의 가득한 사랑 받고 싶음은 감출 수 없는 마음이지만 혹여 너무 늦거나 병이 들어 너희들 곁에 짐이 될 때, 애틋한 사랑이 식어가지 않을까 걱정이 앞을 가린단다.

너희들은 늙은 부모가 아프면 병원비를 마련하는 일이 무척이나 걱정된다는 막내의 말도 틀린 생각이 아님을 아비도 알고 있고 그토록 신경 써주는 너희들의 효심에 우리는 다만 고맙게 생각하고 있단다. 부모가 못나 너희들에게 풍족한 부를 물려주지 못하고 삶의 여울 속에서 이리저리 시달림을 볼 때마다 늘 아픈 가슴만 조이고 있었지.

우리가 한국으로의 귀국도 20여 년이나 혼자 떨어져 외롭게 살아가는 막내와 함께 살고 싶은 마음에서였고 미국에 있는 너희 남매는 우리가 없어도 살 수 있다는 믿음과 확신으로 한국에 와서 살다 보니 늙은 부모의 병 치료비 문제가 막내에겐 무척이나 크나큰 부담으로 마음 걱정이 이만저만이 아닌 것을 알게 되니 괜히 온 것 같은 후회도 드는구나. 부모가 젊었을 때는 따로 살다가 아무것도 할 수 없는 늙은 몸 짐짝으로 막내에게 안기는 부담을 생각하니 막내에게 미안한 마음뿐이다.

엄마가 아픈 몇 년 동안 집안 식구 누구 하나 편한 마음 없었지만, 아비의 고민과 시달림은 상상을 초월한 힘겨움 속에 무엇을 어떻게 해 줘야 하는지 깊은 고뇌 속에서 옛날의 발자취가 눈앞에 현실처럼 펼쳐지고 잘해준 일보다 못 해준 일만 눈 앞을 가려 서글픈 후회와 회한의 너울은 메마른 대지 위에 일렁이고 석양 속 나목의 잔가지를 흔들고 있구나! 이제 80줄에 들어서 얼마를 살 것인가는 가늠할 수 없기에 아비는 이렇게 생각하고 있었다.

엄마가 시장 보는 일 좋아하는 것은 너희들도 알고 있겠지만 너무 큰 물건을 사는 것도 아니고 그 즐거워하는 시장보기마저 일일이 간섭한다면 엄마는 무엇으로 재미를 붙일지 생각하여 억지 간섭은 하지 않고 있으나 어떨 때는 집에 있는 물건을 또 사 오는 일이 있어 막내가 힘겨워하는구나. 엄마가 쓰는 얼마의 돈, 큰돈도 아니고 고작 시장에 가서 먹거리 사는 일과 입맛 없을 때 외식비 기만 원 쓰는 일이지만 건강이 몇 년을 버텨줄 것인가도 늘 의심의 여지로 남아 두 발로 걸어서 입에 맞는 음식 찾고 시장 보는 즐거움도 누릴 수 없다면 엄마의 즐거움을 무엇으로 대신 해야 할까?

시들어 가는 정신과 육신이 마음처럼 움직여 주지 않는 작금의 현실 속을 헤매면서 우리 집안이 이렇게나마 험한 꼴 당하지 않고 자식들 큰 속 썩이지 않고 건강히 자라준 것은 너희 어머니의 인내와 사랑과 헌신으로 50여 년의 무구한 세월 속에, 우리 가족의 행복 지킴이 봉사가 바탕이 되었음을 생각할 때, 아비가 너희들 엄마에게 해줄 수 있는 것은 모두 해주고 싶지만, 경제적 여건이 허락지 않아 자그만 일이라도 돕고 싶은 게 아비의 생각이란다.

내가 젊었던 시절 노인이 굶어 죽었다는 기사를 접할 때, 냉장고에 먹을 것을 가득 두고도 굶어 죽었단 그 현실을 이해하지 못했지만 이제 80이 가까워져 오니까 이해하겠더구나.

먹을 것은 있으나 찾아 먹기가 귀찮고 배도 고프지 않고 입맛이 당기지 않아 굶어 죽는 인생의 허망함! 지금이야 세상이 많이 변했다지만 아직도 많은 독거노인의 생활상은 심심찮게 전파를 타고 있는 불쌍한 현실을 보면서 아비는 자식들이 같이 있기에 푸근한 행복감으로 늘 감사하고 있단다. 엄마가 집에서 하루 세 끼 해결하면 똑같은 반찬을 먹기 힘들어하고 예전처럼 건강이 바쳐주지 못하니 반찬 만들기 귀찮아하고 또 늙어서 몸 놀리기 싫은 탓도 있겠지.

"집에 먹거리가 냉장고에 가득 쌓여 있는데 또 외식했어요?"
툭 던지는 한마디에, 미안하고 부끄러운 마음 가늠키 힘들었단다.
어지간히 부지런하지 않은 노인들은 움직임을 싫어하고 밥 씹기도 귀찮아한다던 말들이 남의 얘기가 아니었음을 실감하는 요즈음 너희 엄마가 밥 씹기가 귀찮고 힘들다며 식사를 안 할 때 밖에 나가 국수나 짜장면을 시켜 드리면 한 그릇 다 드심을 보면서 많은 생각에 잠기곤 했단다. 우리가 얼마를 살다 갈까? 90을 산다고 가정했을 때 앞으로 12년, 85세를 산다면 앞으로 7년, 80을 산다면 2년! 노을이 붉게 물들어 서녘으로 기욺같이 인생의 가풀막 앞에서 살아온 생을 반추하며 살아있는 그때까지 자유롭고 편안하게 살고 싶은 욕심은 부모의 지나친 과욕이었을까? 아비가 막내의 말에 서운함을 느낀 것은 속이 너무 좁고 욕심이 많아서 인지는 모르겠으나 막내가 가끔 하는 말들에서 서운함이 몰려온단다.

"나 돈 하나도 없어요, 저축 좀 하셨다가 병원비 마련도 해야 하지 않겠어요?"

부모를 위하는 마음이 얼마나 무겁고, 걱정되었으면 그렇게 말하는지 안쓰러울 뿐이지만 꼭 그렇게 정곡을 찌르면서 대화해야 했을까 근근이 쓰는 연금 쥐꼬리만 한 돈에서 아프기 전 아껴서 병원비라도 모아놓고 가란 지극히 당연한 말 이었는데 귓속을 맴도는 서운함은 어째서였을까? 귀에 거슬리고 입에 써서 뱉어버리는 고약한 심보를, 이렇게 늙어가도록 버리지 못한 자신이 너무나 미웠단다. 너희들의 생각을 다 들어주지는 못하겠지만 "자그마한 돈 쓰고 싶은 대로 쓰세요. 모자라면 우리들이 보탤게요!" 빈말이라도 이렇게 말해 줬다면 우리 앞으로 나오는 돈 흥청망청 써버리고 너희들에게 손 내밀 우리도 아니겠지만 그런 덕담 듣는 우리의 마음은 너희들의 흡족한 사랑 속 꽃밭을 걷고 있었겠지!

물론 너희들에게 입이 있어도 할 말은 없지! 아비가 모자라서 풍족한 돈도 준비 못 하고 자식들에게 신세를 지는 처량함에 우리의 본질도 깨닫지 못하는 주제에 그 적은 돈이나마 다 써버릴 생각을 하는 부끄러운 우리들이 되었구나!

지난번 큰딸의 메일을 보고 또 서운함이 몰려오더라.

"엄마 아빠도 내 나이 때 부모한테 그렇게 잘해 드렸어요?"

아빠의 서운함이 천 길 구렁으로 떨어져 방황했단다. 그래 큰딸 말도 맞는 말이지 아비도 부모에게 효도하지 못했음을 고백한다. 하지만, 그 말을 되돌려 해석하자면 엄마 아빠도 너희들 나이 때 부모에게 효도 못 하지 않았느냐 우리가 효도하고 싶지 않아 안 한 것 아니고 형편이 그렇지 못해서 효도를 못하는 것인데 나무라지 말란 말로 들려서 엄청 황당했단다.

너희들에게 보태주지 않는다고, 효도하지 않는다고 강압적으로 요구하며 불효한 자식들이라고 나무란 적 있더냐? 자식들의 효도란 금전으로 에움 하는 것이 아닌 부모의 걱정 끼쳐드리지 않고 동기간에 화목함과 부모의 자존심 건드리지 않고, 맞서서 옳고 그름을 다투는 일이 없이 너희들이 조금만 참아주는 것이 효도라 생각하고 있단다. 자식들에게 강요해서 효도가 이루어질 것이 아님을 아비는 알고 있단다. 서로 고마움과 감사하는 마음으로 존경하며 살아간다면 그것이 효도가 아닐까 생각한단다. 누가 뭐라 해도 너희들을 사랑하고 고마운 마음에서 너희들의 넘치는 효도를 받고 있음을 알기 바란다. 그래서 이렇게 행복하고 즐거운 생활 속을 마음껏 누리고 있지 않느냐?

말씨름은 언제나 막내의 앙잘거림으로 시작됐고 우리 한국에 살면서 막내에게 간섭하는 일 없었다. 개도 다 큰 놈이고 간섭한다고 고쳐질 리 없음을 알기 때문이었지.

사위들 있는 데서 그런 얘기하지 말란 말 수긍이 가고 옳은 말이지, 그렇다면 사위들 있는 데서는 대화의 분위기를 그런 소리가 나오지 않게 하는 너희들의 현명함이 먼저가 아니었을까?

이 모든 것이 부모의 잘못으로만 치부된다면 그래도 할 말은 없겠지만 서운한 마음은 가슴에 남아 응어리로 간직할 수밖에 없겠지!

막내에게도 몇 번 말해준 적 있었지만, 아비 생각엔 너희들이 부모가 늙은 것을 인정하지 않는, 아니 인정하기 싫은 것은 아닌지 묻고 싶다. 물론 너희들 생각과는 무관하게 우리는 많이 늙었고 모든 사고와 행동에서 우리 자신도 깜짝 놀랄 때가 한두 번이 아니란다. 어쩌다 기억이 희미해 물건을 어디에 둔 것을 모를 때 정말 생각이 나질 않으니까 모른다고 우기고, 내가 한 말도 기억에 없어 하지 않았다고 억지 부릴 때가 종종 나타나고 귀가 어두워 무슨 소린지 잘 듣지 못하면 "정말 답답해 환장하겠어! 금방 해 놓고도 모른다고 잡아떼고" "반귀머거리 식구들이라 정말 답답해 죽겠어!" 물론 너희들 심정 모르진 않지만, 부모가 늙었다는 현실과 늙으면 이런 현상이 온다는 이해라도 해준다면 답답하다, 환장한다는 이런 대화가 튀어나왔을까? 이런 소리 듣는 부모의 아픈 마음 생각해 봤는지? 물론 부모니까 농담 반으로 격의 없이 흘리기도 하겠지만, 말을 잘 못 들으면 곰상곰상 다시 말해줄 수는 없는지? 말의 중요성을 항상 기억하여 마뜩잖아도 '역지사지'를 염두에 두고 대화할 것을 부탁하고 싶다. 너희들이 부모에게 마음이나 금전적으로 잘해주지 못해서 생기는 서운함이 아닌 평소에 말 한마디의 서운함으로 몰리는 삭풍 때문에 서로의 의사가 제각각 흘러 앵돌아짐으로 자리하기 때문이지.

늙으면 애가 된다는 옛 어른들 말씀이 참이었다는 것을 깨닫는 요즈음이란다.

너희들은 별 뜻 없이 늘 하던 대로 했던 말들이, 젊었을 때는 개의치 않게 들렸으나 늙은 귀에는 왜 그렇게 고깝게 들리는지 미루어 짐작건대 늙음의 '콤플렉스' 때문이 아닐는지 생각도 해 본단다. 소리가 들리긴 들리는데 정확히 들리지 않고 윙윙거려 무슨 말인지 인지하기가 어려워 묻고 또 묻는 심정, 어느 때는 다시 묻기가 미안하고 번거러워 대답하지 않으면 대답하지 않는다는 지청구가 또 귀를 울리지!

너희들이 걱정하는 병원비 문제는 단독주택에 들어 있는 1억은 우리 병원비로 예비했으니 너희들은 너무 걱정하지 말기 바란다. 물론 이것으로 충분한 병원비가 될지 그렇지 못할지는 모르겠지만 아비 계산엔 대충 마무리할 돈은 되지 않겠나 하는 바람이다. 그리고 매월 나오는 금액 안에서 우리가 자유로이 쓰는 것에 너그러운 이해로 간섭하지 말아줬으면 하는 바람이다. 이 글을 쓰면서도 주위 노인들의 독백과 푸념의 그리메가 머릿속을 꽉 채워, 울 수도 웃을 수도 없는 먹먹한 심정이란다. 노인 기초연금이 나오면 부모 몰래 찾아 쓰고도 돈 내놓으라고 말하면 자식이 필요해서 썼는데 노인이 무슨 돈이 필요해 치사하게 그런다고 행패 부리는 일이 빈번하다는 푸념을 들으면서, 너희들이 매오로시 보내주는 깊은 사랑 속에 오히려 투정이 웃자란 것 같아 미안하기 그지없다.

언제인지는 알 수 없는 미지의 생 끝자락 열반 적정, 윤슬 같은 아름다움 속에 잠길 수 있기를 염원해 본단다. 어쨌거나 신체를 마음대로 움직일 수 없을 때가 오면 요양원으로 보내다오. 정신적으로도 너무 퇴화해서 자식도 몰라본다면 요양원이나 집이나 무슨 차이가 있을까! 너희들의 효심은 가슴이 넘치도록 뿌듯한 마음으로 늘 감사하고 있단다.

** 나의 치부를 드러내는 일 쉽지 않은 일이기에 망설이고 망설였지만, 나 혼자만이 겪는 일이 절대 아니기에 늙은 조부모나 부모를 모시는 세대들에게 이해를 바라는 마음에서 이 글을 썼음을 밝힌다.

못 지켜진 약속

 지난 2월 15일 오전 10시쯤 손 전화기에서 울리는 멜로디에 끌려 확인하니 사돈의 반가운 전화가 나를 불렀다.
 무척 반가운 마음이 창으로 스며드는 따스한 햇볕처럼 온몸을 휘감는 포근함 속에서 기분이 한결 상쾌했다. 지난 2월 10일 간단한 덕담으로나마 행복한 명절 보내시란 안부를 드렸고 찾아뵙고 싶으나 극성을 부리는 '코로나'가 잠잠해지면 만나기로 약속한 지 5일 만에 전화가 온 것이다. 명절 선물로 조그마한 물건을 택배로 보내 드렸는데 택배의 폭주로 명절 전에 도착이 되지 않고 15일에 배달이 되어 잘 받았단 인사의 전화였다. 통화가 종료되고 십여 분 뒤에 또 통화음이 울려 확인하니 사돈께서 영상통화로 부르셔서 사돈 두 분과 우리 두 내외는 얼굴 마주 보며 회포를 푸는 동안 과학과 문명의 발달 덕분에 한자리에 모여서 대화하는 첨단 세계에 살고 있음을 실감하며 "사부인 얼굴이 건강해 보이시고 젊어지셨어요!" 아내에게 덕담을 주시는 사부인의 말씀에 "지금 세수하고 화장했어요!" 아내의 대답에 사부인이 웃으시면서 "나도 화상 전화할 땐 꼭 화장하고 해야겠어요. 사부인 정말 젊어지셨어요." 화기애애한 통화가 20여 분 지속하였고 "세상이 참 좋아졌어요. 미국에 있는 딸, 사위 손주들과도 얼굴 마주 보며 통화하고 나면 보고 싶음에 많은 위안을 받습니다." 사돈의 말씀을 끝으로 통화를 종료하고 아내에게 말했다.

"사돈하고 영상 통화한 건 이번이 처음이네. 앞으로는 종종 영상으로 통화해야겠어!" 아내의 대답 또한 의외란 반응이었다. 사돈과의 화상통화를 몇 번 시도한 적이 있었으나 이루지 못했음을 상기하며 "사돈이 화상통화 방법을 배우셨나 봐." 아내의 말에 나도 맞장구를 치면서 외국에 있는 식구들과의 통화는 언제나 화상통화로 진행되는 나의 경우를 생각하며 사돈과의 통화도 신문명의 산물인 화상통화로 해야겠다고 생각했다. 한국으로 온 후로 여행도 같이 다니면 좋을 것 같아 몇 번이나 같이 여행 다니자고 사돈께 말씀드렸으나 두 번 정도 함께 하는 시간이 그렇게 좋고 행복한 시간일 수 없었다.

소래 포구에서 생선회를 그토록 맛있게 잡수시던 모습이 주마등처럼 마음속을 맴돌고 주문진 포구에서 생선회로 점심을 먹었던 기억, 손 마주 잡고 낙산사를 거닐며 즐겁고 행복했던 시간 속에서도 자식들의 무사 안녕을 비시며 크나큰 초를 네 개를 사서 동해의 푸른 바다를 굽어보시는 해수관음상 앞에 불을 붙인 촛불을 고정하고, 정성 다해 예를 드리셨던 자식 사랑의 애절함이 판박이로 남아 있다. 워낙 바람이 거세서 초에 불붙이느라 많이 힘들었던 기억도 생생하고……

사돈이 옛날 거래처였다는 양양시장도 사돈 내외와 우리 내외 넷이 다녔던 즐거움 또한 잊을 수 없는 추억이었지!
자식을 서로 나누어 그들의 인생을 열어주는 일이야말로 그 이상 더 친밀하며 가깝고 거룩한 관계가 있을까? 사돈과 보낸 지난 일들이 신기루처럼 나타나 아프게 마음을 할퀴고 지나며 두 눈에서 떨어지는 눈물이 무릎을 적신다.

  영상통화 끝나고 서너 시간쯤 사부인의 전화를 받고 허망하고 쓰린 안타까움에 아무 생각도 할 수 없었고 멍하니 허공만 바라보며 허무 속에 묶여서 헤어날 수 없었다.
  보내드린 선물 한 봉지를 잡수시고 목욕탕에 가신 것이 이승의 마지막이었다니, 도저히 믿기지 않은 인생의 무상함이 이렇게 갑작스럽게 찾아오리라곤 상상도 못 했던 일이었음에 사부인께서는 얼마나 참담하고 크나큰 슬픔을 감당하실지 걱정이 앞선다.

  이승의 하직을 아셨던 것일까? 생전에 얼굴이라도 보시려고 영상통화로 부르셔서 그렇게 마지막을 장식하셨을까! 당신 큰딸이 제왕절개로 딸 둘을 분만했을 때 이제 더 아기를 낳지 말라고 했건만, 대를 이어줄 아들을 낳아야 한다고 당신 딸의 생명을 담보삼아 기어이 아들을 낳게 해주신 그 은혜 갚지도 못했는데 그 외손자가 대학에 가는데 한 번의 상면밖에 못 하고 이토록 허무하게 이승을 하직하시다니요!
  '코로나'의 두려움 때문이란 핑계로 마지막 가시는 길 배웅도 못 하여 죄송하고 송구한 마음 금할 길 없다.
  사돈! '인명재천'이라고 했지만, 예고 없는 이별 속에서 슬픔만이 몰려오고 허무 속에서 헤어날 길 없습니다. 이제 모든 아픈 사랑 내려놓으시고 영원한 본향길 평안히 가시옵소서! 언제인가 그곳에서 다시 만나 꽃 속을 춤추는 나비로 환생해서 손에 손잡고 마음껏 행복길 날아봅시다.

내 그리운 벗

    생각만 해도 가슴 설레며 보고 싶었던 자네였어!
    60년이 흘렀어도 언제나 코흘리개, 옛날처럼 순수했던 우정이었지.
    냉엄한 세상 속에서 허우적거리며 살기 위한 몸부림의 극한 속에서도 자네와 나 둘이 만나면 막걸릿잔 비우면서 밤이 가는 줄도 몰랐었지.
    부끄럽도록 가난했고, 기댈 언덕 없던 우리는 그래도 부모 탓을 해 본 적이 없었어.
    자네와 만날 때만은 복잡한 밤 서울 거리에도 노란 달맞이꽃 들국화가 만발하게 피었었고 개망초꽃은 발길에 차이도록 지천으로 피어 있었는지 몰라.

    가냘프게 저 멀리서 희푸른 안개가 일렁여 가까이 올수록 또렷이 나타나 토해내는 쑥부쟁이꽃은 언제나 반갑게 우리를 반기며 거름기 짙은 고향 냄새를 선물해 줬었지! 어쩌다 몇 푼의 술값이 생기면 누가 먼저랄 것 없이 만나서 얼큰한 기분에서도 헤어지기 아쉬워 종로 바닥을 헤매 다니면서 우리가 제일 똑똑한데 세상이 몰라준다고 울분을 토하기도 했고, 통금시간이 가까워 오면 집사람에겐 예고도 없이 미아리 우리 집으로 들이닥쳐 사글세 단칸방에 병아리 셋을 품고 누워있던 마누라는 당황하여 어찌할 바를 몰라 쩔쩔맸고, 그 좁은 공간에서 잠자듯 말 듯 새벽이면 어김없이 일터로 나가곤 했어.

내가 미국에 이민 떠나고부터 자네와의 만남이 없었고 그러는 사이 자네의 전화번호도 바뀌길 몇 번, 아주 가끔 친구들을 통하여 자네의 안부를 전해 듣곤 했는데 자네와 직접 전화는 할 수 없었지! 친구들 말이, 모임이나 애경사 때도 참석하지 않고 전화번호도 모른다는 말뿐이었지. 그래도 몇 년 동안은 아주 가끔 자네가 전화하는 바람에 소식은 알고 있었지만 정작 내가 자네한테 전화를 걸면 받지를 않는 거야.

고국에 있는 친구들에게 자네 전화번호 물으면 대답은, 내가 아는 전화번호를 알려주는 거야. 이 친구들도 자네에게 전화 걸지 않았거나 자네도 전화하지 않아 그전 전화번호만 알고 있었던 게지! 몇 년 전이었지, 내가 신경쇠약으로 우울증에 몹시 시달리던 때였을 거야.

불면증으로 밤을 새우면서도 새벽 5시면 어김없이 일터로 나가야 했고, 시간이 흐를수록 생의 의미를 잃고 방황하면서도 살기 위한 처절한 삶의 전투는 멈출 수가 없었지!

하루를 때우려는 두려움에 억지로라도 잠을 자야 했기에 아무도 모르게 매일 저녁 독한 양주를 안주도 없이 마시고 비몽사몽 자명종이 울리면 또 하루가 시작되곤 했었지.

늪 속으로 깊이 빠지는 반복되는 생활 속에서 마음의 날카로움은 나의 생을 갉아먹고 있었고 검은 구름은 늘 나를 감싸고, 누구를 막론하고 꼬투리만 잡히면 살쾡이처럼 달려들어 물어뜯고 싶던 때였어. 모든 사람은 물론 심지어 가족까지도 얼굴 보기가 싫어졌고 아무것도 아닌 일에 호랑이처럼 으르렁거리며 덤벼들 기세였지.

어느 날인가 요란히 벨이 울려서 잠결에 자명종이 울리는 줄 알고 급히 일어났는데 전화벨 소리였어! 시계를 보니 새벽 3시 20분 치미는 짜증을 삼키면서 전화를 받으니, 첫소리부터 농담이 흘러나왔어! 나는 볼멘소리로 자네에게 귀찮아서 대답했지 "지금 3시 20분이야, 농담하려거든 내일 낮에 걸어라." 그 소리엔 대답도 하지 않고 계속되던 농담 끝에 아들 장가간단 얘기 하고 전화를 끊더군. 아침 내내 기분이 가볍지 않았어. 며칠이 지나서 토요일 좀 늦은 저녁이었지 내일은 휴일이라 좀 편히 쉰다는 해방감에 술을 조금 많이 했어!

지난번 자네 전화에 짜증 냈던 일이 마음에 걸려 전화했으나 받지 않아 뜻을 이루지 못했지!

자네 아들 결혼을 어느 예식장에서 하는지 친구들에게 전화해 물었으나 모두 연락받지 않았단 대답이었어.

그 후로 몇 번이나 전화했지만 통화를 하지 못해서 한국에 있는 친구들에게 자네 전화번호를 알아봤는데 내가 알고 있는 번호였지만 걸고 또 걸어도 뜻을 이루지 못했지!

세월이 흐르는 동안 연락은 두절되고 언젠가는 만난다는 생각으로 1년이 지나 한국에 오게 되어 친구들과 만나서 어떻게든 자네의 연락처를 알아보겠다고 우리들끼리 다짐했으나 미국에 온 후에도 친구들의 대답은 모른다는 얘기뿐이었지만, 만날 수 있을거라는 희망과 믿음으로 자네를 기다리고 있었어!

2년 전인가 집사람의 병세가 심해서 한국으로 와서 병원에 입원시키고 병간호하느라 다른 거 생각할 틈이 없었고 친구나 친척한테도 알리지 않고 6~7개월 있다가 다시 미국으로 갔다가 집사람의 치료 때문에 작년에 한국으로 나왔지.

작년 10월에도 친구들과 만났지만, 자네의 소식은 모두 알지 못했고 총동원해서 자네의 연락처를 알아보자고 다짐하는 일 외엔 할 수 있는 일이 없었어.

 어디를 가는 일이나 거리를 다니는 일도 거의 없고 한 달에 두 번씩 아내와 병원 가는 일 외엔 집에 있으면서 어쩌다 운동 겸 시장에 볼일로 읍내를 다닐 때, 뒷모습이 자네와 비슷한 사람을 보면 걸음을 재촉해 그 사람 앞으로 가서 확인하고 남는 건 자네를 보고픈 아쉬움에 하늘 바라보며 토하는 한숨뿐이었지!

 12월 며칠인가 한 친구의 전화를 받고 너무 황당하고 놀라서 한동안 멍하니 하늘만 쳐다보고 있었어! 자네가 죽고 유품을 정리하다가 상의 양복 속에서 명함 한 장이 나와서 자네의 죽음을 아주머니가 알리신 거였어. 손전화의 모든 전화번호 지워버리고 하물며 친척들 전화번호까지 모조리 지우고 수첩도 없애버려서 연락할 방법이 없었단 말씀이었어.

 그 당시엔 나도 한국에 있었고 친구들과도 세 번이나 함께 만났고 엊그제도 만나서 자네 얘기로 시간을 보내곤 했던 그 순간, 친구는 이승과 저승을 넘나들며 힘들고 곤혹스러운 외로움과 싸우고 있었음을 생각하면 안타깝고 서글픈 마음 무어라 표현할 수 없었고 이승에서는 다시 볼 수 없는 친구의 모습만 그리고 있었단다.
 자네 아들 결혼식 때 친구들에게 연락이라도 해야 하지 않느냐고 아주머니가 물었을 때 자네의 대답이, 친구들 다 죽어서 올 사람 하나도 없다고 말했다고 아주머니의 말씀 듣고 많은 생각에 갈피를 잡지 못했단다.

 무엇이 어떤 이유가 자네를 그토록 폐쇄된 공간 속에 가두어 놓고 살게 했을까.

경제적인 이유야 자네보다 못한 친구들 무척이나 많았고 사회적인 지위도 자네보다 나은 사람 몇이나 될까? 자네 스스로 친구들과의 연락을 끊고 고립된 생활 속에서 얼마나 힘겹게 살아왔나를 생각하면 가슴이 메어오고 꼭 내 잘못인 것 같아 마음 추스르기 힘겹네.

몇 년 전의 통화에서 나의 잘못된 짜증으로 친구를 만나면 미안함을 풀려고 그토록 만나기를 고대하고 있었건만 이승에서 풀지 못한 미안함, 나는 어디에서 풀란 말인가?

아주머니 만나서 한 줌 재로 변해 좁다란 함 속에 있는 친구 모습 보며 한없이 눈물 흘렸다네! 그토록 즐기며 같이 마시던 소주, 자네에게 부어주니 자네가 알기나 하겠나!

이젠 이승의 모든 걱정 다 잊어버리고 그 세상에서 행복하게 지내시게.

쓰리게 아픈 마음 저세상에서 만나면 자네와 나 지극했던 우정 영원한 꽃이 피겠지!

지도자는 성자를 뽑는 것이 아니다

요즘 뉴스매체를 통하여 흘러나오는 말들 때문에 착잡한 마음을 속일 수 없다.

대선이 얼마 남지 않은 시기라서 그러려니 하지만 도가 지나친 오가는 말들에서 경제는 세계 몇 위권을 넘본다고 호들갑이지만 의식수준과 정치는 후진국에 머물러 탈피할 기미가 보이지 않는 기형적인 모습에 착잡한 마음 금할 길 없다.

우리나라의 첫 번째 선거로 1948년 5월 10일 총선은 광복 이후 제헌의회 구성을 위한 선거였다. 미군정의 주관으로 21세 이상의 유권자로 임기 2년의 국회의원 200명을 뽑는 소 선거구제로 보통, 평등, 비밀, 직접 투표로 우리나라 민주주의 출발이 시작되었다.

제헌국회의 간접 선거로 이승만 대통령이 당선되고 1950년 제2대 국회의원 선거에서 여권이 참패하자, 간접 선거로는 재선에 승산이 없음을 직감한 여권에서는 그 당시 전시 상황을 빌미 삼아 계엄을 선포하고 보안이라는 명목하에 공권력이 국회의사당을 포위 국회의원들을 겁박하여 1952년 날치기 통과된 직선제 개헌안에 의해 최초의 국민투표가 이루어져 이승만 대통령이 74.6퍼센트로 재선되었다. 손 개표 작업으로 확인하여 게시판에 직접 옮겨쓰는 방법으로 당선과 낙선을 확인했다. 제15대 김대중 대통령 임기 중 2002년부터 자동으로 투표지를 분류하고 후보자별 득표수를 집계하는 전자 개표기를 현재까지 이용하고 있으나 제18대 박근혜 대통령 선거에 국정원 부정선거 사범 댓글 문제로 시끌벅적하더니, 19대 문재인 대통령 선거에 '드루킹'인가 '킹크랩'인가 댓글과 여론조작 때문에 또 한 번 곤욕을 치르고 2020년 4월 15일 총선 때는 개표기 조작 의혹과 투표지 바꿔치기 등 부정선거 의혹에 대한 법원의 판단을 미루어 국민의 의심을 증폭시키는 아직도 풀지 못한 미결로 남아있다. 이토록 누누이 이어오는 부정투표의 근절을 말끔히 해결할 방법은 없는 것일까.

1956년 3선 제한 폐지를 위한 사사오입 개헌에 따라 치러진 대통령 선거에서 공권력은 조봉암을 비롯한 야당 측의 선거운동을 방해하고 조봉암의 지지표를 이승만의 지지표로 바꿔치기하는 등의 개표 부정도 있어 깨끗지 못한 투표 후유증에도 이승만이 당선되었다.
유세장 속에서 야당은 "못 살겠다 갈아보자." 외치고 여당은 "갈아보면 더 못 산다." 응수하며 유권자 마음 잡기에 몰두했다.

선거 유세 중인 마산에서 자유당과 민주당이 마주 보는 유세 현장에 재미있는 일이 일어났다.
민주당의 박순천 여사가 "이리(자유당 대통령 후보 이승만 부통령 후보 이기붕) 조리(무소속 대통령 후보 조봉암 부통령 후보 박기출) 가지 말고 신장로로 가자. (민주당 대통령 후보 신익희 부통령 후보 장면)"라고 고함치면 자유당에서는 "신장로는 무너졌다, 이리로 가자."라고 맞받아치면서 유세장을 데웠고 자유당 말재주가 민주당 박순천 여사를 당할 수 없으니까 "대낮에 암탉이 울면 집안이 망한다."라고 몰아붙였고 민주당 박순천 여사는 "암탉이 한번 울면 알을 낳아서 학생들 학비를 보태주지만, 시도 때도 없이 대낮에 수탉이 울면 모가지가 비틀어진다."라고 응수했다. 살벌한 유세장이었지만 한편으로는 유세하는 모습들에서 해학과 웃음이 솟구치기도 했다.

제4대 대통령으로 당선된 이승만이 부통령 이기붕 선거의(3·15부정선거) 부정으로 4·19의 도화선으로 번지자, 이승만은 물러나고 허정의 제2공화국 헌법 공포로 대통령 선거가 직접 선거에서 국회 간접 투표로 민주당의 윤보선이 대통령이 되었다.

5·16 정변을 주도한 박정희는 국가재건최고회의 의장으로 취임해 2년 7개월간 군정을 실시했으며 1962년 3월 윤보선 대통령의 사임으로 대통령 권한 대행도 맡으면서 1961년 12월 6일 국가재건최고회의에서 대통령 직선제를 골자로 한 개헌안을 국민투표로 확정하고 1963년 10월 15일 개정된 제3 공화국 헌법에 따라 1963년 제5대 대통령으로 당선되어 6대 7대 대통령을 하면서 1969년 박정희 정권은 대통령의 3선 연임을 허용하는 내용의 개헌안 통과로 장기 집권의 길을 열어 유신헌법에 따라 통일주체국민회의 대의원에 의한 간선제로 임기 6년의 8대, 9대까지 연임 하였고 10, 26사태로 박정희가 피살되자 국무총리였던 최규하가 대통령 권한대행을 했고 통일주체국민회의에서 최규하를 대통령으로 당선시켜 10대 대통령이 되었다.

12·12 전두환의 군사 쿠데타로 1980년 최규하 대통령은 평화적인 정권교체에 전통을 남긴다는 미명하에 사임하고 통일주체국민회의에서 전두환이 11대 대통령으로 취임, 유신헌법 대신 대통령 임기 7년 단임과 간선제를 통한 대통령 선출의 제5 공화국 헌법을 마련해 국민투표로 확정하고 이에 따라 12대 대통령은 선거인단을 통한 간접 선

거로 전두환이 당선된다.

노태우의 6·29민주화운동 선언으로 개정된 헌법에 따라 직선제로 시행하여 1987년 12월 노태우가 제13대 대통령으로 취임한다. 그 뒤 현재까지 직선제로 제14대 김영삼 대통령, 제15대 김대중 대통령, 제16대 노무현 대통령, 제17대 이명박 대통령 제18대 박근혜 대통령의 탄핵이란 비운을 맞았고 제19대 문재인 대통령으로, 역대 대통령 중에 임기 중이나 임기를 마치고 편한 삶을 누린 전직 대통령이 손꼽을 정도란 비운은 국민 전체의 아픔일 수밖에 없다.

해방되고 민주주의의 첫발을 딛는 제헌국회의 초대 대통령의 탄생으로부터 시작한 대한민국은 민주주의의 진정한 의미들은 권력의 도구로 변절하고 권력을 유지할 욕심으로 도깨비방망이같이 편리대로 헌법을 뜯어고치며, 욕심을 채우기 위해서 위법을 저질렀지만, 일말의 양심은 살아있어 법치를 무시하지는 못하고 개헌이란 이름으로 바꿔서 차린 그 욕심들이 도를 넘는 몰염치와 부정선거에 국민들이 분노하며 세상을 바꿔버린 일들이 어디 한두 번인가.

기득권 세력의 도덕적 해이, 사이비 진보 세력의 관념적 '포퓰리즘', 당리당략의 어지러움 속에서 공무원들은 민의는 뒤로하고 탁상행정으로 몸보신만 신경 쓰는 세상이라면 과연 국가는 어디로 갈 것인가?

나날이 치졸해지는 선거운동에 국민들의 허탈한 가슴은 누가 어루만져 줄 것인가? 자고 나면 신문이나 '티브이'에 도배되는 '프레임' '네거티브' '마타도어'가 난무하는 광경을 접하는 국민들은 듣기도 싫고 매스껍기 그지없다.

한술 더 떠서 말꼬리 붙잡고 다투는 모습들을 보면서 헛웃음만 나온다.

내 편이든 상대편이든 잘못된 건 잘못됐다고 인정하는 예의는 없는 것일까 내 편이나 상대편의 잘잘못을 국민들은 다 알고 있는데 내 편의 잘못은 잘못이 아니라고 두둔하며 상대편의 잘못만 부각하는 모습들에 과연 국민들은 어느 편 손을 들어줄까? 툭 하면 국민을 볼모로 집착하는 정치권을 보면서 국민의 알 권리를 핑계 삼아 펼치지 말아야 하는 구질구질한 인신공격을 뻔뻔하게 지껄이는 모습을 볼 때마다 당리당략임을 모를 국민이 있을까 '주머니 털어서 먼지 안 날 사람' 있겠나! 국민들이 듣고 싶고 알고 싶은 것은 인신공격이 아니요. 칭찬은 못 할지언정 상대편을 인정해 주며 정책대결을 펼치는 '포지티브'의 아름다운 모습 속에서 진정으로 국가와 국민을 위하는 정책을 듣고 싶은 것이다. 필자는 보수도 아니요. 진보도 아니고 어느 쪽의 정당인도 아니며 좌, 우 어느 쪽의 정책과 인물 됨됨이에 '포커스'가 쏠리면 기쁜 마음으로 한 표 행사하고 싶다.

대통령 부인을 뽑는 선거도 아니요. 예수님이나 부처님처럼 지도자는 성자를 고르는 것이 아니기에 국가와 국민을 위하는 애국정신과 옳은 일은 반대가 뒤따라도 이행하는 추진력, 무쇠도 녹일 수 있는 열정으로 뭉쳐 있다면 다소 좋지 않은 일이 있다고 하더라도 지도자로서 큰 흠결이 되지 않는다면, 짐을 맡겨도 되지 않겠나 생각에 잠겨본다.

마약보다 더 지독하여 끊기 어려운 게 권력이라 했던가?
필자는 이제껏 장자(長字)를 받아본 것은 딱 세 번이었다. 초등학교 다닐 때 반장(班長)이 첫 번째요, 결혼하여 얻어진 가장(家長)이 두 번째요, 군에 가서 제대 무렵 받은 병장(兵長)이 세 번째이다. 세 번씩이나 장(長)자를 받은 것도 어느 것 하나 맡겨진 임무에 충실하지 못했음이 양심을 찌르는데 국가발전과 안위를 책임지는 지도자의 고뇌를 나 같은 범인(凡人)이 과연 상상이나 하겠냐만, 좋은 대들보와 기둥감을 고르기 위하여 험한 산을 수없이 헤매는 목수처럼 예술의 가치를 찾아 산과 냇가를 수없이 다니면서 수석을 고르는 수석 애호가처럼 지도자를 고를 때 귀중한 내 한 표를 행사하기에 심사숙고해야겠다고 다짐에 다짐으로 마음을 추슬러본다.

행복

지난 팔월 마운틴 높은 산 숲속 골짜기를 신선한 숲의 공기와 자연의 풍요로움도 느낄 겸 또 그곳에는 복분자 군락지가 있어서 그것도 따올 겸 산에 올랐다. 내가 간 곳은 마운틴의 칠 부쯤? 그곳 골짜기에는 이름 모를 산새들의 지저귐이 맑고 청아한 숲속을 메아리치며 맴돌고 있었고 다람쥐들이 도토리를 줍느라고 정신없이 부산스러웠다. 계곡을 흐르는 맑디맑은 초록색의 물은 바위 사이를 굽이돌며 경쾌하게 노래 부르고, 수목 사이사이로 쏟아지는 눈부신 태양 빛줄기는 천상에서 지상으로 오르내리는 천사들의 전용 사다리같이 보였고, 나뭇잎의 틈새로 빠끔히 보이는 하늘은 그렇게 파랄 수가 없었다. 사랑하는 내 조국 우이동 골짜기를 온 듯한 기분에 감회가 새로웠다. 그곳엔 지금도 화려한 운치를 마음껏 뽐내면서 찌든 민생들의 마음에 안식을 나눠주고 있겠지!

멈춤 없이 흐르고 있는 물은 한가한 여유를 주지 않고 계속해서 새로운 물들이 밀고 내려오고 밀려가고 있음을 보고 있자니 우리네 인생에서의 흐르는 시간도 저렇게 새로운 시간에 밀려 멈출 사이도 없이 흘러가고 있다고 생각하니 현재라는 이 시점은 세상에 다시 있을 수 없는 시간임에 너무나 소중함을 느꼈다.

어제의 오늘이 아니고 오늘이 내일이 아님처럼 항상 새로운 시간 속으로의 인생 여행은 싫든 좋든 목적지까지는 흐르는 시간과 함께 경험해 보지 못한 새로운 곳으로 밀려가야만 하겠지! 행과 불행의 틈새에 끼어서 이쪽저쪽을 오가며 외로움과 고독함도 토해내고, 행복이라는 달콤함도 맛을 보면서 시간의 흐름 따라 지나가는 나그네 인생길을 가는 동안만이라도 아름다운 행복 속에서 살기를 염원하고 그 행복을 찾기 위하여 고독과 불만과의 다툼 속에서도 다시 올 행복을 바라는 기다림 속에서 사는 게 인생이 아닐까!

그러나 그 행복은 찾는다고 찾아지는 게 아니지 않겠나! 누구나 살아가면서 행복의 순간을 경험해 보지 않은 사람은 없겠지! 그러나 그 행복은 순간으로 끝나고, 또다시 다른 욕구와 불행들이 순간의 행복을 매몰 시켜 버리지만, 우리 인생은 행복했던 그 순간만을 잊지 못해 그리워하고 있는 것은 아닌지! 행복이란 물과 시간의 흐름과 같아서 우리에게 한가롭게 머물면서 즐거움만 선물할 수 없는가 보다. 그래서 "오는 행복 좇지 말고 가는 행복 잡지 마라." 했던가!

진정한 행복은 어디에 있는 걸까? 사전에서는 행복을 '생활에서 충분한 만족과 기쁨을 느끼는 흐뭇한 상태'라고 정의하고 있다. 일생을 살아가는 동안, 항상 충분한 만족과 기쁨을 누리며 사는 그 삶은 자신의 마음속에 언제나 자리하여 일상에서 일어나는 모든 삶에 여정을 긍정적인 사고와 감사함으로부터 오는 선물이 행복이 아닐까 생각해 본다.

나를 낳으시고 길러주신 부모님의 깊은 사랑에 대한 감사, 살아가기 외롭고 적적한데 정을 나눌 수 있는 이웃이 있어 외롭지 않음에 대한 감사, 자유를 허락하고 지켜주는 사회와 국가가 있으므로 의 감사, 혐오감 투성이의 거리를 말끔히 청소하여 산뜻한 기분으로 만들어 주는 미화원 아저씨의 사랑스러운 마음씨에 감사, 일용할 양식을 항상 구입할 수 있게 해주시는 피땀 어린 농부들의 수고로움에 감사 등등 내가 살아가는 데 필요한 모든 것이 나를 위하여 존재하고 쓰임을 바라고 있다면, 그래서 범사에 감사함과 은혜로움 속에서의 즐거움이 참 행복이 아닐까!

이렇게 생각하는 내 자신도 그 행복이 하루에도 몇 번씩이나 왔다 갔다 함은, 반쪽짜리 행복 속에 살고 있음이 틀림없기에 쓴웃음이 나옴을 감출 길 없다.

나는 과연 언제나 참 행복을 누리며 살 수 있을까? 일상에서의 은혜로움과 감사 속에서 살고 있으면서 그 고마움을 수시로 잊고 있음은, 영혼의 맑음보다 육신의 과욕이 항상 불만을 불러 모으고 미래에 대한 불확실성의 고민은 항상 나를 두려움으로 묶어놓아 버리고 빛도 없는 교만은 고개를 숙일 줄 모르니 감사가 자리할 틈새가 있겠나 자책해 보면서, 지고하신 분의 말씀대로 살기를 소망해 본다.

"그러므로 내일 일을 위하여 염려하지 말라. 내일 일은 내일 염려할 것이요, 한날 괴로움은 그날에 족하니라." (마: 6장 34절)

유년의 회억

　유년의 추억 속에 그때도 오늘처럼 맑고 쨍쨍했던 햇살은 동심의 머리 위를 따갑게 비춰주고 있었지! 아니 비가 와도 좋았고, 눈이 와도 즐거웠고 바람 불어도 상관없이 선동(善童)과 악동(惡童)이 무엇인지도 모른 채 짓궂은 장난꾸러기로 영롱한 하늘색과 초록의 향연을 갈망하면서 근심, 걱정 하나 없던 시절이었어!
　소똥구리가 소똥 굴리는 모습에도 까무러치도록 웃음이 터졌고 길 위에 가끔 누워있는 뱀만 보면 친구는 웃자란 쑥대를 꺾어와서 옆에서 기다리고, 뱀 머리에 오줌을 누면 꼬리에 힘을 잔뜩 주고서 일어서는 뱀을 향해 쑥대로 목을 내려치면 목이 뎅강 떨어지고 몸은 그대로 넘어져 바둥거리는 모습 보면서 희열을 느꼈던 어린 시절, 지금 생각하면 부끄럽고 무모한 잔인함을 생각할 때 얼굴이 절로 붉어진다.
　뱀의 꼬임에 넘어간 최초 우리 조상이 뱀을 그토록 미워해서 원죄의 혈통을 타고난 인간이었기에 그토록 잔인하게 했는지는 모를 일이나 어린 시절엔 아무것도 모른 채 뱀만 보면 죽이던 버릇은 어떻게 설명해야 이해가 될까? 필자는 단기 4276년에 태어나서 2년 후에 해방을 맞고, 1950년 6·25전쟁이 발발하여 온 가족의 피난길 속에 지금도 지워지길 거부하고 있는 기억 속에서 가끔 생각이 떠오를 때 무섭고 두려운 생각이 엄습한다. 피난길에 오르면서 우리 집 뒷산에 구덩이를 넓게 파고 그 많은 벼 가마니를 넣고 가마니 위에다 볏짚을 펴놓고 흙을 덮어놓았던 일과 남한강을 건널 때 꽁꽁 얼어버린 얼음 위로 수많은 군용차와 탱크들이 다녀도 깨지지 않는 것을 보면서 두려움보다는 신기함이 앞섰던 기억, 강을 건너 논둑길로 많은 피난민 대열이 이어지고 있는데 비행기에서 떨어지는 폭탄의 폭음과 기관총 소리가 천지를 뒤흔들 때 파편에 맞아 죽은 사람 팔이 부러지고, 다리가 부러져 피투성이가 되어 흰 눈 위에서 뒹굴며 울부짖는 아비규환 속에서 다친 사람들 간호보다 자신이 살기 바빠 그 많은 사람이 논두렁 밑에 납작 엎드려 있었던 참담했던 일들 그때 처음 죽은 사람들을 보았고 다친 사람들의 흘린 피가 새하얗던 눈이 모두 핏빛으로 물든 참혹한 광경에 벌벌 떨며 마음속으로 전쟁이 끝나기를 비손하면서 만파식적은 어디에 숨어있을까 고심하기도 했었지. 한참을 가다 날이 저물 무렵 동네에 도착했는데 동네마다 주인들은 없고 워낙 추워서 문짝까지 화목으로 때는 바람에 헛간에도 방에도 문짝 없기는 마찬가지 콩나물처럼 빽빽이 누울 틈도 없이 앉아서 오돌오돌 떨던 생각, 발이 부르터 물집을 바늘로 따면서 도착한 외가댁에 할아버지 할머니만 남아 계셔서 난리 중에도 방 문짝만은 고스란히 남아서 안심했던 기억들…

북한군과 중공군이 퇴각하는 중에 한국군과 미군, 유엔군들이 중공군을 쫓고 있던 때 시골 마을에는 피난 갔다가 국군 쫓아 고향에 온 사람들과 피난을 가지 않고 고향을 지켰든 사람들이 쌀라대는 영어를 어떻게 알아듣겠냐만 미군이 뭐라 하면 '오케이'라고 대답하면 된다는 말만 들었는데 얼마 있다가 어떤 청년을 손이 묶인 채 끌고 와서 뭐라고 쌀라대며 동네 주민인 나이 많으신 어른한테 물었으나 알아듣지 못하는 노인이 무조건 '오케이'가 생각나 '오케이' 하자마자 미군이 그 사람을 총살한 일이 있었단다. 총살 후에 통역관이 와서 자세한 얘기는 들었는데 그 청년이 여기가 고향이라고 우기면서 북한군이 아니라고 말을 하여 이곳으로 데리고 와서 주민한테 북한군이냐고 묻는 말에 알지도 못하고 무조건 '오케이' 해서 죽였다는 것이고 이 청년은 북한군 패잔병으로 네 명이 도망 다니다 세 명은 죽고 마지막 남은 사람이라고 통역관을 통해서 안 사실이어서 동네에서는 우스갯소리로 영어에 도통한 노인이라고 농담도 많았단 옛이야기지만 만약 민간인이었다면 어쩔 뻔 했을까 간담이 서늘한 노릇이었지.

그때는 전쟁 중이라 먹을 게 없어 무척이나 고생이 심했던 시절이었지. 미군이 먹다 버린 비상식량인 '씨-레이션'을 주우면 먹을 것이 많았다. 그 시절 통조림이 없던 시절이어서 어느 노인이 '씨-레이션' 통조림으로 잘못 알고 혼자 잡수시려고 손주들마저 들어오지 못하게 방문을 걸어 잠그고 수류탄 고리를 빼는 바람에 터져서 시체가 조각조각 흩어져 있었다는 소름 끼치는 일이었지만 손주 셋을 불러 같이 있었다면 더욱 크나큰 비극이 일어날 뻔했음에 그나마 큰 다행이었어!
우리 마을에서 일어난 일들은 아니기에 다행이었지만 어느 동네서 그런 끔찍한 일들이 일어났는지 알 길은 없지만 유년 시절에 어른들의 말씀이었다.

미군 트럭이 지나가면 쫓아가면서 "기브미 껌?" "기브 미 초콜릿?" 하면 하얀 바둑 껌을 한 개씩 던져주고 줍는 모습 보며 재미있어하던 치사하고 얼굴 뜨거운 유년 시절이 하늘 저쪽 구름발치처럼 아득한 기억이었지. 그때엔 도시에는 껌이 있었겠지만 내가 자랐던 벽촌엔 껌이 없어서 소나무에서 고체 송진을 따서 입에 넣고 씹으면 송진 냄새가 너무 고약했지만 억지로 참으면서 얼마를 씹으면 찰고무같이 뭉쳐지면 넝쿨 과에서 달리는 쫀드기라는 열매가 있는데 둥글고 파란 열매를 입으로 깨트려 겉껍질을 벗기면 우윳빛 같은 속 껍질이 나오는데 그것을 많이 벗겨서 씹던 송진에 합쳐서 씹으면 뻣뻣했던 송진이 어느 만치 부드러운 껌이 탄생했다. 그 껌이 아까워 항아리나 기둥에 붙여 놨다가 다시 씹을 땐 사카린 한 알을 껌 속에 넣고 씹으면 아주 다디단 껌으로 다시 탄생했다.

세월이 지나 필자가 월남전에 참전했을 때 작전 차량 행렬 뒤에 어린이들이 "기브미 초콜릿" "기브미 비스킷" 외치며 따라오는 모습을 보면서 불현듯 유년 시절의 내가 보이고 형언 못 할 부끄러움이 엄습하면서 갈마드는 쓰린 가슴을 문지르고 있었지. 보급품은 충분했으니까 초콜릿, 비스킷을 봉지째로 던져주고 유년 시절에 줍고 얻어먹었던 '씨-레이션'을 이곳에서 다시 먹는 감회는 전쟁의 아픔을 씹는 쓰디쓴 맛이었다.

일생을 살아오면서 첫 번째 유년기에 겪은 전쟁은 무엇인지도 인지하지 못한 나이이기에 폭탄과 총에 죽어가는 사람들을 보면서 형용 못 할 무서움에 떨던 그때 일이 가슴에 오롯이 남아 있었고 두 번째의 전쟁은 국가의 부름을 받아 죽고 죽이는 실전 속에서 살아야 한다는 일념 하나로 정글을 누볐던 기억도 지워지지 않는 '트라우마'로 남아 가끔 꿈속에서도 재현되는 정동(情動)에 식은땀도 흘린다. 제행무상이라 했던가 구절양장처럼 인간들의 심사가 올곧지 못한 명제의 빈곤 속에서 서로가 신봉하는 '이데올로기'의 충돌이 불러온 이러한 비극은 차라리 그 이념적 충돌로 끝나기보다 '이데올로기'가 무엇인지도 모르는 순수한 사람들의 무모한 희생이 총 들고 싸우다 죽는 군인보다 갑절이나 많다는 것은 모든 인류가 풀어가야 할 크나큰 숙제가 아닐 수 없다.

전쟁 중 단기 4284년(서기 1951년) 계정 분교에 입학하여 2학년을 마치고 3학년은 양동초등학교로 옮겨갔는데 학교가 전쟁 중 폭격에 타버려서 면사무소 창고였던가, 역사(驛舍) 창고였던가 함석지붕을 한 창고 안에서 가마니 깔고 앉아 1년 동안 공부할 때 비가 오면 함석 두드리는 빗소리가 무척 시끄러웠던 추억도 새롭게 떠오른다.

계정 초등학교는 단기 4267년(쇼와 9년, 서기 1934년) 양동 심상소학교 계정 간이학교로 인가받아 해방 후 양동국민학교 계정 분교로 개명되었다가 1964년 계정 초등학교로 승격했으며 42회 졸업생 1,351명을 배출을 끝으로 폐교되었다.

계정 분교 2학년 때 여름, 공부가 끝나고 친구들 넷이 공동묘지 앞 참외밭에 무르익은 참외를 주인 몰래 따러 갔다가 들켜서 도망갔던 기억은 지금도 씁쓸함의 웃음이 피어난다.

어찌나 악착같이 쫓아 오는지 죽을힘 다해서 도망했는데 서낭당을 지나고 새말 앞까지 쫓아와서 밀양골로 달아나다가 개울 숲에 엎드려 숨어있었다.

붙잡히지 않아 다행이었지만 이상한 느낌이 언 듯 스쳤다. 세 친구는 쫓지 않고 왜 나만 그토록 붙잡으려고 쫓아왔을까? 나를 쫓다가 포기하고 멀찌감치 가시는 뒷모습을 보면서 그렇구나! 넷을 한꺼번에 잡자면 한 놈도 잡을 수 없으니까 무조건 한 놈만 잡고 다그치면 그 놈이 다 실토할 거니까 그래서 나만 쫓아왔구나! 어린 생각에도 그 할아버지가 영리하다고 느껴졌다.

하학 후 학교에서 타온 분유 대여섯 숟갈을 도시락에 넣고 냇물을 도시락 반쯤 채워서 뚜껑을 닫고 마구 흔들어 혼합시켜서 먹어보는 우유 맛은 한마디로 네 맛도 내 맛도 아닌, 냇물 맛보다도 못해 쏟아 버리고 은박지속에 있는 액체 커피를 빈 도시락에 쥐어짜 넣고 냇물을 부어 휘저어 풀어서 생전 처음 마셔보는 커피는 담뱃진보다 더 쓴 맛이었지만 한 모금 마시고는 달고 맛있다고 다음 친구에게 넘기면 그 친구도 얼굴을 찡그리면서 맛있다고 하면서 다음 친구에게 넘기고 마지막 친구의 차례가 가면 표정으로 보아 분명히 좋은 맛이 아닌데 전부 마시고 아 달다 하면서 입맛을 쩝쩝 이면서 도시락을 건네주는 모습이 하도 웃겨서 키득 키득 웃으면 모두 다 배꼽 빠지게 웃던 유년 시절의 추억이었지.

회고해 봐도 그때는 왜 쓰다고 얘기하지 않았을까? 그 쓴 커피를 한 모금씩 돌려가며 먹으면서 표현하지 않은 이유가 궁금했지만 서로 골탕을 먹이려는 심보가 아니었을까?
첫 번째 내가 마셔보니 너무 써서 나는 다음 타자에게 골탕을 먹이려고 달다고 말했지만, 두 번째 타자는 왜 달다고 했을까? 나에게 속은 줄 알고 다음 타자에게 골탕을 먹이려고 그랬던 것 아니었나 세 번째까지는 이해가 가지만 마지막 친구는 모두 마셔서 줄 사람도 없는데 역시 달다는 그 말이 이해할 수 없었다.
그 일이 있었던 후 물어보진 않았지만, 친구들의 모임에서 호흡을 맞추기 위해 모두가 달다 했으니 배반할 수 없어서 분명히 쓴맛을 달다 했을 거라는 막연한 추측일 뿐이다.
여자 친구들을 먼저 보내고, 누가 먼저랄 것도 없이 그 청정한 옥수 속에 알몸으로 뛰어들어 물장구치며 놀다가 편 갈라 물싸움하다 지치면 뜨끈뜨끈한 자갈밭에 알몸을 달구고 두꺼비집 크게 짓기 내기를 하던 하얀 마음들 지금은 어디서 살고 있는지 소식 모르는 안타까움이 가슴을 먹먹하게 만든다.

공동묘지를 지나 새말 동네 입구에 몇 아람이나 되는 큰 느티나무 밑에는 크고 작은 돌무더기가 무수히 쌓여 있고 가지마다 색색의 천들이 묶인 끈들이 이리저리 걸려있어 보기에도 흉측한 기분이 들어 머리가 쭈뼛했던 기억들, 아침 등굣길에 가끔 무속인들이 굿을 하고 남겨놓은 시루떡이나 과일이 있으면 여럿이 어울려 먹었던 추억! 혼자는 죽었다가 깨어나도 무서워 먹지 못했지만, 친구들과 함께 행동하면 어디서 그런 용기가 솟았는지 유년 시절의 우정이 다시금 그리울 뿐이다.

　새말을 지나 큰 개울을 건너면 벌판엔 비교적 곧은 신작로 따라가다 보면 키가 큰 미루나무 네 그루가 드문드문 서 있었고 주변엔 삘기, 찔래, 시경이 많아서 그것들을 먹으면서 시시덕거리던 추억이 물처럼 흘러버린 옛것이 되고 말았다. 진담불을 지나며 개울 두 곳을 건너면 논둑 밑에 물레방아 간이 있는데 밝은 낮에도 혼자 그곳을 지나면 무서워서 뛰어가곤 했던 곳으로 그곳에서 도깨비에게 홀려서 고생했다는 사람이 많았다는 얘기가 전해지고 내 친구도 그곳에서 도깨비에게 홀렸었다는 얘기를 들은 다음부터는 그곳이 무섭고 두려운 장소가 되었다.

　밀양골을 지나 한참을 가다 보면 왼쪽 길로 가면 과부터골, 오른쪽으로 가면 된봉인데 그곳엔 어 씨 네가 살던 곳으로 친구가 그곳에 살고 있기에 서너 번 가 본 기억이 새롭고, 과부터골엔 큰형수님의 친가가 있으시기에 자주 놀러 갔던 곳으로 그곳에선 닥나무를 솥에다 쪄서 껍질을 벗기고 물에 섞은 양잿물에다 끓이면 겉껍데기가 벗겨지고 속 껍데기만 남으면 그것들을 떡메로 가루처럼 잘게 부숴서 물에 넣고 뭉친 게 하나도 없이 저어서 네모난 기구에다 묻혀서 한지를 생산했는데 그 진행 과정이 무척이나 신기했던 기억들, 물레방앗간을 지나 올라가면 길옆에 석 씨네 집이 있었고 집 옆에 크나큰 향나무가 있었지. 한겨울에 자루 긴 쌍메와 호롱불을 들고 밤중에 가서 별안간

쌍메로 나무를 치면 참새가 자다가 땅으로 떨어지면 줍던 재미있던 유년의 추억은 재현할 수 없는 옛일이기에 안타까움만 가득하다. 담안 앞개울 쪽으로 논 밑에는 물레방아가 있었는데 목재에서 광석을 캐다가 이곳에서 곱게 부숴서 금을 채취했던 곳으로 주인이 서 씨로 기억되는데 우리만 보면 눈깔사탕을 항상 줬기 때문에 집에 오다가 사탕 생각이 나면 그곳을 찾았었지. 담 안에서 오른쪽으로 가면 달봉을 지나 개삼밭 그곳엔 진 외 친척이 살고 있어서 수시로 드나들던 곳이었고, 논골, 작두터골을 지나 거슬치 고개 넘으면 자그마한 개울에 뚝지와 모래무지, 미꾸라지가 많아 고기 잡으러 다니던 그 시절 그리움이 가슴을 데운다.

담 안에서 왼쪽으로 올라가면 갈림길에서 왼쪽 길을 타고 가면 목재고개 넘기 전 금을 캐던 광산 굴이 여럿 있는데 굴 주위에 폐석이 무수히 쌓여 있는 변두리에 돼지감자가 많이 자라서 초봄부터 그것을 캐 먹느라 친구들과 어울리고, 진달래꽃을 따 먹으면 입술과 혓바닥이 파랗게 변한 모습을 보며 하하 웃던 모습, 탐스러운 진달래꽃 뒤엔 나병 환자가 숨어있으니 가지 말라는 헛소문에 꺾고 싶어도 입맛만 다시고 포기하곤 했던 보석 같은 시간, 말 무덤을 지나 오른쪽으로 논둑길을 지나면 샛담이고 더 올라가면 아랫 지량이 이곳이 나의 유년 시절을 오롯이 보낸 곳이고 그다음 올라가면 찰지량이인데 이곳도 심심하면 친구 찾아 때때로 즐겨 찾던 곳이었다.

명절이나 어른들 생신날이면 온 부락을 다니면서 손님 초대는 언제나 나의 몫이었고 그 심부름이 왜 그리 싫었든지 전화가 없던 시절이어서 집마다 다니며 알려야 하기에 꽤 오랜 시간이 걸리기 때문에 혼이 나야 겨우 움직이는 어린 마음의 똥배짱에 왜 그랬는지는 아직도 숙제로 남아 있다.

회갑이나 잔칫날이면 부조로 종아리 굵기보다 큰 국수 뭉치를 종이로 감싼 한 덩어리, 짚으로 엮은 계란 열 개짜리 두 줄, 생태 한 손, 집에서 빚은 술 한 동이, 메밀묵 한 판, 감주 한 동이가 전부였고 그날은 동네 전체의 잔칫날이었지. 가난하게 살았던 시절이었지만 핏줄끼리 나눔보다 더욱 친밀한 이웃사촌이었지. 가끔 찾아보는 고향엔 어른들은 모두 저세상에 계시고 선배들과 친구들 살아있는 사람 몇 안 되고 후배 몇 명이 고향을 지키고 있는 내 고향에는 마주치는 사람마다 모르는 사람들이고 옛날처럼 이웃사촌들은 남아있지 않으나 오롯한 그리움 안에서는 언제나 나를 부르며 손짓하는 어머니 품속 같은 고향! 수많은 세월이 흘렀건만 차곡차곡 은행잎에 새겨진 추억을 되새김할 때마다 유년 시절에 자랐던 고향의 산자수명, 그리운 친구들이 새록새록 또렷하게 각인됨은 어인 일일까. 유년 시절로 돌아간 시간의 멈춤 속에는 장무상망을 언약했던 친구들의 소식 가뭇없어 일엽편주로 떠도는 애련함이 구름 위에 피어나고 고샅길을 걷는 자국마다 부모님과 형제들이 웃으면서 반겨 주시고 그리운 친구들의 찐한 우정이 아지랑이처럼 모락모락 피어올라 추억의 그리움과 아쉬움으로 두 눈엔 방울방울 이슬이 맺힌다.

생의 반추

여명이 풀리기 전 더욱 까맣게 엄습하는 이 어둠 속에서도 유난히 빛나는 별들의 반짝임이 심장 속에 알알이 박혀 흐르는 순간 오늘도 살아있음을 확인하면서 높으신 분께 정성 다해 감사기도를 드린다. 언제나처럼 시간의 흐름은 밀고 오는 새로운 시간에 밀려 떠났지만, 어제의 그 시간으로 생각하고 살아온 지난 세월 연민의 아쉬움이 주마등처럼 지나간다.

고국으로 귀환 후 하루의 일상이 늘 한가한 몇 년을 보내면서 일주일이면 한 번씩 사랑하는 조카와 화상 채팅으로 대면 하면서 얼굴 보며 한 잔씩 넘기는 소주 맛은, 반가움과 기쁨의 감로수 되어 청량함과 상쾌함이 목울대를 적실 때면 몇십 번을 들어도 싫지 않은 케케묵은 옛이야기에 행복한 웃음과 사랑이 방 안 가득 밝게 비춰준다. 조카와 나는 너무나 귀중한 시간 속에서 영원히 남을 추억을 만드는 중이다.

조카도 환갑이 넘은 나이인데 아직은 일을 해도 크게 버겁지 않겠지만 무릎 수술 후 거동이 불편하여 쉬고 있는데 쉬고있어도 아주 알차게 쉬는 그의 모습에 부러움을 느낀다.

딸이 선물한 캠핑카로 가고 싶은 곳 찾아서 이리저리 여행을 즐기는 그의 모습에서는 언제나 활력이 넘침을 보면서 대견한 고마움이 앞선다. 부부가 같이 다니면 금상첨화일 텐데 질부는 취미가 맞지 않아 같이 다니지는 못하고 제발 같이 가자고 하지 말라며 당신 마음대로 여행을 다니라고 한단다.
 조카가 이삼일 일정으로 여행을 떠날 때면 며칠 먹을 먹거리는 필수이고 부족하면 쓰시라고 용돈까지 챙겨준다는 말을 들으면서 질부의 넓은 마음에 고개가 숙여진다.
 '명심보감'에 이르기를 "어진 아내는 그 남편을 귀하게 만들고 악한 아내는 그 남편을 천하게 만든다."라는 가르침이 너무나도 실천하기 어려운 일인데, 질부는 깨달음을 실행으로 보여줌에 존경을 보낸다.
 물론 내 조카도 아내에게 두터운 신임을 얻었기에 가능한 일일 게다.
 "남편의 사랑이 클수록 아내의 소망이 작아지고, 아내의 사랑이 클수록 남편의 번뇌는 작아진다."라는 명언에 수긍하고 실행한다면 행복한 가정 속이 사랑의 꽃이 시들지 않을 것이다.

 살아갈 날보다 죽을 날이 가까워져 오는 작금의 현실을 되씹으며 몇백 년 살 것처럼 죽음을 잊은 채 무궁한 세월이 나를 기다리고 있다는 착각의 연못 속에 빠져 아집과 욕심 버리지 못하고 허우적거리던 일들이 새삼스럽게 가슴을 헤집어 놓는다.
 물론 나의 바람대로 되지 못함을 알고는 있었지만 꿈을 이루려고 노력하는 땀 흘림의 순간순간이 더더욱 알차고 빛났던 시간이었다고 자위해 보지만, 이루지 못한 것들에 미련은 아직도 편린 속에 남아 윤슬처럼 반짝이는 아쉬움을 잊어야 할 것 중에 하나가 되었다.
 고려시대의 학자 추적이 펴낸 '명심보감'의 기록에 "나이는 시간과 함께 달려가고 뜻은 세월과 더불어 사라져간다." 또 '소학'에서는 "드디어 말라 떨어진 뒤에 궁한 집속에서 슬피 탄식한들 어찌 되돌릴 수 있으랴." 곰곰이 되짚어 생각해도 꼭 나에게 하는 말 같아 면구스럽기에 그지없다.

누에는 자기 입에서 나오는 실을 뽑아 다시 환생하기 전 애벌레의 머물 곳 고치라는 집을 짓는데 그 지은 집이 영글지 못하면 환생이 불가하여 죽게 되는 비극을 당하게 되는 것처럼 사람도 일생을 살아가는데 말과 행동으로 자신의 집을 지으며 살아가는 데 부정적인 말과 행동으로 일관 한다면 괴로움과 고통의 집을 지을 것이고 사랑과 희생, 긍정의 말과 행동으로 집을 짓는다면 영혼이 편히 쉴 수 있는 아름다운 집에서 영생의 기쁨을 얻을 것이다.

나의 젊었던 시절 좌절과 시름의 늪에 빠져 고뇌하며 보냈던 아까운 시간들! 깊은 강과 높은 산, 웅덩이투성이인 험한 자갈길을 수도 없이 달리면서 먹고 살기 위한 투쟁으로 몸부림치던 시절을 지나고 세월에 할퀸 상흔의 주름투성이, 백발이 성성한 망구를 넘기다 보니 인생의 영화가 부질없고 헛되고 헛된 허허로운 마음이 안개처럼 번지고 있지만, '에마누엘'의 말처럼 "운명보다 강한 것이 있다면 그것을 짊어지는 용기"로 노년 생의 여유가 부족하지만, 모자란 대로 편히 지날 수 있는 감사함으로 살아가는 내 모습을 자화자찬으로 삼으며 살아가리라!

-단편소설-
-오피니언-

단/편/소/설

외람된 자와 외람되지 않은 자

 서영은 평소와 다름없이 새벽 예배를 마치고, 주일에 한 번씩 휴식을 취하는 토요일 오늘은, 다른 날보다 느긋한 기분으로 종이컵에 가득 채운 원두커피 여섯 잔을 쟁반에 받쳐 들고 둥그런 식탁에 앉아있는 교우들 틈으로 의자를 당겨 앉으며 한 사람 한 사람에게 나누어 주면서, 입가에 미소를 지으며 말했다.
 "교우님들! 오늘 우리가 해야 할 노방 전도는 달콤하지도 않고 이 커피 맛처럼 쓰디쓴 맛이 우리를 울릴 거예요! '좋은 약은 입에 쓰다.'라는 옛 말씀처럼 쓴맛에서 진실을 찾도록 오늘 일을 위하여 파이팅!"
 말을 마치면서도 서영의 가슴속엔 뭉클한 응어리가 꿈틀댐을 직감하면서 오늘 당장 닥쳐올 모든 일에 대하여 걱정하기 시작했다.

 두 사람씩 짝을 지어 한 팀은 전철역 입구로, 다른 팀은 반대편 출구로, 마지막 팀은 전철역 안으로 배당하여 전도를 시작했다.
 "예수님을 아세요?"
 쉰은 훨씬 넘었음 직한 허름한 차림의 중년에게 서영은 바짝 다가서며 얼굴에 환한 웃음을 보이면서, 그의 반응을 기다리는 간극에서 어떤 반응에 대한 해답을 찾느라고 분주히 머리를 굴리고 있었다.
 전해준 전도지를 아무 말 없이 살피며 읽던 그 남성은 얼굴에 환한 미소를 지으면서 "너무나 큰 수고를 하시네요!"
 "그래요! 우리 인생은 여기서 끝남이 아니고 보다 더 아름다운 세상에서 영원히 살기를 원하고 그렇게 될 것을 믿음으로 확신하고 있지만 영원히 산다는 사실을 아는 사람은 그리 흔치 않지요!"
 "불교에서도 착한 일을 많이 하면 아름답고 좋은 곳으로 환생한다는 말이 있지만, 영생과 환생은 미래에 일어날 일에 대한 같은 말로 알고 있는데 뜻은 어느 쪽이 맞는지 저 자신도 완전한 해답을 찾지 못하고 서성이면서 살고 있답니다."
 "글쎄요! 영생이란 영이 영원히 사는 건지, 살아있는 동안 맑은 영이 거듭 태어나 새 사람으로 사는 건지 모르겠네요!"
 말을 마친 중년의 그 분은 지하철 개찰구를 향해 부지런한 발걸음으로 사라지고 서영은 그분의 뒷모습을 바라보면서 많은 생각에 잠겼다.

 믿음 생활 20년이 넘도록 충실히 살아왔음을 자신은 믿고 있지만 주변의 시선들은 그렇게 감미로운 눈빛을 보내지 않는 이유에 대해 서영은 항상 불만이고 마음에 상처로 존재하고 있었다.
 서영 자신도 영생이란 단어에 대한 확고한 믿음의 기반이 아직은 미력함에 바람 속 갈대처럼 이리저리 흔들리고 그 흔들림을 멈추기 위해 나름의 뼈저린 기도와 수련으로 극복을 염원하고 있지만, 시시각각 변모하는 얄미운 심정의 검은 구름은 나의 유익에 따라 잣대가 옮겨지고, 나쁜 기분을 가슴에 품어 어우르지 못하고 뱉어 버려야 시원함을 느끼는 '카타르시즘' 환자인 것을 서영 자신은 알고 있으면서도 쉽사리 몰아내지 못하는 안타까움이 늘 가슴에 멍으로 남아 있다.

20대 후반쯤 됐을 청년 앞에 반갑게 인사하며 건네주는 전도지를 야멸차게 뿌리치며 "당신이나 천당 가소! 천당 가든 지옥 가든 내가 알아서 할 일이니까!"

표정으로 봐서 더 이상 대화를 한다면 욕먹고 망신당할 것 같아 서영은 마음을 접고 말았다.

200명이 넘는 사람들에게 전도지를 나누어 주면서 관찰한 표정들이 어쩌면 같은 표정 하나 없고 제각각인 반응에 놀라움을 금치 못했다.

이런저런 생각에 오늘의 전도는 어떻게 마무리되었는지, 우리를 만난 사람들이 마음의 동요를 얼마나 일으켰는지는 숙제로 남기고, 수고하신 교우님들의 등을 토닥이면서 노고를 위로하는 빛바랜 인사로 마무리 지으면서 서영은 홀로 한적한 공원길을 찾아가 간이 벤치에 털썩 주저앉아 얼굴을 감싸 안고서 꺼질 줄 모르는 깊은 생각에 잠겼다.

직업을 잃고서 실의에 빠진 남편은 날이면 날마다 술만 퍼마시고 자포자기한 생활이 2년이 넘었고, 팔순 시 모는 중풍으로 십 년째 누워 계시고, 대학 다니던 큰딸은 학업을 접고 돈을 번다고 유흥가의 품속에서 헤어나질 못하고 방황 중이며, 하나밖에 없는 아들은 고등학교 2학년 때 마약과 절도를 일삼으며 감옥을 들락 이다 학교에서 퇴학 처분당하고, 이혼한 애들 고모는 아예 보따리 싸서 들어온 지 2년째!

수입원이라고는 서영이가 식당 종업원으로 일하며 받는 월급 200만 원뿐! 여섯 식구의 생계비용이 늘 모자라 전전긍긍하면서 헤어나지 못하는 가난 속에서나마 서영은 이를 악물고 살려고 노력에 노력하고 있지만, 파김치 되어 들어오는 서영을 반기는 것은 용돈 달라는 남편의 술주정에, 늙으신 시 모의 투정 소리, 돈 달라고 손 내미는 아들의 격한 목소리, 며느리 노릇 못한다는 올케의 곱지 않은 눈빛! 거기에 더하여 딸은 돈 많이 받는 곳으로 취직하려면 커미션을 줘야 한다고 뭉텅이 돈을 요구하고……

이럴 때마다 터져 버리는 서영의 가슴은 어느 무엇으로도 제어의 방법이 없어 활화산처럼 폭발하고 만다.

가난한 이웃들이 모여 사는 허름한 동네에서 싸우며 다투는 소리가 동네 안에 번지는 일들은 서영의 집이 언제나 일등이고 조용한 날을 세어보기 힘들 정도여서 다정한 이웃들과의 관계도 소원해지고, 뒤에서 수군대는 이웃들의 목소리가 들릴 때마다 치미는 울화를 가슴에 묻어 버리곤 한다.
"그래 너희들이 내 입장이 돼 봐라."
"그래도 나는 친척이나 이웃에게 손 벌리지 않고, 뼈를 깎는 고통으로 이 악물고 살려고 몸부림치고 있다."
"많건 적건 남편이 벌어오는 돈으로 살아가는 너희들이 무슨 걱정 근심이 있겠냐!"
"나도 한때는 너희들처럼 행복했던 시절이 있었거든?"
"너희 남편들도 건강하지만 내 남편도 너희들 남편 못지않게 건강하단다."
"하지만 작으나 많으나 너희 남편들은 직장이 있어서 벌어다 주는 돈이 있으니까 그런대로 행복을 느끼고 살아가겠지만 나는 너희들과 사정이 달라!"
"나는 건강한 남편과 건장한 딸과 아들이 있어!"
"생활에 한 푼의 보탬이 없는 그들을 먹여 살리는 일이 내 가냘픈 어깨에 있지!"
"나는 내 뼈가 부서져도 내 가족만큼은 먹여 살려야 한다는 의무감으로 나날을 피곤함에 지친 몸으로 뛰고 있어!"
"식구들이 바보나 불구라면 차라리 마음이 편하겠어!"
"집에서 큰 소리 나오는 거 당연한 일 아니겠어?"
자문자답의 넋두리는 집 식구들에게 이어지고 있었다.

"나는 살려고 무진 애를 쓰고 뛰고 있는데 집구석 들어오면 모든 식구가 내가 돈으로 보이나 봐!"
"나는 너무 화가 치미는 거야!"
"그래 너는 건장한 몸으로 돈 벌 생각은 하지 않고 매일 술이나 퍼 마시고"
"네 아들딸 무엇이 모자라 저렇게 살고 있니?"
"우리 식구 먹여 살리기 위해 최선을 다하고 있는 내 모습에서 당신은 나에게 무엇을 요구하고 싶은데?"
"내 몸을 팔아서라도 식구들을 즐겁게 해줄 수 있는 용기가 없는 것은 아니야!"
"하지만 한 남자의 아내로서 애들의 엄마로서 그 짓만큼은 차마 유혹을 몇 번이나 뿌리치고, 누구의 아내 누구의 엄마라는 자긍심으로 지금껏 버텨왔어!"
"내가 무엇을 잘못 했는데?"

몸매와 얼굴이 예쁜 서영은 사내들의 유혹을 늘 당하곤 하지만 야멸차게 뿌리치며 끈질긴 생의 연속을 이어오고 있었다.

희뿌연 시간의 흐름 속에서 상대 없이 자문자답 몇 시간을 헤매면서도 해답은 찾을 길 없고, 이럴 때마다 민숙 언니 생각에 잠기곤 한다.

남과 남으로 만나 이십 년을 지나면서 아직도 그의 진정한 속마음을 알지 못하고, 그의 사는 모습도 나와 별로 다를 게 없는, 아니 나보다도 더 가난에 찌들어 사는 삶이었지만 밝은 미소와 상냥한 말씨, 사랑 가득 담긴 그의 초롱 한 눈빛만 봐도 무조건 좋기만 한 언니!

쓰러질 듯 방치해둔 허름한 창고를 빌려 방 한 칸 꾸미고 시어머님을 모시고 살면서 막노동 일이 없으면 재활용품 모으러 다니는 부지런한 그의 생활 모습에서 언제나 서영은 힘과 용기를 얻곤 한다.

소낙비라도 내릴 때면 양철지붕을 때리는 빗소리 때문에 잠을 이룰 수 없는 좋지 못한 환경 속에서 험한 일 하며 모질게 살아가는 언니의 모습 속에서 고풍스럽고 잔잔한 미소는 도대체 어디서 오는 걸까?

"그래 언니를 만나러 가자! 이 답답한 심정 마음껏 풀어놓고 어깨에 기대 실컷 울기나 하자!"

서영은 버스를 타고 시간 반 가는 동안 차창에 비치는 풍경들을 바라보며 이런저런 생각 속에 어느새 버스는 목적지에 도착하고 있었다.

도시의 가장 변두리인 이곳은 아직도 개발되지 않은 자연 그대로의 시원한 바람이 서영의 옷깃을 파고들며 머리를 헝클어 놓았다.

버스에서 내려서 도보로 이십 분 정도 걸어야 민숙 언니네 집이 보이고 그 집까지 가는 데는 십오 분 정도 더 걸어야 야트막한 언덕 위에 초라한 창고 건물에 도착하게 된다.

집 주위 울타리는 물론 대문조차 없는 황량한 창고 주변에는 자랄 대로 자란 잡초가 울타리를 대신하고, 비스듬히 누워 언제 쓰러질지 모르는 창고 문 옆에 사람 하나 겨우 드나들 수 있는 작은 문을 열면 컴컴한 어둠 사이로 민숙 언니의 보금자리가 나타난다.

서영을 반기는 강아지 한 마리가 어디선가 쫓아와 캉캉 짖어대는 것 빼고는 기척 없는 창고 속에서 서영은 언니를 부르기 시작했다.

"언니! 서영이 왔어요!"

"언니! 언니!"

몇 번이나 불렀으나 대답이 없다가 숨넘어갈 듯 탁한 할머니의 음성이 들렸다.

"뉘시오?"

움직이는 기척 소리가 들린 지 꽤 시간이 흘러서 '기역' 자 보다 더 굽어 '디귿'처럼 구부러지신 할머니가 힘겹게 걸어오고 계셨다.

"어머님! 서영이 왔어요! 오랜만에 뵙게 되네요. 어머님"
"뉘시라고? 응? 서영이? 서영이가 여기를 어쩐 일이야?"
2년 전 민숙 언니의 환갑날 다녀가곤 처음이었다.

그 흔한 핸드폰마저 민숙 언니는 없기에 이렇게 찾아오거나, 어쩌다 민숙 언니가 찾아주지 않는다면 생사조차 알릴 수 없는 안타까움에 핸드폰 요금은 서영이가 부담할 테니 하나 놓자고 말할 때마다 거절하면서 늘 같은 대답만 할 뿐이다.
"서영이 맘은 고맙지만, 필요 가치가 없는 물건에다 왜 네 신세를 얹고 살아!"
"언니가 동생 보고 싶으면 찾아가고 서영이가 언니 보고 싶으면 오면 되지!"

재작년에 왔을 때의 일이다.
언니와 이런저런 얘기 하며 웃고 떠들고 있을 때, 낯 모르는 건장한 청년 두 사람과 예쁜 아가씨가 민숙 언니 집에 갑자기 찾아온 것이다.
의아한 눈빛으로 바라보는 언니를 보면서
"어느 분이 민숙 씨냐"고 물었다.
"제가 민숙인데요! 어디서 무슨 일로 이곳까지 오셨나요?"
"예, 우리는 동사무소 직원입니다. 이곳 통장님께서 극빈자 가정으로 신청하셔서 확인차 들렸습니다."
"주민등록상에는 두 분밖에 계시지 않는군요! 주민등록에 등재되지 않은 가족이 있으신가요?"
"아니요! 어머님과 저, 이렇게 두 식구뿐인데요!"
그들 눈에도 극빈으로 살고 있음이 확연하여 이것저것 물을 것도 없이 "얼마 되지 않는 돈 이지만 정부에서 생계비가 지급됩니다. 생활에 보탬이 되셨으면 좋겠네요!"

말을 마치고 나가는 동 직원의 뒷모습을 바라보는 민숙 언니의 표정이 감사한 마음보다 온화하고 인자한 모습으로 그들을 불러 세웠다.

"선생님들 잠깐 시간 좀 주시겠어요? 선생님들께 보여드릴 것이 있는데……"
의아한 그들은 나가다 말고 돌아서며 물었다.
"뭐를 보여 주시 게요?"
민숙 언니는 웃으면서 그들에게 이렇게 말했다.
"제가 가지고 있는 돈을 보여드리지요!"
쓰러질 듯 비스듬히 누워있는 문을 들어 올려 열어놓으니 그제야 어둡던 창고 안이 좀 밝게 보였다.
눈앞에 보이는 널찍한 창고 안에는 쓰레기 하치장처럼 어지러웠다.
맨 뒷면에는 빈 박스와 신문과 종이류, 유리병과 플라스틱병들이, 오른쪽 벽면에는 각종 철물이 종류마다 나란히 정돈되어 있었다.
"이것들이 모두 내 돈 이랍니다. 댁들 눈에는 우습게 보일지 모르겠으나 이것들은 내 삶에 동반자요, 더없이 절친한 친구들이랍니다."
"일이 없을 때나 일하는 중에라도 이것들이 눈에 띄면 불쌍해서 차마 버려두지 못하고 집으로 데려와야 마음이 편해집니다. 얘들과의 이별은 언제나 겨울인데 그때마다 아쉬움이 가슴에 남습니다."
"이별 선물로 어떤 애는 곰국을 다른 애는 고기를, 딴 애는 땔감을 선물한답니다. 얘네들이 추운 겨울을 편히 나도록 도와주곤 하지요!"
이렇게 설명하는 민숙 언니의 눈가에 맺히는 투명한 이슬은 이들과의 이별이 정말 서러운 듯 서영의 마음속을 후비고 지나갔다.

"선생님들 제가 진심으로 드리는 말씀에 가감 없이 받아 주세요! 저는 지금 무지 행복하거든요? 혹여 저한테 주시는 정부의 보조금 저보다 몇 배 불행한 이들에게 줄 수는 없는지요!"

"정부의 호의는 감사히 받겠으나, 보조금만큼은 아직 제가 받아서는 안 될 것 같기에 드리는 말씀입니다!"

"생활 전반을 보조금에 기대어 살다 보면 제가 살아가는 삶의 의미가 퇴색해지고 삶을 누리는 진정한 기쁨조차 누릴 수 없겠지요!"

"아직은 육체가 건강하고 어디든 가는 곳마다 나를 부르는 친구들이 널려 있는 한 그들과 두꺼운 정감 차마 뿌리칠 수 없네요!"

조용히 듣고 있던 서영은 깊은 생각에 잠겼다.

"언니가 정신 나간 사람 아니면 큰 바보다. 나의 경우 차라리 식구 모두 불구자라도 됐으면 보조금이라도 수령하여 이토록 심적 갈등이 없을 텐데……"

이렇게 살아가기 힘든 세상에 주는 떡도 마다하는 사람은 바보임이 틀림없다는 생각에 잠겼다.

"그랬구나! 이 바보 언니에게서 그 마음을 읽기 위한 내 노력은 나도 바보가 되는 것 아니겠나!"

2년 전 지난 일을 회상하는 동안 어느새 해는 서산에 기울고 태양빛 사이로 뛰노는 하루살이 무리가 하루가 짧다고 시위하는 듯 현란한 춤사위로 정열의 불태움을 보는 동안, 어디서 들음직한 목소리의 가락이 들릴 듯 말 듯 이어오고 불어오는 바람결에 언니의 체취가 코를 자극할 때, 서영은 벌떡 일어나 언니의 마중을 서둘러 나섰다.

굽은 길을 한참을 달리다 보니 저 멀리 언니의 모습이 보이고, 자그만 체구에 자기보다 큰 플라스틱 함지박을 머리에 이고 오는 언니의 모습이 왜 그리 처량해 보였던지, 뛰면서도 한없이 가여워 자신의 신세는 벌써 잊은 지 오래고 언니 생의 포로가 되어 눈물만 흘리고 있었다.

"언니………."

있는 목소리 다해 소리치는 서영의 목소리가 초목 사이 사이를 맴돌고 공허한 창공으로 날갯짓하며 나르고 있었다.

무엇이 그리 좋은지 헤 벌린 입 다물지 못하고 사랑하는 동생 서영이가 올 줄은 꿈에도 생각지 못한 듯 오다가다 지나치는 사람으로 생각하고 거들떠보지도 않고 자기 기분에 취해 흥얼거리면서 오고 있었다.
"언니!"
스치는 곁길에도 알아보지 못하고 그냥 지나치려는 찰나 서영은 서운함이 담뿍 담긴 목소리로 언니를 불렀다.
"이게 누구야! 서영이 네가 여기를 언제 온 거야? 어젯밤 꿈속에서 너를 봤는데 설마 지금도 꿈속은 아니겠지?"

언니는 보통 사람들보다 입이 커서 이름보다 입 큰 여자라고 하면 더 잘 아는, 그래서 입 큰 여자로 통한다.
그 큰 입을 다물지 못하고 벌릴 대로 벌린, 백합보다 더 탐스러운 웃음꽃을 보면서 서영은 측은하고 가여운 언니 모습에 눈가엔 이슬이 맺혔다.
"언니 이 함지박은 뭐요? 홀몸으로 다니기도 힘든데 이건 뭐 하러 가지고 다녀? 이리 줘요, 내가 가지고 갈게."
언니 특유의 잔잔한 미소가 온 얼굴에 조용히 번지고 있었다.
"서영아 이 함지박은 내가 외출할 때마다 꼭 같이 다니는 단짝이야! 얘가 없으면 기운이 없어! 때로는 채소에 때로는 지저분한 모든 것 얘가 다 담고 같이 오지!
사랑스러운 내 친구들, 남들은 지저분하다고 거들떠보지도 않는 그들을 얘는 싫은 내색 한 번도 안 하고 모두 다 담아 같이 온단다!"
함지박을 받아 들고 그 안에 무엇이 들어있나 서영은 살펴보았다.

달랑 플라스틱병 다섯 개와 콜라 캔 일곱 개 맥주 캔 열 개 신문 뭉치 두 개!

서영은 앞서 걸으면서 뒤에 오는 언니에게 물었다.
"언니! 구질구질하게 이런 것 모아서 얼마나 도움이 돼요?"
언니 특유의 흐흠 소리가 먼저 들렸다.
흐흠의 뜻은 너는 모를 것이라는 뜻이 함축된 웃음소리다.
"서영아! 얘네들은 너무나 정직하고 의리를 저버리지 않는 애들이란다. 인간들이 내용물 다 빨아먹고 아무 데나 버려져서 외롭게 지내든 애들이야!
그렇지만 얘네들은 원망도 저주도 하지 않고 묵묵히 의리를 지키지."

민숙 언니는 집에 오자마자 옷 갈아입을 사이도 없이 창고 뒤편 밭으로 달려갔다. 서영도 따라가 보았다.
제법 작지 않은 밭에는 여러 가지 채소가 소담하게 자라고 있었다.
"서영아! 오늘 저녁 반찬은 상추쌈하고 열무 겉절이란다."
먹음직한 채소를 듬뿍 뽑아서 다듬기 시작했다. 몸은 늙었으나 손의 움직임만은 옛날 그대로 전혀 녹슬지 않고 그대로다.
탐스러운 풋고추 여남은 이렇게 저녁 찬거리가 마련되어 둥그런 두레반에 올려지고 어머님과 셋이 맛있는 저녁을 끝내고 서영은 언니와 함께 밖으로 나왔다.

여름의 접경을 노크하는 유월, 해 질 녘의 시원한 바람이 두 여인의 옷과 머리를 어루만지고 서쪽 산에 반쯤 걸린 태양은 빛을 잃어가고 있었고 어스름한 산밑 어둠이 서영의 마음을 어둡게 색칠해 놓았다.
베어버린 고목 그루터기에 둘은 나란히 앉았다.

소주 한 병과 잔 두 개, 안주라곤 마른 멸치 열댓 개, 먹다 남은 풋고추와 된장 종지 하나!

민숙은 잔에다 소주를 가득 채워 단숨에 들이키고 마른 멸치를 한 개 집어 우물거리면서 서영에게 말했다.

"서영이는 예수를 믿으니까, 술은 안 하지? 아니지 믿기 전서부터 넌 술을 안 하니까 권하지도 않겠다!"

술을 못 하는 서영임을 아는 민숙은 그래도 배려하는 마음에서 서영 몫으로 잔 한 개 더 준비해 온 것이다.

"언니는 말이다. 술을 많이는 못 하지만 가장 힘들고 괴롭거나 기쁜 일이 있을 때 이렇게 한잔한단다! 목줄을 타고 넘어가는 쓰디쓴 이것이, 몸속에 가득 찬 슬픔과 분노와 희열을 씻어 내리는 짜릿짜릿한 느낌이 창자를 타고 내려갈 때 모든 잡다한 감정들이 씻기고 말 거든!"

고왔던 언니의 얼굴엔 어느새 주름투성이가 되고 듬성듬성 검은 버섯이 보이고 있었다.

언니 어깨에 기대어 푸념깨나 쏟으면서 펑펑 울기로 작정하고 왔건만, 언제나 그랬듯 언니만 보면 자신의 신세는 언니에 비하면 몇 배나 나음을 직감할 때 그 참을 수 없었던 슬픔은 연민으로 변하고 언니의 온화한 모습에 동화되곤 한다.

"서영이 요즘 생활의 재미는 어때?"

툭 한마디 던지는 언니의 질문 속엔 여러 뜻이 함축된 질문이란 걸 서영은 알고 있었다.

괴롭고 참기 힘든 어려움이 있을 때마다 언니를 찾는다는 것을 언니도 알고 있으면서 아무렇지 않은 듯한 던지는 안부의 질문이 서영의 가슴속을 어둠으로 물들여 놓았다.

"서영아! 오늘은 네 얘기 듣기 전에 언니 얘기를 할까 해! 아직 너에게 하지 못했던 언니의 추억 얘기가 될 거야!"

깊은 한숨 속에서 또박또박 언니의 얘기는 이어지고 있었다.
"언니는 말이다, 나를 낳아주신 부모 얼굴도 몰라. 언젠가 네가 언니 친척들에 관한 물음에 언니가 얼버무리고 말았었지? 너에게 밝히기 거북스러운 것이 아니었고 언니의 아픈 과거를 되돌리기 싫어서 너에게 답변하지 못했던 거야!
너무 어렸을 때는 언니도 어떻게 생명을 부지했는지도 모르지! 언니가 일곱 살 때였어!
아니 내 나이도 정확히 몰라 고아원의 기록이 일곱 살이라고 적혀 있음에 그런 가부다, 알고 있을 뿐이지!
못된 사내아이 때문에 견디기 힘들어 보육원을 도망쳐 나왔지! 거리를 방황하고 다니다 어느덧 어둠이 오기 시작했어! 갈 곳은 없고 어둠은 깔리고 아무것도 먹지 못해 배는 고프고 다니다 다니다 지쳐서 어느 골목에 쓰러져 있었던 거야!
정신이 들어 눈을 떠 보니 휘황찬란한 불빛과 이제껏 한 번도 보지 못했던 방안의 고급스러운 풍광에 나는 놀란 토끼가 됐었지!"

언니는 잔에다 소주를 넘치도록 부어서 단숨에 들이키고 풋고추를 어적어적 먹는 그 모습 속에서 서영은 처음으로 언니의 절망적인 표정을 볼 수 있었다!
"동네마다 쓰레기를 수거하시는 그 고마우신 분이 나를 자기 집에 데려다가 간호하셨던 거야! 생각해 봐, 예나 지금이나 미화원 아저씨의 집안이 호화롭게 살 리는 없겠지. 그런데 가정집이란 곳은 그곳이 난생처음이었으니까 그렇게나 화려하고 멋있게 보였어!"

언니의 얘기를 들으면서 서영은 자신이 자라온 모든 환경의 호화로움을 되돌려 생각했다.
삼대째 아이가 없던 집안에 서영의 탄생으로 집안 모두의 깊은 사랑 속에서 자라온 서영이었기에 하고 싶은 모든 것, 갖고 싶은 모든 것 서영의 말이 떨어지기 무섭게 일사천리로 해결되고 너무나도 곱게 자라온 서영에게는 고아란 말이 쉽사리 이해되지도 않았고 고아의 슬픈 일생을 알아보지도 못했거니와 알려고도 하지 않았다.

"그 아저씨가 보육원에 찾아가서 나를 자기 딸로 입적 시켰어! 두 부부 사이엔 애가 없었거든.
 그 집에서 초등학교 졸업했을 때 아저씨의 갑작스러운 죽음으로 아주머니는 나를 아는 사람한테 보내주고 아주머니는 소식도 모르게 어디로 가셨어!
 그때부터 나의 인생은 이 집에서 저 집으로 많게는 몇 년 적게는 며칠 떠돌기 시작했어! 발길로 차이고 따귀 맞는 것은 일상의 반복이었고 뼈가 부서지도록 힘들여서 일하고 나면 칭찬은 커녕 욕 바가지 물바가지 맞기 일쑤였지!
 주인집 아들들의 괴벽스러운 성희롱의 노리갯감으로 시달리기도 했어!"
 언니의 슬픈 음성이 밤하늘 별들 사이사이 구슬프게 번지고 흐르는 두 줄기 눈물에 별빛이 곱게 스미고 있었다.

"언니는 말이야 그때부터 생각을 많이 했어! 내가 한 일에 무엇이 잘못됐을까?
 지나온 하루를 꼼꼼히 생각하는 버릇이 생겼어! 야단맞지 않으려면 매 맞지 않으려면 밥 굶지 않으려면 어떻게든 주인들 맘에 들도록 해야 하니까!
 뭐든 시키는 대로 정말 부지런히 일했지! 나이가 차차 들면서 모든 시키는 일 외에 일거리를 찾아서 하기 시작했어! 할 일이 없으면 닦은 방이나 마루를 또다시 닦았고 깨끗한 마당을 또 쓸었지!

나를 먹여주고 잠재워 주는 주인집 사람들이 욕하고 책망해도 내보내지 않는 그 고마운 마음에서 억지로 하는 일이 아닌 보은의 힘이 솟았던 거야!”

짙게 깔린 어둠 속에 잔잔한 밤하늘의 별빛들이 두 가련한 여인들을 포근히 감싸고 있었고 길게 토하는 여인들의 한숨 소리가 적막을 타고 흐른다.

“스무 살 때였나 옆방 세 들어 사는 노총각이 나를 신부로 맞고 싶다고 주인집 아주머니한테 간청했대!
 어느 날 주인집 아주머니가 나를 부르더니 그 총각한테 시집을 가라는 거야! 뒷조사 해 봤는데 사람 착하고 돈도 제법 모아놓고 착실한 총각이래!
 한가지 흠이라면 나와 나이 차이가 많이 난다는 거야!
 네가 이렇게 남의 집으로만 떠돌아다닐 게 아니라 착한 사람 있을 때 결혼해서 네 가정도 꾸리고 살아야 하지 않겠냐는 거야! 평소에도 그 총각이 싫지는 않았기에 허락하고 말았지!
 경상도 어느 벽촌에 어머님이 한 분 계신다는 것 외는 아무것도 알지 못한 채 있던 곳에서 그리 멀지 않은 곳에다 전세방을 구해서 입던 옷 싸 들고 그 총각과 신접살림을 차렸지! 풍족하지는 않았지만, 그런대로 밥은 굶지 않았고, 태어나 처음으로 남자의 애틋한 사랑 받고 사는 생활이 정말 꿈만 같았어!
 육 개월을 둘이 살다가 시골 어머님을 모시고 살자는 신랑의 제안을 흔쾌히 승낙하여 세 식구가 같이 살게 되었지!”

얘기의 빈도가 길수록 언니는 가끔 감정이 복받쳐 목울대의 떨림에서 나오는 쉰 듯한 음성이 들리고, 술잔에 소주를 가득 채워 마시고 풋고추를 된장에 찍어 어적어적 먹으면서 반짝이는 별들을 말없이 쳐다보고 있었다.

"시모님을 모시고 사는 생활이 그렇게 행복하고 감사할 수가 없었어! 태어나서 처음으로 어머니가 생겼고 사랑하는 남편과 우리들의 보금자리가 있는 것만으로도 매일 즐거운 꿈속을 헤매는 일상이었지!
시어머님께 들은 얘기였는데 시어머님이 결혼해서 삼 개월 만에 육이오전쟁이 터지고 남편이 북으로 납치되어 아직 생사의 소식조차 모르고 산다며 눈물 흘리시는 애처로운 모습을 볼 때마다 언니는 가슴이 무척 아팠단다!
남편도 아버지의 모습조차 모르는 유복자로 태어나 지금껏 어머님과 단둘이 모진 고생 다 했다니 이 또한 불쌍한 내 남편이었지!"
"꿈 같은 세월 속에 질투의 여신이 찾아 들었어! 결혼생활 2년여 정말 행복했던 나의 삶이 하루아침에 파괴되고 정신 차릴 여유도 없이 몸과 마음은 깊은 구렁 속에 빠져 삶의 의미조차 잃어버리고 말았지!
난생처음 사랑이란 것 경험하고 남의 사랑 듬뿍 받아본 나로서는 믿기지 않은 현실에 정신 차릴 수 없었어!
운전에 경험이 적은 남편이 면허증도 없이 같이 일하는 동료의 차를 몰고 가다가 잘못해서 낭떠러지기로 차와 함께 굴러서 그 자리에서 죽은 거야!
내 뱃속엔 우리 사랑의 씨앗이 곱게 싹이 터 자라고 있었어!"
언니는 허리춤에서 수건을 꺼내 양 볼에 흐르는 눈물을 훔치며 긴 한숨을 쉬었다.

그랬었구나! 그렇게 아픈 과거 때문에 지나온 일들의 얘기는 아예 입 밖에도 내놓질 않았구나!
그렇게나 아픈 과거가 있었으면서도 맑은 웃음과 밝은 표정이 믿기지 않게 신기하기만 했다.

"그 일의 충격으로 배 속의 아이는 유산이 되고 나는 몸져누워 일어나지 못했지!
 시어머님의 극진한 간호도 소용이 없었고 남편의 그 사랑 찾아 머나먼 들판에서 헤매고만 있었지!
 그렇게 오랜 시간이 흘렀어! 문득 머리를 스치는 강렬한 빛과 함께 시어머님을 생각했어!
 그렇지! 과부 아닌 과부로 일생을 사시면서 하나밖에 없는 아들을 생각하며 사셨던 어머님의 지금 마음이 어떠실까 번개처럼 스치는 생각에 이렇게 누워서 간호받는 나 보다 오히려 간호받으셔야 할 분은 어머님이 아니겠나!"

 마지막 남은 소주 반 잔을 아쉬운 듯 목 속으로 넘기는 언니의 모습에서 조용한 슬픔의 바람이 일렁이고 있었다.
 "그래! 남편이 어머님을 나에게 맡기고 떠났구나! 내가 아니면 누가 어머님을 돌볼 사람 있겠나! 그때부터 내 아픔 모두를 털어버리고 어머님과 살아가기 위해 무슨 일이든 닥치는 대로 하기 시작했지!
 처음에는 식당 그릇 설거지로 시작하여 자그마한 공장의 직공으로, 길가에서 좌판 놓고 과일과 생선도 팔아보고 막노동도 하면서 10여 년을 보내는 동안 악착같이 모은 돈이 좀 있었지!
 10년 만에 내 집을 장만하고 어머님과 새집으로 이사하던 날 정말 하늘을 날아오를 것 같이 행복했어.
 달동네에 있는 집이었지만 그래도 방이 네 칸이나 있었고 앞마당 옆엔 자그만 텃밭도 있어서 채소도 심을 수 있었어!
 형부가 있었으면 얼마나 기뻐했을까 생각하니 한없이 눈물이 나왔어!
 아는 사람들이 그 집은 무허가 건물이라 언제 헐릴지 모르니 사지 말라고 알려줬으나 내가 가진 돈으로는 다른 데 가서는 집을 살 수 없기에 충고도 듣지 않고 살던 거야!

　어머님과 같이 방 한 칸에서 생활하고 나머지 세 칸은 월세를 줬지! 월세의 수입으로 두 식구 먹고 살 만했어. 내가 나가서 버는 돈은 모두 저축했지!

　그렇게 10년이란 세월이 흘렀어. 통장에는 꽤 많은 돈이 쌓이고 쌓인 돈 만큼 마음도 그렇게 행복했었지!

　이웃에 사는 언니뻘 되는 분과 친하게 10여 년을 살면서 정이 두터워졌고 또 그 부부가 인간미가 넘쳐흘러 흠잡을 데 없는 사람들이었어!"

"어느 날 언니는 눈이 퉁퉁 부은 얼굴로 나를 찾아와 하소연하기 시작했어! 은행의 담보로 배 한 척을 구입해서 지금껏 살아왔는데 돌풍에 휘말린 배는 산산조각이 나고, 그래도 다행인 것은 어부들 한 사람도 다친 데 없고 무사하다는 거야! 배가 파손됐으니, 조업도 할 수 없고 은행에 납부할 돈을 내지 못해 결국 은행에서 집을 압류 했다는 거야.

　그 언니는 나 보고 돈을 부탁한 것은 아니었고 자신의 처참함을 하소연했었지! 언니가 그 말을 들을 때 정말 가슴이 찢어지도록 아팠단다. 병아리 같은 자녀들 네 명이나 있는데 그들의 생계를 책임질 부모가 이토록 구렁에 빠졌으면 그 어린 자녀들은 어디로 내몰릴 것인가!"

"언니는 말이다, 내 부모 아무도 모르지만, 어찌 됐든 나를 낳아 버렸을 때는 그만큼 충분한 이유가 있었으리라 생각해!"

　눈물을 훔치는 작은 수건은 어둠 속에서 보더라도 그렇게 깨끗해 보이지 않지만 그래도 언니는 즐겨 찾고 애용하고 계셨다.

"언니, 내가 그동안 모아둔 돈이 조금 있어요! 보탬이 된다면 도와

드리고 싶어요!"
 그 언니의 말씀은 도움을 요청하는 것이 아니라 나의 답답한 심정을 정 깊은 이웃과 함께 나누다 보면 누적된 모든 불만이 조금은 평안을 주지 않겠나 하는 생각에 얘기했을 뿐이란다.
 선뜻 빌려 달란 말도 못 하고 한숨만 쉬면서 그 마음 감사히 받겠다고 내 손을 꼬옥 잡으면서 눈물만 흘리고 있는 거야!
 은행에 저축한 돈 사백만 원을 찾아 언니를 줬지!
 "언니 이 돈으론 모자라겠지만 보탬이 된다면 유용하게 쓰세요!"
 미안해서 받지 못하는 언니 손에 쥐여 주면서 말했지!
 "나는 집세만 받아도 두 식구 먹고살 수 있어요! 이 돈은 언니 형편이 피면 그때 주시면 되고요!"

 "그 시절 그 돈이라면 작은 돈이 아니었거든. 그때 살던 무허가 판잣집 한 채는 살 수 있는 돈이었어!
 그 돈으로 이웃 언니는 위기를 모면하고 그럭저럭 이년을 살다가, 무허가 집 철거 예고장이 왔어!
 온 동네가 난리가 났지! 몇 푼 안 되는 보상비로는 전세방 구하기도 힘들었으니까!
 아무튼 이웃 언니와 그렇게 서로 헤어지고서 연락 두절이 됐지!
 우리 두 식구도 정든 곳을 떠나 다른 곳으로 이사를 해서 10년이 넘도록 모두 잊은 채 살았어! 돈을 꼭 받겠다고 생각해서 빌려준 것은 아니었으니까 금세 잊고 말았어!
 무엇을 해서라도 우리 두 식구 밥은 굶지 않고 살고 있었지!"

 "어느 날인가 일 갔다가 집에 오니 어머님께서 편지를 주시면서 그 전에 같은 동네 살던 아기 엄마가 찾아왔다는 거야!
 얼른 생각이 나질 않아 누구인가 생각하면서 편지를 받아보니 세상에! 이웃에 살던 그 언니였어!
　나를 찾느라고 무던히도 헤맸던 거야! 반가움에 적혀 있는 전화번호로 전화했어!
　전화를 받자마자 그 언니는 울기 시작하는 거야! 당장 만나자고 보채는 그 언니를 내가 쉬는 날을 택해서 만나자고 했지!
　며칠 후 우리는 정확히 십오 년 만에 다시 상봉한 거야!"

　그때 재회의 기쁨을 상기하듯 언니의 얼굴에 피는 환한 미소가 서영의 가슴을 흔들어 놓고, 야화의 수련처럼 아름답게 보였다.
　"시간 가는 줄 모르고 우리 둘은 그동안 못한 얘기꽃 피우며 기쁨을 나누었지!
　무허가촌이 헐리고 이웃에서 세를 살다가 일 년도 못 돼서 속초로 이사를 했다는 거야!
　애들 교육 문제도 있어 망설였지만 그땐 이것저것 살필 경황이 아니라서 우선 먹고 살기에는 바닷가가 일거리도 있고 또 할 수 있는 일이 그것뿐이라 낯선 곳으로 무작정 이사를 했대!
　이제는 생활의 기틀이 어느 만치 잡히고 아이들도 장성하고 큰 아들놈은 아버지 하는 일에 같이 힘 보태고 있고 결혼도 했대!
　그러면서 그전에 빌렸던 돈 돌려줘야 하지 않겠냐고 울먹이면서 가져간 돈의 갑절을 주는 거야!
　나는 한사코 거절하면서 그 돈은 받으려고 언니한테 준 것보다는 내가 그때는 좀 여유가 있어서 준 것뿐이고, 지금도 이 돈 없어도 먹고 살기 걱정 없으니 언니 형편이 좀 나아지도록 유용하게 쓰시라고 했더니, 엉엉 소리 내어 울면서 이제는 나보다 동생이 더 가난하니까 나도 여유가 있으니 이 돈은 내가 주는 걸로 생각하면 내 맘도 기쁘겠다고 두 손 꼭 잡고 흐느끼고 있었어!"

"언니와 이렇게 기쁜 해후를 하는 동안 시간은 멈추질 않고 흘러 어둠이 물들기 시작했지!
 아쉬움을 뒤로하고 헤어져 집에 와서 그날 저녁엔 잠을 잘 수가 없었어! 언니가 돌려준 그 돈을 옆에 놓고 많은 생각을 했지!
 그 옛날 보육원에 있을 때 곱살스럽던 문숙이와 울보 영자 생각, 나를 그토록 못살게 굴었던 창수 생각 걔네 들도 나처럼 부모가 버려 그곳에서 생활하면서 먹고 싶었던 과자도 맘대로 먹어보지 못했던 지난 일들이 가슴을 찢는 거야!"

"이 돈은 아예 내 돈이 아니란 결론을 얻었어! 일이 없는 날 나는 그 돈을 가지고 내가 있던 보육원을 찾아가 아이들에게 조금이라도 보탬이 된다면 고맙겠다고 그 돈 전부를 기탁하고 나오는 기분이 꼭 우리 엄마를 만난 듯 기쁨에 벅찼어!"

창고 문 옆 희미한 등불 사이로 모여드는 불나방들의 작열하는 몸짓이 두 여인의 마음처럼 어지럽게 흔들리고 있었고, 먼 곳에서 찾아온 기적 소리 타고 착잡한 슬픔이 두 여인을 더듬고 있었다.
 "언니는 말이야 이제껏 살아오면서 그 모진 아픔과 고행을 비관하거나 슬픔에 싸일 때마다 이것들은 내가 짊어지고 가야 할 내 몫이라고 생각하며 살았어!
 날이 몹시 추우면 봄을 기다리며 살았고, 비 오고 바람 몹시 불면 쾌청한 날을 기다렸지!
 죽지 못해 산다고 흔히들 얘기하지만, 그 삶 속엔 꿈과 희망이 빠졌기 때문이라 생각해! 그것이 없다면 삶의 가치가 없겠고 살아갈 힘과 용기가 바닥이 나겠지!
 꿈과 희망이 이루어지든 아니든 그것은 그렇게 중요하지 않다고 생각해! 이루어진다면 금상첨화겠지만, 기다리며 사는 그 시간이 더욱 아름답게 빛나니까 말이야!"

"끼니가 어려울 땐 며칠 굶는 사람들을 생각했고 외로움에 울고 싶을 땐 옆에 계신 시어머님이 계시기에 행복했지!"

"서영이 너의 괴로움 언니가 알고 있어!
 너의 가족들 너를 의지하고 너만 바라보고 살고 있는 거! 우리 서영인 몸을 도끼 삼아 죽을 둥 살 둥 모르게 뛰는 그 피곤함!
 그 고달픈 삶 속에서 즐거움을 찾기는 너무 힘이 들겠지! 그런데 힘든 이 일들이 정상적인 가정으로 곧 돌아올 거란 소망의 끈을 쥐고 있다면 능히 그 바람 속에서 힘이 솟을 거야!"

언덕 아래에서 자동차의 불빛이 이곳을 향해 오는 것이 보였다.
 두 여인은 의아해서 얼굴만 서로 쳐다보며 말없이 그것을 보고 있었다.
"누구지?"

민숙 언니는 혼잣말로 중얼거리면서 자동차가 오기를 기다렸다.
 마당에 들어온 차에서 건장한 사내가 한 손에 보따리를 들고 내리고 있었다.
"오? 통장님께서 웬일로 여기까지 오셨나요?"
 민숙 언니는 황급히 일어서며 그를 맞이했다.
"예 아주머니 드릴 말씀이 있어서 왔습니다."
 가까이 오자마자 보따리를 풀면서
"손님이 오셨군요? 아주머니, 여기 캔 맥주 좀 사 왔는데 드시면서 말씀드릴게요!"

종종 통장님이 노인들의 안녕을 확인차 방문한다고 언니가 귀띔해 줬다.

"낮엔 아주머니가 일 나가기 때문에 저녁에 찾아뵙네요! 우리 구청에서 효부상으로 아주머니를 추천하셨어요!

다음 주 화요일 날 시상식이 있으니 꼭 참석하시란 연락을 드리러 왔습니다."

그 말을 듣고 민숙 언니는 황당한 모습으로 손사래를 저으며

"효부는 무슨… 오히려 제가 어머님 신세를 지고 많은 사랑과 기쁨을 받고 있는데……

바쁘다는 핑계로 끼니도 제대로 챙겨드리지 못하는 죄송 함이 산 같은데 효부라니 가당치 않네요!

어머님이 아직 곁에 계셨기 때문에 제가 이토록 행복하고 즐겁게 살고 있는데 상은 어머님께서 받으셔야 하는데 그런 상은 없나요?"

웃으면서 말하는 언니의 모습에서, 싫지 않은 기쁨이 엿보이고 정성 다해 모시던 그 모습들이 서영의 추억 속에서 예쁜 카네이션이 짙게 피고 있었다.

늦봄의 어둠이 짙게 깔린 지도 꽤 오래되고 시계는 어느새 열 시를 가리키고 있었다.

손님이 가고 난 뒤 먹다 남은 맥주를 한 모금 마시는 민숙 언니를 보면서 욕심 없는 아름답고 착한 마음에 감동하면서 많은 회한에 잠겼다.

그랬었구나! 나는 아직 현실의 어려움 속에서 식구들만 원망하고 희망의 끈을 놓고 생각지도 못하고 살고 있었구나!

어차피 내가 져야 할 짐인데 피하기만 하려고 발버둥 쳐온 시간 속에서, 불만만 키워 오고 불행의 늪 속에 빠져 있었구나!

가슴속에 맺혀있던 불만의 덩어리가 눈물로 흘러나와 볼을 타고 줄

줄 흐르고 있었다.

"서영아!" 다정하게 불러주는 언니의 음성이 가슴속 깊은 계곡을 타고 청량한 감로수가 흐르는 듯 맑고 신선하게 들렸다.
"어둠을 밝히는 촛불도 심지가 없다면 그 주위를 밝힐 수 없듯, 우리의 꿈과 소망은 촛불의 심지와 같다고 생각해!
메주는 속이 새까맣게 썩어야 진정한 장맛이 나듯, 그 모진 생의 어려움이 가슴속 깊은 곳에서 썩어 숙성되면 인생의 고운 향기가 번지지 않을까 생각해 봤어!"

서영은 눈을 감고 깊은 생각에 잠겼다.
물의 원천이 흙탕물이면 흐르는 물도 맑은 물이 될 수 없고, 꽃도 좋은 향기 생성하면 풍기는 향도 아름답고 나쁜 향기 만들면 그 향이 역겹듯, 행과 불행도 내가 선택해야 함을 생각하면서, 뒤에서 수군대던 이웃들의 목소리를 떠올리면서, 나에게서 풍기는 믿음의 향이 곱고 사랑 넘치는 향이 아니었고, 추하고 역겨운 향만 발산하고 다니면서도 웃으며 곱게 봐 주기를 바란 바보스러움에 얼굴이 붉어졌다.

오/피/니/언

긍정의 세계

1. 신(神)의 존재 여부

신이란 형체나 감각도 느낌이나 냄새도 없는 어느 누구도 경험해 보지 못한 과학적인 증명이나 수학적인 정리에 의해서도 이해되기 어려운 아직 명확한 규명을 하지 못한 미완의 주인공이다. 더러는 신의 존재를 체험한 사람이 있는가 하면 간혹 그러한 느낌과 체험을 일종의 정신 착란 작용으로 치부하며 부정하기 일쑤다. 신의 존재를 인정하는 부류를 보고 인정치 않는 부류는 자기 '에고'적인 사고의 틀 속에 묶여서 있지도 않은 가상에 신을 자기 속에 심어놓고 키우고 있다고 비난한다. 그와는 반대로 신의 존재를 인정하는 부류의 생각은 신을 인정치 않는 그들이 정신적인 장님이라 현존하는 신을 보지 못한다고 생각한다. 눈으로 보는 것이 아니라 마음으로 보고 느끼고 생각한다고 옹호한다. 어찌 보면 동전의 양면과 같은 논리로서 있을 수도 또 없을 수도 있는 존재가 신이 아닐까 생각된다.

1) 신의 부정

무신론자의 입장은 과학과 자연 법칙성 수학적으로 그들이 밝힌 것들만이 존재한다고 믿고 있다. 자연법칙이란 꾸준한 변이에 의해서 생성, 소멸, 진화 과정을 거쳐서 발전한다고 믿는다. 이것은 오르지 사실 증명으로 확인되고 이렇게 증명된 과학이 수학처럼 질서 정연한 논리를 반박할 자료가 없거나 있어도 논리에 버금가지 못하면 인정하지 않는다. 사실주의자나 무신론자들은 눈으로 보이고 역사적인 고증과 과학적인 증명 수학적인 정리에 의해 탄생한 학설들 또한 모든 문제를 말할 때 자연 발생적인 진화 또는 그 과정을 과학으로 증명했다고 말한다. 과학이나 수학으로 증명 불가능한, 아니 아직 증명하지 못한 미지의 사건들을 그들은 자연 발생적, 또는 기적, 불가사의라고 표현한다. 이 세상은 만물과 인간이 자연 법칙성으로 어우러져 함께 살아가는데 어떻게 어울리며 살아가는지를 생성 소멸 진화를 과학의 틀 안에서만 해석하고자 한다.

2) 신의 긍정

태초 이전부터 신은 존재 했으며 그는 영원불멸의 존재로서 지금도 미래에도 신은 계속 역사하신다고 믿는다.

지구의 탄생과 인간과 만물의 탄생은 누군가가 만드신 주인이 있다고 믿는다. 만물의 생성, 소멸, 진화 과정의 모든 것이 신의 섭리 하에 한 치의 오차도 없이 진행한다고 믿는다. 자연 발생은 스스로 나타나는 게 아니고 오직 신의 주관하에 신의 섭리대로 움직이고 있다고 믿는다. 모든 천체의 움직임은 신의 허락 없인 한 치도 움직일 수 없고 오르지, 신이 계획하신 그대로 발전하고 있다고 굳게 믿고 있다.

3) 두 입장의 절충

무신론자나 사실주의 입장에서 본 불가사의나 기적 같은 현존 사실에 대하여 증명 불가능할 때 가능의 답으로 끌어오는 자연 발생이란 단어는 어떻게 보면 그대로 설명될 수 있겠다. 철학의 대가인 "플라톤"의 '이데아'론도 망각의 강 저쪽엔 무엇이든지 존재하고 있는데 망각의 강을 건너면서 모든 것을 잊어버렸고 인간 현세에서의 발명과 발견은 다만 망각에서 기억을 되살려 재현했을 뿐이라고 말했다. 이 가설에 대한 반박 논리가 있을까? 망각의 강 저쪽을 어느 누가 체험하고 증명할 수 있을까! 물론 과학이나 수학으로 모든 것을 확실하게 증명 정리한다면 우리 인간에겐 가슴 벅찬 일일 것이다. 유신론의 주장처럼 신이 만드신 모든 것들이 어떻게 어떤 재료로 만들어졌는지 증명이 된다면 궁금증이 해소되고 생활에 응용 분야가 넓어질 것이다. 불가사의나 기적을 유신론자 들은 신의 섭리로 해석한다. 모든 것이 신의 작품이라 해석한다. 이 또한 맞는 대답 같기도 하다. 과학이나 신학이나 무론하고 모든 파생된 실체에 대하여 그 과정 설명이 불가능할 때 양대론 입장이다. 그렇다면 과학에서의 진화 과정의 에너지는 과연 어디서 오는 것일까? 자생적일까? 아니면 어느 누가 공급하는 것일까? 어떠한 물체가 진화하자면 진화를 위한 모든 자연조건 및 환경이 진화 조건에 맞게 변해야 하는데 이러한 조건들은 무엇이 만들어 주는 걸까? 자연 발생과 신의 작품에 연관성은 과연 무엇일가? 이 두 가지 모두가 신의 몫이 아닐까?

2. 선(善)과 악(惡)

선과 악은 어디서 존재하는 것인가? 형체도 파장도 없는 사고의 느낌에서 선과 악을 가름하는 인간 세계에서 보편타당과 아름다움은 선으로 취급되고 한편으로 기울거나 추악하면 악으로 분류된다.

신의 철저하신 선악 사상이 공평 타당한 원칙을 강조하시기에 이 원칙에 위배될 땐 악의 생산이 일어난다고 본다.

1) 선과 악의 주체와 양면성

과연 선이란 무엇이고 악이란 무엇일까?

인간이 생존하기 위한 생활수단에서 파생된 결과는 신께서 허락하셨다고 성경은 말한다. 지고한 신의 사상에서 태초에 만물을 만드신 것을 전제로 어느 것 하나 신의 손길이 미치지 않은 것은 존재할 수 없다.

아픔과 두려움을 모르는 식물을 취한다는 것은 그렇다 치더라도 아픔과 두려움을 아는 동물을 취한다는 것은 취하는 인간에게는 생존의 수단이겠지만 당하는 동물에게는 분명 악한일 일 것이다.

'적자생존'과 '약육강식'의 논리로 본다면 내가 살기 위해서는 남의 몫을 챙겨야 생명을 부지할 수 있다. 그렇게 경쟁하면서 승자가 살아남는다는 어찌 보면 패배자에게는 승자가 악의 존재로 비치지 않을까? 그러나 현실 세계에서 일련의 이러한 악들을 어떻게 제거할 것인가? 이것은 동전의 양면과 같아서 어느 한쪽도 지울 수 없는 공동운명체가 아닌가 생각된다. 악을 지우면 선이 생존할 수 없고 차라리 모두 없애버리면 신의 창조 목적을 달성할 수 없을 것이다. 칼이란 잘 사용하면 이기이지만 잘못하면 사람을 다치거나 죽게 만드는 흉기가 되듯 흉기 되는 것을 막기 위하여 칼 자체를 없앨 수는 없지 않은가! 칼은 사용 목적대로 음식 만드는 일이나 유용한 쓰임에만 사용하여야 한다는 신의 가르침, 이것이야말로 악을 물리치고 선으로의 회귀란 가르침이 아니겠는가? 존귀하신 신께서도 악의 존재를 인정하시지만, 악보다 선의 가치가 무한히 크므로 악을 멸하지 않으시고 다만 악을 흡수해 선으로 가는 여러 지혜를 가르치고 계신 것은 아닐는지! 선은 아름다움이다. '화이트헤드'의 미학 신정론에서 말하듯이 아름다움이 악을 흡수한다. 이것은 신의 섭리와 역사하심이다. 신은 쉼 없이 아름다움을 창조하시기 때문이다. 인간이 살아가면서 자신의 욕구를 충족하는 과정에서 필연적으로 발생하는 파생물이 악이라 생각한다면 신께서 인간들을 무궁한 발전 과정을 거쳐서 원점으로의 회귀 즉 에덴동산으로의 인간 귀화가 목적이라면 악을 제하면 발전이 있을 수 없고 욕구가 없으면 또한 그 욕구를 충족하려는 마음이 없으면 발전이 있을 수 없기 때문에 파생물인 악을 목적 회귀를 위하여 공존을 허락하고 계시지 않나 생각된다.

3. 창조주 하나님

하나님께서는 우주를 창조하시고 그에 아주 작은 부분인 지구라는 별을 창조 부분에서 선택하셔서 하나님 보시기에 가장 적합하고 가장 아름다운 에덴을 만드셨다. 만드시는 과정서부터 어떠한 결과가 오리라는 사실을 이미 아시고 아담과 하와에게 선과 악을 설파하셨다고 생각해 보면 어떨까?

하와가 사탄의 꾐에 빠져 선악과를 따 먹은 자체가 하와의 욕구 충족을 위한 행위의 파생물이 아니었을까! 창조주께서 인간의 생성과 발전 과정을 생각지 않으셨다면 우리 인간에게 욕구와 영특한 지혜와 발전 원천인 에너지조차 넣어주시지 않았으리라 생각된다.

1) 하나님의 계획되신 능력

만물과 인간을 만드실 때 끝없는 발전과 진화를 통하여 에덴으로 회귀시키심이 하나님께서 계획하신 일이며 현재나 미래에도 그 일을 위하여 끊임없이 역사하신다고 믿고 싶다.

4. 하나님의 목적

이렇게 하나님께서는 쉼 없는 발전과 진화를 통하여 아름다움을 창조하시고 악을 그곳에 흡수시켜서 그 아름다움 속에 인간과 만물을 귀착시키기 위한 하나님의 목적이 아닐까?

1) 만물의 객체성을 허락하신 창조주

인간이나 식물이나 동물이나 무생물까지도 쉼 없이 항상 변화한다. 생명이 없는 존재들도 풍화작용과 기상 변이에 의하여 육지가 바다가 되고 바다가 육지가 되고 큰 바위산도 세월이 흐르면서 서서히 깎이고 없어져 버린다.

수백 억 년 전부터 지구상에 존재했던 모든 것들이 생성, 소멸, 진화의 반복과정을 통하여 오늘에 이르고 있다.

이러한 사실들이 과연 적자생존 법칙에 의해서만 움직였을까? 하나님께서 계획하신 틀 안에서 역사하심으로 가능하지 않았을까? 어느 것도 딱 부러지게 단언할 사건은 아니라고 생각되나, 신께서 이 모든 만물에 객체성을 허락하셨기 때문에 가능했다고 믿고 싶다. 다시 말해서 모든 사물에 객체성을 허락하시고 무궁무진한 진화 발전의 에너지를 일 초의 정지함도 없이 주관하신다는 말이다. 사고나 생명이 없는 것들에게 자연환경 기후의 틀 안에서 생성 소멸이 이루어지도록 역사하시고 식물이나 동물의 진화 과정에서도 개개의 종류들에 발전 능력을 부여하시고 스스로 발전할 수 있게 힘을 주신다는 말이다. 신께서는 그분의 모든 능력을 남김없이 만물에 물려주신 것이라고 믿고 싶다. 이리하여 원점으로의 복귀 시까지 한 치의 오차 없이 역사 하실 것이다.

세상에는 퍼즐의 조각 하나하나 없어서는 이룰 수 없는 조합으로 짜여있음은 존귀하신 분의 놀라운 작품 세계에 감탄할 뿐이다.

5. 소(小)우주로서의 인간

태초부터 창조하신 신의 우주관 속에 인간이란 무수한 소우주들이 존재하고 있으며 그 소우주 각자가 공전과 자전을 거듭하며 진화하고 있다고 상상해 보자.

1) 인간 속에서의 소우주

인간의 마음속에 하늘이 있고 땅이 있고 신이 거하시는 성전이 있고 천당과 지옥, 에덴동산이 함께 어우러진 그곳엔 선악과가 탐스럽게 열려 있을 것이고 지금도 신께선 악과는 죄악의 시초이니 누구의 꼬임에도 악과는 따 먹지 말라고 경고하고 계시며 그 유혹을 이기는 방법론에 대하여 지금도 말씀하고 계시지 않을까? 그리하여 선과의 착함과 아름다움을 추구하고 꽃 피울 때, 자연적으로 악과는 선과에 흡수되어 영원한 에덴에서의 영생 복락을 찾을 그곳이 되지 않겠나. 소망해 본다.

그토록 인간이 소망하고 염원하는 그곳은 아쉽게도 나약한 인간의 힘으로는 갈 수 없는 곳이 그곳이 아닐까 생각된다. 그곳으로 가는 길은 너무도 험난하고 힘들어서 존재자의 능력과 안내 없이는, 그분의 특별한 은총, 불가능을 가능으로 바꾸시는 역사하심 없이는 그 동산에 주인공이 될 수 없다고 보인다. "땅에서 맺지 못하면 하늘에서도 맺지 못한다."라는 성경의 말씀처럼 살아 생존 시의 인간 소우주 속에서 먼저 평안한 천국을 맺고 누려야 하늘 천국도 갈 수 있지 않을까 생각해 본다. 우리 인간은 자신을 제어할 능력이 부족함에 존귀하신 분의 말씀을 지키지 못하고 과거나 현재에도 동산에 탐스러운 악과를 유혹에 현혹되어 여전히 답습하여 따먹는 죄를 범하고 있다. 이러한 과오를 범하지 않기 위해서는 결자해지의 결연한 의지로 자신의 온 힘과 정성을 다하여 그분께 간구하고 기도하고 한 점 의혹 없는 믿음 속에서만이 해결할 수 있지 않을까 생각해 본다.

6. 믿음의 힘

앞에서 살펴보았듯이 유신론과 무신론을 떠나서 믿음 자체를 생각해 보면 어떨까? 유명한 CEO들의 한결같은 성공 비결은 장래에 이룩할 목표물에 대한 믿음과 확신을 가지고 정진한 결과물이라는 것은 부정할 수 없겠다. 그 목적하는 목표물이란 실체도 형체도 없는 단지 믿음을 통해서만 느낄 수 있고, 믿음을 통한 확신 때문에 행동할 수 있는 뜨거운 에너지의 지속적인 공급으로 성공이란 열매가 맺어지지 않았나 생각해 본다.

발명가 '에디슨'은 세상이 말하는 실패를 그는 실패로 받아들이지 않고 그렇게 하면 안 된다는 배움으로 터득하고 있었기에 자신이 믿는 그것은 언젠가는 실현이 된다는 굳은 믿음, 한 치의 의혹도 부정도 없는 순수한 열정과 믿음이 있었기에 실현했고, 인간도 새처럼 날 수 있다는 굳건한 믿음과 신념으로 일관한 '라이트 형제'의 꿈이 실현되지 않았을까?
그러기에 성경에도 "믿음은 바라는 것들의 실상이요 보이지 않는 것들의 증거"라고 말씀하셨던가!

질 좋고 강건한 금속을 만들려면 몇십 번 담금질해야 탄생하듯이 우리 인간에게도 실패, 좌절, 아픔과 고통, 이 모든 시련은 앞으로의 정진을 위한 발판 만들기가 아닐까 하는 굳은 신념과 믿음으로 인내하며 기도하고 정진하면 꿈꾸는 천국 세상에 가지 않겠나 생각해 본다.

1) 감정의 순화작용

우리 인간은 동물과 달라 생각대로 행동하고 욕심대로 움직일 수 없다. 거창하게 신의 말씀을 빌리지 않더라도 나의 행동이 타인에게 구속을 준다면 올바른 행동이라 할 수 없고 그러한 행동을 하게 되면 법의 제재와 함께 윤리적인 지탄을 받게 된다. 물론 다툼이란 어떠한 행동에 대한 결과물이겠지만 감정의 기복 여하에 따라 순한 행동과 악한 행동이 발생한다. 현행 법체계에서는 육체적인 행동 여하에 따라 처벌이 가해지고 있고 양심에 대한 생각은 처벌되지 않고 있다. 생각대로 행동으로 옮기고 싶은 욕구 충족의 유혹이 난무하는 지극히 현상적인 일상에서 생각대로 행동하지 못하는 인간의 마음에 욕구 불만은 얼마나 쌓여 있겠나! 이러한 욕구불만의 해결책이 신에 의존하는 절대주의 믿음이 아닐까 생각해 본다. 종교적인 믿음 속에는 육체적인 행동 이외에 양심적인 생각까지도 커버한다. 육적인 죄뿐 아니라 심적인 불경스러운 생각까지 처벌받는 것이다. 마음의 생각에 따라 행동이 오듯이 믿음을 통하여 용서와 사랑으로 내면의 세상을 맑게 한다면 자신의 마음은 한없이 아름답고 평온할 것이다. 그러므로 행동하기에 앞서 생각을 다시 하게 되고 다시 하는 생각 속에 믿음이 자리한다면 인간 감정을 순화 제어시키지 않을까!

2) 삶 속에 참다운 지혜

속담에 "작심삼일"이란 말이 있다. 계획은 거창하게 세웠으나 삼일이 못 가서 제 자리로 되돌아오는 것을 두고 한 말일 게다. 이토록 우리 인간은 자신의 마음을 다스릴 힘이 없다. 어떤 강력한 힘이 있어서 좋든 싫든 그 힘에 의해 움직이게 된다면 세상은 어떻게 달라질까? 여기서 강력한 힘이란 아름다움을 전제로 한 힘이다. 일상에 모든 것을 그 힘에 의지하고 그 힘의 주관에 따라 살아간다면 '로봇' 인간이라 비웃지 않겠나! 전지전능한 힘, 기적을 행하는 파워, 목적함을 이루는 강력한 원천의 힘, 아름다움만을 창조하는 성실한 에너지, 어떠한 어려움과 고통의 아픔과 좌절이 온다고 해도 그것을 능히 극복할 수 있는 지혜로운 슬기를 줄 수 있는 강력한 힘, 그 속에서의 삶이란 '로봇' 인간이라 비웃어도 나는 기꺼이 그 삶을 택할 것이다. 이러한 원천의 힘은 과연 존재 하는 것일까? 그것은 분명 존재 한다. 다만 그의 실체를 체험하는 데에는 전제 조건이 있다. 마음속에 쌓여 있는 장벽부터 허물어야 한다. 그리고 그러한 강력한 힘을 동경하고 구해야 한다. 그러한 힘의 존재 실재를 의심 없이 믿어야 한다. 눈을 감고서 한적한 시골 옛 초등학교 시절 음악 시간을 회상해 보자. 수많은 세월이 흘렀건만 아직도 귓가엔 그 아름다운 풍금 소리가 지금도 들려오고 개구쟁이들의 재잘거림이 분명 살아 숨 쉰다.

믿음이 바로 그것이다. 힘의 원천이 바로 마음속 믿음 안에 확실히 살아 꿈틀대고 있다. 문제는 그러한 현실 속에서 부정이냐 긍정이냐에 따라 차이가 현저히 달라진다. 부정 속에서는 아무리 좋은 추억 속에서도 아름다움을 찾지 못할 것이고 긍정 속에는 잊었던 일들까지도 생생히 살아 숨 쉴 것이다. 현재 삶이 너무 힘들고 고달파도 장래엔 행복이 있으리라는 믿음 때문에 구차한 삶을 포기하지 않고 열심히 살아가는 것은 아닐까! 옛것은 가고 새로운 것이 등장하고 그렇게 믿고 신뢰했던 부모나 형제도 때가 되면 없어지고 정밀함이 생명인 시간까지도 어느 순간에 흘려버린 시간 속을 헤매야 함은 사실 아닌가? 그러나 이렇듯 모든 것의 변화 속에서도 변하지 않는 것은 있다. 점과 점 사이를 연결하는 자장 빠른 선은 직선뿐이고 모든 만물은 창조주의 객체성을 부여받은 작품이라는 것과 당신이 창조하신 모든 것에 영원무궁토록 애정과 사랑을 주신다는 참은 변할 수 없는 진리이다. 이러한 진리 속에 우리의 삶 전체를 맡겨놓고 애정과 사랑의 '파이프라인'을 연결해서 원하는 대로 생활의 풍요와 아름다움을 공급받는다면 그렇게 하자면 우선 '파이프라인'을 연결하는 수고로움은 자신이 감당해야 할 것이고 원하는 대로 공급받을 아름다움과 사랑에 꼭지는 자신이 틀고 자신이 잠가야 하는 수고로움이 수반 될 것이다.

  농부들은 똑같은 씨앗을 뿌리고 수확한다. 어느 농부는 풍부한 수확을 하고 어느 농부는 부실한 수확을 한다. 이유는 어디에 있을까? 열심히 풀 뽑고 물 주고 거름 주어 풍부한 열매를 맺을 때까지 흘린 땀의 양에 따라 차이가 날 것이다. 믿음의 씨앗 또한 동일하다고 생각하면 어떨까. 소망으로 뭉쳐진 믿음의 씨를 뿌리고 그 소망을 이룰 때까지 온 정성을 다해 기도하고 정진한다면 반드시 이루어 주시는 그분의 권능 앞에서 소망도 이루기 전에 포기하는 어리석음은 없어야겠지!

3) 긍정적 사고방식

  창조주께서는 모든 만물의 객체성을 부여 하셨을 때 계획하시고 역사하심의 실체가 진화이다. 진화란 앞으로 발전해서 나아감을 뜻한다. 여기서 생각할 것은 진화에 맥을 같이하는 단어가 긍정이고 퇴보와 같은 뜻의 단어는 부정이라 생각해 보자. 모든 죄의 원천이 부정이라 정의한다면 지나친 논리 비약 일가? 앞서 보았듯이 욕구 충족의 파생물이 죄악으로 봤거니와 욕구 충족은 선을 외면하므로 탄생하여지는 것은 아닐는지! 이면엔 악도 긍정할 수 있지 않겠나. 생각되기도 하겠지만 악을 긍정함은 그 악 자체가 선이란 믿음의 착오에 의해서 긍정일 것이다. 악을 행함이란 악 자체를 긍정해서 행함이 아니고 애써 선의 긍정을 외면하려는 행동이다. 이토록 신의 말씀에는 부정이란 있을 수 없기에 모든 말씀 자체가 아름다움과 선이며 긍정 자체이다. 신의 말씀 속에서의 삶은 긍정의 세계이며 그것이 있어야 믿음이 생기고 움직일 수 없는 확신이 서면서 생활의 감사함과 평온 속에 그분의 은혜를 만끽할 삶을 얻을 수 있다.

4) 더불어 사는 방법의 지혜

함께 산다고 함은 상대방을 필요조건 속에서 서로의 이익을 창출할 수 있을 때 상대성의 원리처럼 양극이 존재하는데 한 극의 존재만으론 어떠한 힘도 발휘할 수 없다. 전기처럼 양극이 서로 합칠 때 힘을 발휘함처럼 인간관계도 이와 같아서 상대 때문에 고마워하고 상대 때문에 내가 존재한다고 믿게 된다면 얼마나 아름다운 힘이 생기겠는가? 내가 존재 하기 위해선 상대방이 필수 요건이고 그 필수 요건을 고마워함은 물론 위하고 감싸주는 따듯함도 더 할 것이다. 농부는 땀 흘려 지은 곡식을 도시에 공급하고, 도시에선 돈으로 고마움을 대신하고, 그들은 그 돈으로 생필품을 구입한다. 이러한 생필품도 애써 만든 사람이 있었기에 우리가 사용함으로 편리함을 보장받고, 목적지까지 안전하게 실어다 주는 버스가 있기에 우리는 목적지에 편히 갈 수 있는 것이다. 인간세계에 모든 일들이 이렇게 얽혀서 서로의 존재가 귀중함을 피부로 느낄 때 신의 말씀처럼 범사에 감사할 수밖에 또 무엇이 있겠는가? 이러한 관계 속에는 주고받는 상대성으로선 이해되지 않는, 무엇의 부족함을 채워준다는 고마움의 전제 속에서, 받지 않고서도 줄 수 있다는 순수성 속에서만 가능할 것이다. 창조주께서 인간에게 베푸시는 사랑처럼 말이다. 사랑이란 순수한 마음 그대로 보상이나 이해관계나 가식적이어서는 안 된다. 수정처럼 맑고 옹달샘처럼 투명하게 진심과 존경과 용서의 앙금 없는 종합체가 사랑이다.

5) 진정한 사랑의 이해

신을 믿든, 믿지 않던 사랑이란 얼마나 숭고하고 아름다운 말이랴! 성경의 말씀처럼 "원수를 네 몸처럼 사랑해라." 하셨거늘 과연 인간의 감성 속에서 이렇게 깨끗함을 얻을 수 있을까! 생각건대 신의 기댐 없이는 그분의 말씀에 순종 없이는 얻을 수 없을 것으로 생각된다. 그러나 그분의 사랑처럼 완전하지는 못하더라도 그분을 의지하고 말씀에 순종하며 믿음의 생활이 일상이 된다면 어느 정도는 기대해 볼만 하지 않을까? 그래서 진정한 사랑 이란 게 이런 거였구나! 라는 그분의 사랑을 먼저 체험해 본다면 참사랑의 이해에 많은 도움이 되겠다고 생각해 본다. 사랑받아 본 자만이 사랑할 수 있듯이 신의 무궁한 사랑을 몸으로 체험해서 일상의 아름다움으로 꽃피우는 사랑이었으면 그래서 다툼이 없는 용서만이 존재하는 사랑만이 존재하는 세상이 왔으면 하는 지나친 욕심도 내본다.

6) 나눔의 생활 실천

'나눈다'란 가지고 있는 것을 상대에게 주는 것, 즉 등분의 개념이 아닌 나누어 주는 행위 개념이다. 나눔 중에는 물질과 정신이 있겠다. 그러한 양대 나눔의 실천은 풍요 속에서의 나눔은 나눔의 의미가 없고 부족함과 궁핍함 속에서의 나눔이 아름다운 것이다. 육신이 살자면 먹어야 하고 육체의 강건은 영의 살찌움에서 오는 것은 아닐까? 신의 말씀 속에는 영 육 간에 나눔의 실천을 강론하고 계신다. 성경 말씀에는 "네 이웃을 네 몸처럼 사랑하라."라고 말씀하고 계신다. 네가 궁핍하면 궁핍을 당하는 상대도 너와 같을진대 자기의 필요에도 불구하고 자기 몫을 남에게 양보하는 미덕, 한 톨의 콩을 반으로 쪼개어 나누는 사랑! 자기의 행위가 죄악인지도 모르며 사는 사람들, 그들을 내 몸같이 아끼고 사랑하여 그들의 죄를 용서받을 수 있는 곳으로 안내해야 하지 않겠나! "이웃을 네 몸처럼 사랑하라"는 말씀은 나눔 실천에 진리이며 최고선이 아닐는지? 신을 믿는 그들은 쉼 없이 기도한다. 그 기도 속에는 나만 잘되고 남을 저주하는 기도는 없다. 더불어 잘되길, 용서하길 원하는 기도이다. 신의 품속에서의 기도는 저주가 있을 수도, 욕심이 있을 수도, 음모가 있을 수도 없다. 오로지 경건한 마음, 순수한 마음, 행복을 기원하는 마음, 용서하는 마음, 용서를 비는 마음으로 간구한다. 이것이야말로 나눔의 실체가 아니겠는가?

이 같은 기도를 통하여 마음에 때가 벗겨질 때 비로소 나눔의 실체를 경험하지 않겠나 생각해 본다. 신께서는 그렇게도 사랑했던 독생자를 우리를 위해 처절한 죽음으로까지 보내시고 우리 죄를 사하지 않으셨나! 이토록 그분은 우리에게 확고한 나눔의 실천 모범을 보여주신 것이다.

7) 낮은 곳으로의 인도

속담에 제 잘난 맛에 산다는 말이 있다. 우리 인간은 그러한 착각 속의 환상에 도취하여 살아가고 있는 것이 현실이 아닌가 생각해 본다. 우리 인간은 자랑 속에서 살고 의식이든 무의식이든 자기 옹호, 자기방어, 자기 자랑. 자기의 판단력이 모든 완숙함과의 타협을 거부하고 다툼 속에서 자기의 옳음을 나타내 보이려는 행동으로 일관한다. 세상 학문이 많을수록, 지위가 높을수록, 가진 게 많을수록, 명성을 얻을수록 목에 힘이 있고 타인을 과소평가하는 졸렬함을 흔히 본다. 이들의 눈엔 세상이 자기를 위해 존재한다고 착각한다. 이러한 어리석음으로의 삶에서 조금만 생각을 바꾸면 무엇이 보일 것이다. 내가 생존하는 이유는 내가 남보다 잘된 이유는 세상을 위해서 나에게 헌신의 임무를 책임 지우려고 존재시킨다. 라고 생각이 바뀐다면 과연 목에 힘이 들어가 있을까? 이같이 우리 생활은 생각의 차이, 느낌의 차이, 믿음의 차이에 의해서 결과는 엄청나게 달라진다고 보인다. 신의 말씀이 바로 나의 생존 이유를 깊이 성찰하게 만드신다. 우리 인간 중엔 잘되고 못된 자도 있다. 무엇이 잘되고 어떤 것이 못되었는지는 세상 속에 우리 잣대이고 신께선 모든 인간에게 똑같은 사랑과 긍휼을 베푸신다. 살인자의 자식을 둔 부모는 그 자식에 대한 안타까운 사랑은 비록 죄가 있다고 하여 거둘 수 없는 게 부모 사랑이다. 이처럼 신께서도 믿는 자나 믿지 않는 자나 편애하지 않으시고 오히려 길 잃은 양 한 마리를 더 찾으시는 자상함의 주인공이시다. 생활의 궁핍함이 결코 미덕이 될 수 없을 뿐 아니라 죄도 되지 않는다. 신께선 나에게 이러한 궁핍함을 왜 주시는지를 생각해 봐야 하지 않을까? 우리를 창조하신 이유처럼 궁핍을 주시는 데는 참다운 진리가 숨겨져 있을 것이다. 그 참다운 진리를 찾아야 그 속에서 발전이 오고 풍요가 오는 것은 아닐까. 소수 장애인이 장애를 딛고 성공한 사례들이 있다. 그들은 불편함 속에서 진리를 찾았기 때문에 성공한 것이다. 신께서 나에게 주신 장애가 어떤 뜻이 있는지, 그 장애를 이겨야 신의 참뜻을 이룬다는 진리를 터득한 것이다. 그는 장애 없이는 성공하지 못했을 것이다. 세상이 달갑게 여기지 않는 그 편견에 장애물이 그에게는 눈물겹도록 감사함이 장애를 견디는 기폭제가 된 것이다. 이렇듯 신앙은 잘됨으로 감사하고 못됨으로 잘됨을 찾아 감사하는 낮은 곳으로의 인도 역할을 해주지 않을까?

8) 믿음의 주체

믿음이란 단어 자체는 말하기 쉽지만, 인간의 의지는 너무나 미약하여 의심의 벽을 허물어야 비로소 믿음의 싹이 보이기 시작할 것이다. 문제는 부정과 의심의 벽을 어떻게 허무느냐에 따라 성공과 실패가 좌우된다고 보인다.

마음속에 자리하고 있는 이러한 벽은 형체도 없는 투명한, 보이지도 만져지지도 않는 영적인 세상 속에서만 존재하는 것이다. 이 벽을 허무는 데는 때에 따라 1초도 걸리지 않을 수도 있고 평생을 간직하고 있을 수도 있다.

부정과 의심은 이 벽을 견고하게 덧칠하는 것이요 긍정의 믿음은 일순간에 허무는 것이다. 행복과 불행, 성공과 실패의 두 길은 같은 선상에 놓여있는 도착점이 반대인 길이다. 믿음과 긍정의 길은 성공과 행복의 길이요 부정과 의심의 길은 반대의 길이다. 같은 출발점에서는 성공과 실패가 보이지 않지만 각자 길을 가면 갈수록 차이가 벌어져

버린다. 불행의 길을 향하면서 행복을 꿈꾸고 동경한다면 넌센스가 아닐까? 이러한 진리를 터득했더라면 불행의 길을 멈추고 행복의 길로 발길을 돌려야 하지 않을까? 서울 간다고 부산 쪽으로 가고 있으면 가면 갈수록 서울은 멀어질 것이다.

믿음이란 학문적으로 증명된 실체가 아니다. 생각의 차이뿐이다. 믿으면 믿어지는 것이고 의심하면 부정되는 것이다. 내 부모가 친부모일까 아닐까를 의심하기 시작하면 어느 순간에 의심을 더하는 쪽으로 기울어, 친부모가 아니라는 착각이 온다. 평상시 부모가 자기에게 하는 모든 행동이 부정이 가감됐을 때 친부모가 아니기 때문에 나에게 이렇게 대하는구나. 느끼게 된다. 붉은 안경을 끼고 세상을 보면 모든 게 붉게 보이듯 부정의 안경을 끼고 보면 반사물은 모두 부정으로 보일 것이다. "인간은 자기의 생각대로 이루어진다."라는 격언처럼 나는 바보야! 나는 아무것도 할 수 없어, 왜 이렇게 운이 없을까? 이렇게 부정 속에서 자탄만 하고 있으면 그는 어떻게 될까? 좌절의 구덩이에서 절대로 나올 수 없을 것이다. 성공자 와 실패자의 차이는 넘어졌을 때 일어서는 것과 일어서지 못하는 차이뿐이라고 했던가? 다시 일어서는 자는 성공이라는 믿음의 확신 때문에 다시 일어나는 것이고 좌절하는 자는 성공을 부정하기 때문에 좌절에 머물기 때문이다. "하늘도 스스로 돕는 자를 돕는다."라고 했거늘 내가 최선을 다할 때 한 단계 높일 힘의 토대가 마련되고 그 힘은 스스로 행동해야 생기는 것이고 에너지의 지속적인 충족은 믿음 속에서 만이 공급을 받게 되는 것은 아닐는지! 천지창조 이래 모든 창조물 중에 확실한 똑같음이 있는 것을 발견하지 못했다. 오직 과학의 유전자 분석으로 종의 구별만 있을 뿐이다. 한 치의 착오나 누락도 없이 수백억 년을 반복에 반복을 거듭하건만 옛날에 내가 있었을까? 나와 똑같은 인간이 있을까? 형상도 색깔도 같음이 없다. '백인백색'이라 했던가? 이렇듯 너무나 신비스러운 사건은 자연 발생으로 이뤄진 것일까! 역사하시고 주관하시는 신의 섬세하신 능력의 작품은 아닐까? 이토록 같음이 없이 각기 다른 창조물의 작품 배경엔 과연 어떤 뜻이 숨겨져 있을까? 나는 과연 무엇일까? 남들은 잘 나가는데 나는 왜 제자리걸음일까? 남들은 다 행복한데 나는 왜 불행할까? 이러한 의문은 누구나 한 번쯤은 생각해 봤을 것이다. 거기에는 분명한 이유가 있을 것이다. 못 나가는 이유, 성공하지 못하는 이유, 좌절하는 이유, 이러한 이유 중엔 부정이 개입했다는 것을 생각해 봐야 하지 않을까? 잘나갈 수 있는, 성공할 수 있는, 나만의 특별한 그 무엇을 찾아보지 않고 있지는 않는지 인간 객체인 나 자신은 우주 안에 아주 특별한 나 하나만이 가지고 있는 장점은 오르지, 나 하나뿐이란 아름답고 숭고한 창조 의미를 생각해 봤는가? 실패를 위한 작품이 아니고 성공 작품으로의 탄생을 그분이 주셨거늘, 우리는 그분의 뜻을 이해하고 의심 없이 믿을 때 긍정의 싹틈과 함께 믿음이 자랄 것이다. 나는 할 수 있다는 믿음, 하고야 만다는 결심, 목표는 내 것이라는 긍정, 신께선 나와 함께 항상 역사 하신다는 굳은 의지와 믿음, 이것이야말로 움직일 수 없는 믿음의 주체가 아닐까?

  우주가 아무리 넓다고 한들 신의 영역보다 넓을 수 없다.

  "땅에서 맺지 못하면 하늘에서도 맺지 못한단" 말씀처럼 아름다움으로 승화시키고 참사랑으로 말씀하시는 신의 뜻을 굳게 믿으며 간구하고 원할 때 현생에서의 천국과 영화를 맺지 않겠나 생각해 본다.

  그 길로의 정진이란 믿음밖에는 왕도가 없는 길이다. 신의 조화로운 창조 능력, 역사하심, 살아 숨 쉬는 그분의 숨결! 이것은 믿음의 바탕 안에서만 가능하게 느끼고 확신하는 것이다. 예술품이 아무리 뛰어나다고 해도 이해하지 못하면 그 아름다움을 느끼지 못하듯이 미술 애호가들이나 '피카소'의 그림을 걸작이라 칭찬하지만 이해하지 못하면 초등학생의 그림과 다를 바 없지 않은가! 하여 그 속에 담겨있는 참 예술의 가치를 이해할 때 예술품의 신비스러움 같이 전능자의 능력을 인정하고 믿는 확신 속에서만 그분의 존귀함과 사랑을 느낄 것이다.